Le système du cadastre de France
et la législation de la publicité foncière d'Alsace-Moselle

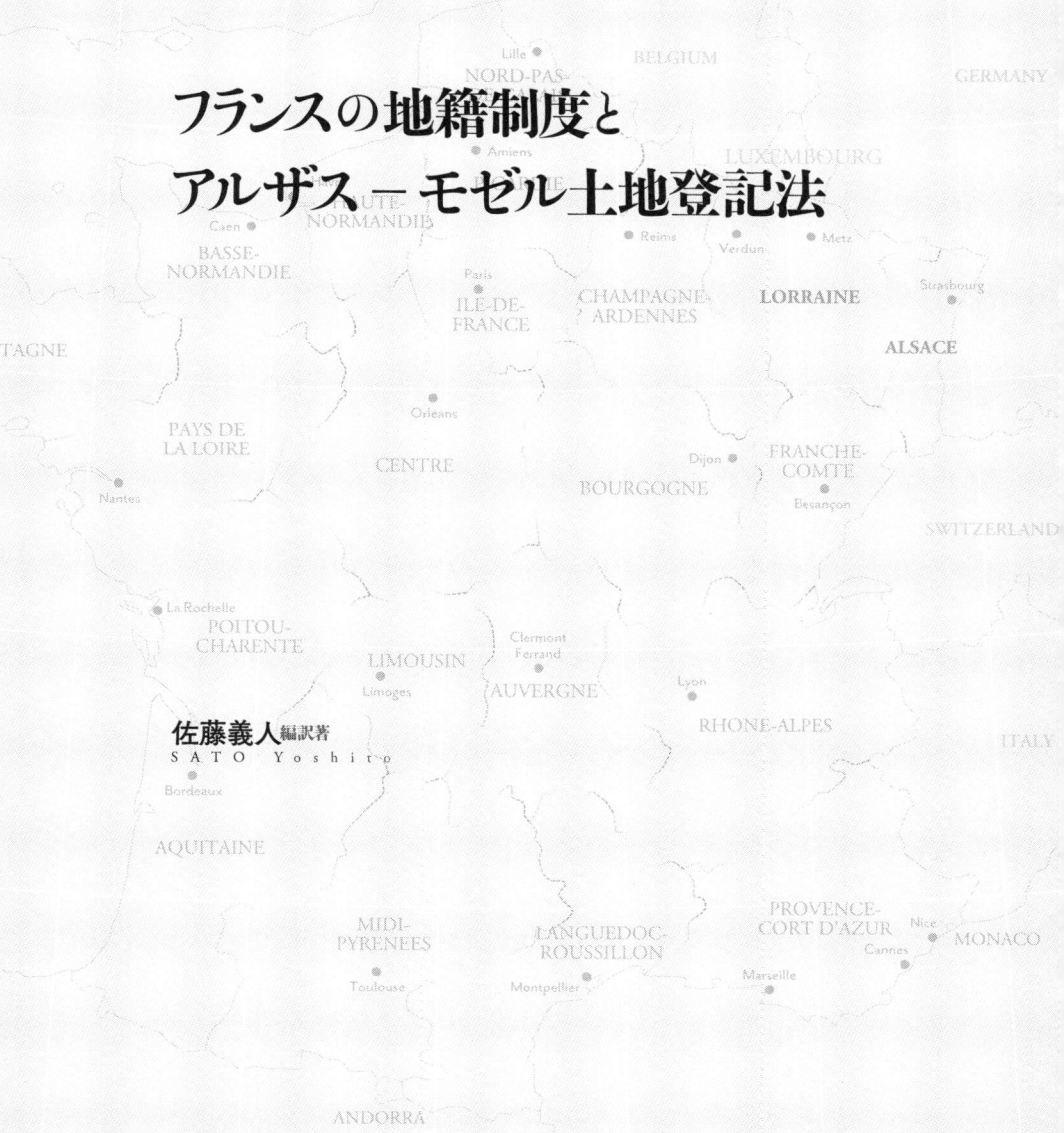

フランスの地籍制度と
アルザス－モゼル土地登記法

佐藤義人 編訳著
SATO Yoshito

論創社

まえがき

第Ⅰ部「アルザス−モゼル土地登記法」について
　　──ライン川下流県、ライン川上流県およびモゼル県における
　　　　　　　　　　　　　　　　　　土地登記簿制度──
Le système du livre foncier dans les départements du Bas-Rhin, du Haut-Rhin et de la Moselle

　フランス共和国には２つの土地公示制度 régime de la publicité foncière（以下、土地登記制度と記す。）が存在する。
　その１つは、フランス本国 France métropolitaine における経済財政産業省 Ministère de l'Économie, des Finances et de l'Industrie 所管下の土地登記制度である。抵当権保存吏 conservateurs des hypothèques を責任者とし、抵当権保存所（登記所）bureau de la conservation des hypothèques において土地登記が行われている。
　この制度で特筆すべきは、土地登記を改革する1955年１月４日のデクレ第55-22号 Décret n° 55-22 du 4 janvier 1955 portant réforme de la publicité foncière により導入された不動産登記カードボックス fichier immobilier の制度であろう。[1][2][3]
　他の１つの土地登記制度は、アルザス地方とモゼル県[4]における司法自由省 Ministère de la Justice et des Libertés 所管下のそれである。[5]土地登記簿判事 juge du livre foncier を責任者とし、裁判所構成法 code de l'organisation judiciaire において指定された裁判所が、土地登記所 office de bureau foncier としての任務を負っている。[6]
　なお同省の省名は、2012年５月16日、司法省 Ministère de la Justice と復された。
　アルザス・ロレーヌ地方に初めて土地登記制度が導入されたのは1891年６月21日のドイツ法による。[7][8]フランスとプロイセン王国とのいわゆる

普仏戦争（1870年7月19日～1871年5月10日）によりドイツ領となった同地方に、ドイツの制度が施行されることとなった。その後、第一次世界大戦（1914年7月28日～1918年11月11日）における連合国の勝利により、同地方は再びフランス領に復帰した。⁽⁹⁾

ここに、この地方において従来より施行されてきたドイツ法的な不動産物権変動の法制と、フランス法の原則とをどのように調整するかの問題が生じた。⁽¹⁰⁾

土地登記制度もその調整の重要な1つの課題であったものと思われる。この調整の経緯につき、星野英一教授は次のように述べている。

「この地方に関する登記法草案を準備する委員会は、一方、フランス民法の物権変動に関する一般原則を維持することとしたが、他方、ドイツ法的な登記簿制度が、フランス法のそれよりも理論的・実際的に優れていることを認め、フランス法に適合しうる限りでこれを保持することがよいと判断した。しかもこれが、近い将来になされるべきフランス登簿制度の改革の基礎となると考えたのであった。」（星野英一『民法論集』第二巻79頁以下／有斐閣／2002年）

その結果、アルザス地方とモゼル県に次の法 loi とデクレ décret が施行されることとなった。

「ライン川下流県、ライン川上流県およびモゼル県においてフランス共和国の民事法を施行する1924年6月1日の法律 Loi du 1er juin 1924 mettant en vigueur la législation civile française dans les départements du Bas-Rhin, du Haut-Rhin et de la Moselle.」⁽¹¹⁾

「ライン川下流県、ライン川上流県およびモゼル県における土地登記簿の保持に関する1924年11月18日のデクレ Décret du 18 novembre 1924 relatif à la tenue du livre foncier dans les départements du Bas-Rhin, du Haut-Rhin et de la Moselle（以下、1924年11月18日のアルザス－モゼル土地登記法と称する。）.」

上記の2つの法令は、現在のアルザス地方とモゼル県（以下、アルザス－モゼルと称する。）における土地登記制度の基礎をなすものと思われ

る。アルザス－モゼルの土地登記法は、わが国の不動産登記法と異なり、申請構造として公署の原則を定めている。また土地登記簿の編成が、個人別ファイル feuillet personnel により所有者名ごと（不動産ごとではなく）に行われる、いわゆる人的編成主義によっていることもその特徴の１つといえよう。この制度は、所有者の氏名またはキャダストル上の表示を知ることにより、その所有するすべての土地を調査することを可能とする。[12][13]

登記用紙のファイルは、次の３つに区分され、それぞれ異なる種類の権利が登記されている。[14][15]

その第１は、所有権に関する区分 Section «propriété» である。この区分には、キャダストル上の参照符号にもとづく不動産の表示をも含む。

第２は、自由使用権の負担と制限に関する区分 Section «charges et restrictions du droit de disposer» である。この区分には、先取特権 privilèges、抵当権 hypotèques および特定の法令にもとづく制限（公的地役権 servitudes publiques など）を除く所有権に課される負担（用益権 usufruit、賃貸借契約 bail、地役権 servitudes foncières など）が登記される。

第３は、先取特権、抵当権、財産分離などに関する区分 Section «privilèges, hypothèques, séparation des patrimoines» である。この区分には、主として債権者の氏名と住所 nom et le domicile du créancier 債権の性質と債権額 nature et le capital de la créance、被担保債権の発生原因と日付 cause et la date de l'exigibilité、その弁済期限 date de l'exigibilité d'une dette が登記される。

これらの登記用紙のファイルからなるアルザス－モゼルの土地登記制度は、土地登記簿 livre foncier 制度と呼称される。

土地登記所には、土地登記簿、寄託登録簿 registre des dépôts のほか、関連帳簿 registres accessories と附属書類 annexes が備置されており、土地登記簿は現在、次の２つの法とデクレに定められた条件により、コンピュータ化の対象となっている。

「ライン川下流県、ライン川上流県およびモゼル県における土地登記簿

の電子情報処理組織化に関する1994年4月29日の法律第94-342号 Loi n° 94-342 du 29 avril 1994 relative à l'informatisation du livre foncier des départements du Bas-Rhin, du Haut-Rhin et de la Moselle（以下、1994年4月29日のアルザス－モゼル土地登記法と称する。）.」

「ライン川下流県、ライン川上流県およびモゼル県における土地登記簿の電子情報処理組織化に関する1994年7月27日のデクレ第94-662号 Décret n° 94-662 du 27 juillet 1994 relatif à l'informatisation du livre foncier des départements du Bas-Rhin, du Haut-Rhin et de la Moselle（以下、1994年7月27日のアルザス－モゼル土地登記法と称する。）.」

土地登記簿への登記は、抵当権保存吏（行政官）によって行われるフランス本国の制度と異なり、法律上、その真正についての推定 présomption d'exactitude を享受する。しかしこの法律上の推定は、反証 preuve contraire によって対抗 opposition されることがありうる。[16][17]

本稿は、わが国の不動産登記制度および登記実務の観点から関心を持たれるアルザス－モゼル土地登記法の訳を試み、その初めとして、現在、次の loi と décret の訳の一応の完成をみたところである。

「ライン川下流県、ライン川上流県およびモゼル県においてフランス共和国の民事法を施行する1924年6月1日の法律、第2篇特別規定、第3章不動産に関する権利、土地登記簿 Loi du 1er juin 1924 mettant en vigueur la législation civile française dans les départements du Bas-Rhin, du Haut-Rhin et de la Moselle. Titre II : Dispositions spéciales. Chapitre III : Droits sur les immeubles ; livre foncier（以下、1924年6月1日のアルザス－モゼル土地登記法と称する。）.」

「ライン川下流県、ライン川上流県およびモゼル県における土地登記簿とその電子情報処理組織化に関する2009年10月7日のデクレ第2009-1193号 Décret n° 2009-1193 du 7 octobre 2009 relatif au livre foncier et à son informatisation dans les départements du Bas-Rhin, du Haut-Rhin et de la Moselle（以下、2009年10月7日のアルザス－モゼル土地登記法と称する。[18]）.」

アルザス-ロレーヌ地方の、1648 年以降のフランスへの併合、1789 年のフランス大革命、1871 年以降のドイツ帝国への併合、1918 年のフランスへの再度の併合という、同地方の歴史的、政治的変転は、1873 年に発表されたフランス人作家アルフォンス・ドーデの短編名作「最後の授業 La Dernière Classe」を生んだが、同地方の土地登記簿制度もまた、歴史的、政治的背景のもと、今日に至っているのである。[19]

注
(1)　デクレ décret については、伊藤道保教授の次の記述に詳しい。
　　「décret は立法機関たる国会（parlement）の制定した法律（loi）を執行するために政府が定める命令（règlement）の一種である。この命令を定める政府の権限を pouvoir réglementaire（法規命令制定権）という。その中で執行機関の首長の行為について付せられる名称が décret である。
　　第三共和制の下では首長は大統領だけに限られていたが、現行第四共和制憲法（1946 年 10 月 26 日、Constitution de la République française）では大統領と総理大臣の二元的構成になっているために、総理大臣の行為も décret と呼ばれるようになった。décret は必ずしも今回のような一般的な規則の形をとるものに限られず、個別的な行政処分についてもこの名が付せられる（野田良之「フランス憲法」ジュリスト 1958 年 1 月 15 日号参照）。」（伊藤道保「1955 年、フランス不動産登記制度の改正について」『比較法研究』1958 年 4 月号 36 頁／有斐閣）
　　なお 1958 年 10 月 4 日以降、フランス共和国の政体は第五共和制となっている。
(2)　不動産登記カードボックス（研究者は、不動産票箱、不動産票函、不動産カードボックスと訳されている。）については、研究者の成果に詳しい。これにより、従来、年代順編成主義とされてきた土地登記簿に、物的なあるいは人的な編成の要素が加わったものと思われる。さらに前記 1955 年 1 月 4 日のデクレ第 55-22 号第 4 条において、土地登記制度の真正を確保するため、抵当権保存所において公示されうる証書は、公署方式 forme

authentique において作成されなければならないとされた。公署方式によって作成される証書とは、公証証書（公証人証書）acte notarié、行政上の証書 acte administratif および判決 jugement ou arrêt である。公署の原則 principe authentique は結果として、公示に従う書類についての公証人 notaire のほぼ全面的な独占権を定めたものということができる。

(3)　土地登記を改革する1955年1月4日のデクレ第55-22号 Décret n° 55-22 du 4 janvier 1955 portant réforme de la publicité foncière および土地登記を改革する1955年1月4日のデクレを適用するための1955年10月14日のデクレ第55-1350号 Décret n° 55-1350 du 14 octobre 1955 pour l'application du décret n° 55-22 du 4 janvier 1955 portant réforme de la publicité foncière については、「資料フランス不動産登記法」の見出しのもと、研究者により、「1955年1月4日の『土地公示を改革するデクレ』第22号」ならびに「1955年10月14日の『1955年1月4日の土地公示を改革するデクレの適用のためのデクレ』第1350号」と題して『登記情報』第417号ないし第419号にその訳が発表されている。

(4)　アルザス地方は、ライン川上流県 département du Haut-Rhin とライン川下流県 département du Bas-Rhin からなり、モゼル県 département de la Moselle は、ムルトーエーモゼル県 département de Meurthe-et-Moselle、ムーズ県 département de la Meuse およびヴォージュ県 département des Vosges とともにロレーヌ地域圏を構成する。

(5)　2009年10月7日のデクレ第2009-1193号（2009年10月7日のアルザス－モゼル土地登記法）の公文書整理符号 NOR の、JUSC0909237D の JUS は司法自由省の所管であることを、C は局名を、09 は 2009年を、09237 は整理番号を、D は法令の種類（デクレ）を示す。

(6)　2009年10月7日のデクレ第2009-1193号（JUSC0909237D）第1条は、裁判所構成法 code de l'organisation judiciaire 第13表 tableau XIII に土地登記所 office de bureau foncier の指定を委ねている。具体的には下記の11か所の裁判所である。

(1)ライン川下流県

①ストラスブール Strasbourg（大審裁判所 Tribunal de grande instance）

②セレスタ Sélestat（小審裁判所 Tribunal d'instance）

　　③サヴェルヌ Saverne（大審裁判所）

　　④アグノー Haguenau（小審裁判所）

(2)ライン川上流県

　　①コルマール Colmar（大審裁判所）

　　②ゲブヴィレール Guebwiller（小審裁判所）

　　③タン Thann（小審裁判所）

　　④ミュルーズ Mulhouse（大審裁判所）

(3)モゼル県

　　①メス Metz（大審裁判所）

　　②ティオンヴィル Thionville（大審裁判所）

　　③サルグミーヌ Sarreguemines（大審裁判所）

　　なお、コルマールとメスには控訴院 Cour d'appel が置かれている。

(7)　ステファン・ラヴィーニュ博士 Docteur d'État en droit STÉPHANE LAVIGNE 著の『フランスのキャダストル』（『LE CADASTRE DE LA FRANCE』PRESSES UNIVERSITAIRES DE FRANCE）16 頁には、次の記述がみられる。

　　「Il existe en Alsace-Moselle un régime foncier local applicable à tous les immeubles. Son caractère particulier résulte de l'annexion entre 1870 et 1918 de cette région à l'Empire allemand.

　　アルザス地方とモゼル県には、すべての不動産に適用しうるこの地域に特有の土地制度が存在する。その独自の性格は、この地方の 1870 年から 1918 年の間の、ドイツ帝国による併合によってもたらされたものである。」

(8)　アルザス－ロレーヌ地方の土地登記簿制度導入に関する 1891 年 6 月 21 日のドイツ法の研究については、フランス人研究者 Jules Challamel 著のフランス語による『loi du 22 juin 1891 sur l'institution de Livre Foncier en Alsace Lorraine, Notice, Traduction et notes』がある。知り得た情報によれば、同書は現在絶版となっているが、ストラスブールの国立大学図書館には所蔵されているとのことである。

(9)　わが国への近代法の移植と普仏戦争とは無縁ではない。明治 5 年（1872

年）2月16日、27歳のとき、わが国初の法律顧問兼法学教師として来日したパリ弁護士団 avocat au barreau de Paris 所属の青年弁護士ジョルジュ・イレール・ブスケ Georges Hilaire Bousquet は、志願兵として24歳で普仏戦争に、60歳代の終りにはフランス第14軍団の主任主計官として第一次世界大戦に参戦している。この「尋常一様でない」傑出した法律家はまた、愛国者 patriote でもあった。ブスケの生涯については、西堀昭教授の研究に詳しい（西堀昭『日仏文化交流史の研究』81頁以下、増訂版『日仏文化交流史の研究』91頁以下／駿河台出版社／1988年）。

(10) この調整の内容につき、星野英一教授はその著書で次のように述べている。「第一、フランス民法一一三八条等の、物権変動における意思主義の原則、および一八五五年法の対抗要件主義が行なわれ、ドイツ民法的な無因主義（la distinction entre l'acte obligatoire et l'acte réel de transfert – Picard）および登記主義（le principe absolu de l'inscription-Picard）の原則は廃される（法三六条三項）。第二、土地登記簿は、一〇年を限ってではあるが、維持される。第三、ドイツ民法的な、登記簿の公信力は認められない。」（星野英一『民法論集』第二巻80頁／有斐閣／2002年）

(11) 本ロワ loi 中には décret のほか、裁判の一形態であるオルドナンス ordonnance という語が登場する。ordonnance については、江藤价泰教授の論文中の次の記述に詳しい。

「命令（ordonnance）については、わが国のそれに類似し、裁判官、たとえば訴訟進行係裁判官が、裁判官としての資格においてする裁判であるが、判決と決定の区別はなく、すべて一括して判決、大審裁判所、商事裁判所のような《tribunal》の裁判は《jugement》、控訴院、破毀院のような《cour》の裁判は《arrêt》とよばれている。なお、《sentence》は、仲裁判断などについて用いられ、以上すべての裁判を総称して《décision》という。この区別は、現行法の下におけるものであるが、これはほぼアンシャン・レジィム下においても妥当する。というよりは、この区別は、歴史的に形成せられたものであるから、そうあるのが当然なのだが。」（「明治初期の「弁護士」制度について」『裁判法の諸問題下』11頁／有斐閣／昭和45年）

(12) 2009年10月7日のアルザス－モゼル土地登記法の第61条は、次のように定めている。

「À peine d'irrecevabilité, la requête en inscription ne peut porter que sur un seul acte authentique constatant une ou plusieurs opérations juridiques et est établie sur le support papier ou électronique prévu par l'article 76 conformément à un modèle fixé par arrêté du garde des sceaux, ministre de la justice.

登記の申請は、一あるいは複数の法律行為を確認する公署証書のみにより行うことができる。［それは］国璽尚書司法自由大臣のアレテにより定められた書式にもとづき、かつ第76条に規定された紙媒体あるいは電子媒体にて作成される。これに違反する場合は受理されない。」

なお公署証書については、前記注（2）を参照されたい。

(13) 申請構造の問題は不動産登記制度の基本的なテーマである。登記の真正担保、登記申請人と登記代理人との登記代理委任契約、登記手続のコンピュータ化の問題に繋がる。わが国のコンピュータ化の議論は、旧登記法第8条、旧不動産登記法第26条、不動産登記法第60条に定める共同申請の構造に関する議論を捨象し、技術的議論に終始している。登記のコンピュータ化の完全な実現のためには、申請構造の問題は避けて通ることができないものと思われる。

(14) キャダストル cadastre は、土地台帳ではなく地籍、地籍情報あるいは地籍制度とするのが現代における適訳であろう。前記の『LE CADASTRE DE LA FRANCE』21頁には、次の記述がある。

「Depuis 1975, le cadastre refait a évolué vers un cadastre foncier et probatoire, du fait d'une précision accrue de la cartographie（nivellement et abornement）et d'une informatisation du système, bases de la création d'un véritable livre foncier.

1975年以降、真の意味で土地登記簿の作製の基礎となる、地図作製法（水準測量と土地境界の確定に関する）の精度の向上とコンピュータ化により、再製されたキャダストルは、土地とその権利の証明の機能を有するキャダストルとして進化した。」

(15) キャダストルについて、その概要を知るには、フランス共和国国税庁 Direction Générale des Impôts 発行の『キャダストル、その起源から今日まで』(『LE CADASTRE de l'origine à nos jours』) が好個の教材である。

また、土地登記を改革する 1955 年 1 月 4 日のデクレを適用するための 1955 年 10 月 14 日のデクレ第 55-1350 号 Décret n° 55-1350 du 14 octobre 1955 pour l'application du décret n° 55-22 du 4 janvier 1955 portant réforme de la publicité foncière は、その第 1 篇において、不動産登記カードボックスとキャダストル [の情報] との一致 concordance du fichier immobilier et du cadastre、すなわち、土地登記制度とキャダストルの制度との法的連繋を定めている。

(16) アルザス－モゼルの土地登記簿制度に関するインターネット上の論文「LE LIVRE FONCIER : UNE INSTITUTION PROPRE À L'ALSACE-MOSELLE」によると、次の記述がみられる。

「L'inscription au Livre Foncier bénéficie d'une présomption d'exactitude, contrairement à ce qui se passe pour la conservation des hypothèques (cette présomption peut cependant être combattue par une preuve contraire).

土地登記簿による登記は、抵当権保存吏 [によって行われるフランス本国の土地登記] とは異なり、その真実性に関し法律上の推定を受けている (しかしながら、この法律上の推定は、反証によって対抗され得る)。」

(17) 注（16）の「法律上の推定」が、登記の推定力をめぐるわが国の研究者間の論争のテーマである「法律上の権利推定」に該当する議論であるのかどうか、筆者の浅い学習では不明である。なお「登記の推定力」をめぐっては、幾世通・徳本伸一補訂『不動産登記法』第四版 450 頁以下／有斐閣、吉野衛『注釈不動産登記法総論』新版・上 227 頁以下／金融財政、七戸克彦「登記の推定力—比較法的考察—」（1）『法学研究』62 巻 11 号 28 頁以下など、碩学の少なくない研究がある。

(18) 2009 年 10 月 7 日のアルザス－モゼル土地登記法の附則第 1 条 Article Annexe 1 中、土地登記簿の情報には、アマルフィ番号 le numéro Amalfi を含む旨の記述がある。アマルフィは、Alsace-Moselle Application pour un

livre foncier informatisé の頭文字により造語され、従前のデクレ・ロワか
　　ら使用されているものと思われる。
(19)　「最後の授業」は、かつてわが国の国語の義務教育の教材として採用さ
　　れた。この名作は、「アルザスの名とそのイメージを、フランスのみならず
　　世界各国に広めた」（中本真生子「アルザスと国民国家―「最後の授業」再
　　考―」『思想』1998 年 5 月号 54 頁）が、同論文は、「最後の授業」をフラン
　　ス、ドイツ両国の立場に位置し、複眼的に観ることの重要性を説いている。

第Ⅱ部「フランスの地籍制度」について

　キャダストルほどフランス人にとって身近であると同時に遠い制度はない Peu d'institutions sont à la fois aussi proches et aussi lointaines des Français que le cadastre。ステファン・ラヴィーニュ博士 Docteur d'État en droit STÉPHANE LAVIGNE は、『フランスのキャダストル』（『LE CADASTRE DE LA FRANCE』）の冒頭おいて上記のように述べている[(1)]。

　土地に関する戸籍制度ともいうべき地籍制度は、登記制度などとならび、国の基本的な制度であるがゆえに、それに関わる職業以外の人々には、日常の生活のなかであまり意識されることがないように思われる。それは、わが国でもフランス共和国でも同様のようである。

　しかし地籍制度の先進国ともいうべきフランスでは、キャダストル局 Service du Cadastre の活動により、地籍に関する整備事業はすでに終了し、現在ではその制度の全国的な維持管理段階にあるといわれている[(2)]。それは同国の、ナポレオン一世以前の時代にさかのぼる同事業への永年にわたる取組みの成果によるものであろう[(3)(4)]。

　わが国の地籍整備事業についていえば、今日、関係官庁および当事者の努力により鋭意進められてきているところであるが、「平成一四年度末の全国進捗率は四五％とまだ半ばに達していない。なかでも都市部の進捗率は一八％」（鮫島信行『日本の地籍』82頁／古今書院／2004年）との指摘がある[(5)(6)(7)]。

　本稿は自己の学習のため、「遠くて身近な制度」キャダストル cadastre に関する下記の文献およびデクレ、すなわち、

(1)　フランス共和国国税庁『キャダストル、その起源から今日まで』（『LE CADASTRE de l'origine à nos jours』Direction Générale des Impôts）、

(2)　ステファン・ラヴィーニュ博士著『フランスのキャダストル』（Docteur d'État en droit STÉPHANE LAVIGNE『LE CADASTRE DE LA FRANCE』PRESSES UNIVERSITAIRES DE FRANCE）

(3) キャダストルの改革と保全に関する 1955 年 4 月 30 日のデクレ第 55-471 号 Décret n° 55-471 du 30 avril 1955 relatif à la rénovation et à la conservation du cadastre.

についての訳およびその学習成果の記述を試みたものである。

さらに、登記制度と地籍制度とが法的に密接な関連を有することから、ここで、下記の 3 つの立法の関係についても言及しておきたい。

1955 年、フランス共和国では、フランスの地籍制度に関する基本法ともいうべき上記(3)のデクレとともに、「まえがき、第 1 部注 (3)」の通り、次の 2 つのデクレが連帯して制定された。[8]

① 土地登記を改革する 1955 年 1 月 4 日のデクレ第 55-22 号 Décret n° 55-22 du 4 janvier 1955 portant réforme de la publicité foncière.

② 土地登記を改革する 1955 年 1 月 4 日のデクレを適用するための 1955 年 10 月 14 日のデクレ第 55-1350 号 Décret n° 55-1350 du 14 octobre 1955 pour l'application du décret n° 55-22 du 4 janvier 1955 portant réforme de la publicité foncière.

前記の(3)と上記①および②の、3 つのデクレの関連性について、ステファン・ラヴィーニュ博士はその著書において次のように述べている。

「dans le cadre de la réforme de la publicité foncière de 1955, le décret du 30 avril 1955 organisa la rénovation et la conservation du cadastre afin qu'il puisse assurer l'identification et la détermination physique correcte des immeubles, rôle qui lui était désormais dévolu.

1955 年 4 月 30 日のデクレは、不動産の現況の正確な確認と特定を可能とするために、同年の不動産登記制度の改革の範囲内で、キャダストルの改革とその保全について規定した。キャダストルの機能は、それ以来、不動産登記制度に法的に帰属した。」(『LE CADASTRE DE LA FRANCE』14 頁)

すなわち 1956 年以降、キャダストルの制度は不動産登記制度と法的に連繋することとなったわけである。例えば、上記 1955 年 10 月 14 日のデクレ第 55-1350 号の第 1 篇は、キャダストルの改製がなされた市町村に所在する不動産についての規定よりなるものである。

まえがき xiii

このように、キャダストルの制度は、不動産登記制度の一部あるいはその基礎をなすものということができる。

　そして、上記両制度の連繋のための具体的な用具の一つは、土地登記を改革する 1955 年 1 月 4 日のデクレ第 55-22 号により定められた不動産登記カードボックス fichier immobilier であると思われるが、ここで注目すべきは、キャダストルの制度と不動産登記カードボックスの制度との関係に言及した、研究者の論文中の次の記述である[9][10]。

　「不動産票函は、公示の人的および物的な分類と検索のための手段であって、登記簿の機能を有しない。したがって、不動産票函の記載の過誤遺漏は、公示の効力に影響を及ぼさない。ただし、将来台帳の改編が完了し、すべての不動産について不動産票函が完備した時点では、これが名実ともに公示の中心的役割を担うことになるのではないかと思われる。」（鎌田薫「フランスの土地公示制度」『不動産登記の諸問題』上巻 135 頁／香川保一編／テイハン／昭和 49 年）

　不動産登記制度の改革の初めの段階においては、単に登簿の検索と整理のための手段にすぎないとされた不動産登記カードボックスであるが、1986 年から 1990 年にかけての第 2 次キャダストル情報の改訂 Mise À Jour des Informations Cadastrales 2e génération（MAJIC2）、そしてそれに引き続く地籍図のコンピュータ化事業 Plan Cadastral Informatisé（PCI）等により、今日、不動産登記カードボックスは、フランス本国において「名実ともに公示の中心的役割」を果たしているものと思われる[11][12]。

　フランスのキャダストルの制度は、前記の通り、ナポレオン一世以前の時代に遡る旧い歴史を有し、世界で最も進んだレベルに達しているが、筆者の知る限りでは、当該制度に関する情報は、わが国にはあまり紹介されていないように思われる。このような背景・事情を動機として、自らの職務上関心あるキャダストルについて学ぶため、décret および文献についての訳を試みた次第である。

注

(1) キャダストル cadastre については、まえがき第 1 部の注（13）を参照されたい。

(2) 森田健児（「ドイツ・フランスの地籍（2）」『国土調査』No. 115/26 頁／社団法人全国国土調査協会／2003 年）

(3) キャダストルの整備事業への取り組みにつき、フランス共和国国税庁 Direction Générale des Impôts 発行の『キャダストル、その起源から今日まで』（『LE CADASTRE de l'origine à nos jours』）1 頁には次の記述がある。

　「Jusqu'à la Révolution de 1789, le cadastre conserve dans notre pays un caractère essentiellement local en dépit de diverses tentatives. Des rois, Charles Ⅶ, Louis ⅩⅣ, Louis ⅩⅤ, envisagent tour à tour le projet d'un cadastre régulier, base d'un système fiscal cohérent et applicable à tout le royaume.

　La pénurie des finances, le défaut d'instruments et de méthodes perfectionnées, la résistance des grands vassaux, la disparité des provinces（coutumes, langages, mesures…）font échouer ces tentatives.

　1789 年の大革命まで、キャダストルはフランス各地においてその地方〔特有〕の性格を本質的に保持していた。シャルル 7 世、ルイ 14 世、ルイ 15 世は理路整然とした税の基本構造〔を有し〕かつ王国の全域に適用しうるキャダストルの適正化計画を代々にわたって試みた。財政の欠乏、改良された方策と手段の不十分、主要な家臣の抵抗、各地方における差異（慣習、言語、度量衡などの）が、その試みを挫折させた。」

(4) 『フランス民法の一五〇年』（上）には、同国の取り組みの歴史の一部につき、登記制度と関連して、次のとおり記述されている。

　「フランスでは、土地台帳は、一八〇七年の法律によって制定され、一八五〇年代に至り、ようやく全国にわたって完成したものである。革命後それまでの間は、種々の試みがなされていたが、十分なものではなかった。台帳がなければ、登記簿を物的編成主義にすることのみでなく、人的編成主義にすることも困難であり、年代順編成主義をとれば、特に物権変

動自体をその原因である行為の証書と別に登簿することは手数がかかることとなるのは見易い理であろう。」(江川英文編『フランス民法の一五〇年』(上)/334頁/有斐閣/昭和32年)

「台帳は、一八〇七年から四〇年以上も費してようやく完成したのにもかかわらず、著しく不完全であった。登記簿の物的編成による改正には、台帳の改良を必要とするが、それには巨額の費用を要すると考えられている。一八〇七年以降の土地台帳作成のためには、当時で一億六千フランを要したが、台帳委員会当時には、三億とする者や六億とする者、二〇億とする者などがあった。つぎに、フランスにおいて小土地所有が多く、しかも各筆が著しく細分されているために、物的編成による登記簿作成の手数と費用がこれ亦巨大になることが恐れられている。台帳委員会の当時、フランスには一億五千万の筆が存在し、一千四百万人の所有者がいたといわれる。」(江川英文編『フランス民法の一五〇年』(上)/337頁/有斐閣/昭和32年)

(5) 福島正夫教授は、わが国における地租改正事業とフランスのキャダストルの整備事業とを対比し、次のように述べられる。

「比較的短期間内にこれだけの全国的丈量を行ない整備した土地台帳制度を確立したことは、欧洲諸国にもほとんど例をみない偉業といえよう。しかもそれは極端な零細地片という日本の特殊条件の下で実施された手芸的な工作であった。これによって、また土地負担の平準化によって、日本の土地は、商品取引の対象たる適格性の二つをそなえることとなった。」(福島正夫『地租改正の研究〔増訂版〕』448頁/有斐閣/昭和45年)

(6) わが国の地籍整備事業に関し、和歌山大学の島津俊之教授は、1999年度の人文地理学会大会における研究発表「世界史のなかの明治前期地籍編製事業—未完の近代プロジェクトの系譜—」のなかで、要旨「地籍調査が明治前期に『地籍編製』として、地租改正とは別に全国規模で試みられたことを知る実務家は皆無に等しい。」と報告されている。教授の上記発表は、地租改正、地押調査および地籍整備事業に関心を有する者に対し、極めて重要な問題提起をなすものである。

(7) 2002年5月11日の熊本近代史研究会において、筆者は下記の通り報告

した。わが国における地租改正事業の完結には、本来、地籍整備事業を必要としたのではないかと考えたからである。

「政府は地租改正のどの段階から、地券は過渡期的なものであり土地台帳の編製をこそ、その最終目的とするという認識を有したのだろうか。たしかに改租法令や指令の展開ならびにその内容等から推測すると、その認識は当局者の間に徐々に醸成されていったかのようにも思われる。しかし一方、政権の中枢が西欧諸国のキャダストルの制度について知らなかったとも考えられない。

あるいは当路者の胸中には、改租事業の初めから常に土地台帳の編製が意識されていたのではないかとも考えられるのである。もしそうだとすると明治18年からの地押調査事業は第二の改租事業ということではなく、地租改正そのものであったということになるのではないだろうか。地券へ人民の信頼と関心を集中させつつ、一方では全国的な土地台帳の完成を企図する。政府がこの認識をどの段階で有するようになったのか、ここにも一つの興味ぶかい問題がひそんでいるように思われる。」(『熊本近研会報』第372号)

(8) 登記実務家は、連帯して制定されたわが国の立法例につき感慨をもって学ぶことができる。すなわち、明治19年2月勅令第1号公文式による明治19年8月11日法律第1号登記法と第2号公証人規則である(「旧登記法の制定とその意義」『福島正夫著作集』第四巻369頁参照／勁草書房／1993年)。

(9) 鎌田薫教授の前記「フランスの土地公示制度」中にも、キャダストルの改革と保全に関する1955年4月30日のデクレ第55-471号 Décret n° 55-471 du 30 avril 1955 relatif à la rénovation et à la conservation du cadastre が随所において訳され、紹介されている。

(10) 注(9)に引用の論文中の記述と同趣旨のそれが『民法論集』第二巻にもみられる。

「不動産票箱の制度は、法律的には従来の人名見出帳や人名表に代るものとして、不動産物権の公示(わが国やドイツの登記簿にあたる)それ自体でなく、単にその整理の手段であり、登簿の検索を迅速、確実、容易に行

なわしめる助けとなるものにすぎない。ただ、それは、後に示すように、外形上も登記簿に似ており、事実上は、きわめて重要な役割を果し、登記簿（livre foncier）に近い役割を持つといって大過ないであろう。それは、やがては、登記簿制度に移行すべき礎石となるかもしれないと予想され、その点にも意味を有するものと考えられる。」（星野英一『民法論集』第二巻147頁／有斐閣／2002年）

(11) 『LE CADASTRE DE LA FRANCE』16頁には、次の記述がみられる。

「Ensuite l'informatisation des données cadastrales par la mise en oeuvre d'un système d'informatique répartie fonctionnant en temps réel et en mode conversationnel ; le volume considérable des informations foncières gérées explique aisément que le cadastre se soit engagé dans cette période récente dans la mise en oeuvre de traitements informatiques.

次に、コンピュータシステムの活用によるキャダストルデータの情報処理は、リアルタイムかつ対話方式により運用されている。管理された膨大な量の不動産情報は、近年におけるキャダストル庁のコンピュータ処理の[活用状況]を容易に説明している。」

(12) 報道によれば、フランス共和国の地籍情報のデータベース化の事業の一部を、わが国の企業が受託しているものと思われる。またフランスのキャダストル局では日本製の測量器械が用いられている（後段の記述につき、森田健児（「ドイツ・フランスの地籍 (2)」『国土調査』No. 115/26頁／社団法人全国国土調査協会／2003年）。

〔追記〕
(1) 本書の第1部と第2部において掲げたloiとdécretの原文については、フランス政府の法令開示普及局 Le service public de la diffusion du droit のサイト、Legifrance より入手し、難解な構文については翻訳家の指導を得た。
(2) わが国の法令の文体は能動態の形式をとっているが、本書中のloiとdécretの訳にあたっては、そのほとんどにつき、原文に忠実に受動態の形式をとった。

⑶　本書中の逐語訳については、邦文と仏文の構造の相違から、品詞等の位置について、「ズレ」を生じているところがある。逐語訳は自己の学習のために作成したものであり、必ずしも適切な手法とはいえないであろう。間違いをもふくめ、ご指導いただいた翻訳家にはご海容いただきたい。

⑷　キャダストルの改革と保全に関する1955年4月30日のデクレ第55-471号の試訳に注を付するにあたり、依拠した原語の文献は、主に、ステファン・ラヴィーニュ博士著の『フランスのキャダストル』文庫クセジュ317/1996年（Docteur d'État en droit STÉPHANE LAVIGNE『LE CADASTRE DE LA FRANCE』que sais-je? 317/PRESSES UNIVERSITAIRES DE FRANCE/1996）と、フランス共和国国税庁発行の『キャダストル、その起源から今日まで』（Direction Générale des Impôts『LE CADASTRE de l'origine à nos jours』）である。また、わが国の研究者の論文などに依拠した注については、そのつど、論文名・書籍名等を明記した。なお注は、該当箇所に（1）（2）の振り合いによっている。注はいまだ未完成である。

⑸　入手したloiとdécretの原文には項数の記載がなく、日本の法令の項にあたると思われる箇所は段落alinéaによって分かれている。alinéaは項という意味も有するので、本私訳ではalinéaごとに、第2項以下に②、③の振り合いで項数を設けた。なお原則として、私訳の条文中［　］内の邦文は、原文に対応する語句がなく、訳のために補足した箇所であり、（　）内の邦文は、原文の意味を補った箇所である。

2013年11月18日（月曜日）　土地家屋調査士・司法書士　佐藤義人

目　次
Table des matières

まえがき　i
Préface

第Ⅰ部　アルザス‐モゼル土地登記法
　　——ライン川下流県、ライン川上流県およびモゼル県における
　　　土地登記簿制度——
Le système du livre foncier dans les départements du Bas-Rhin, du Haut-Rhin et de la Moselle

　第1章　ライン川下流県、ライン川上流県およびモゼル県においてフランス共和国の民事法を施行する1924年6月1日の法律第2篇第3章（2010年5月8日改正）　3
　　　　Loi du 1er juin 1924 mettant en vigueur la législation civile française dans les départements du Bas-Rhin, du Haut-Rhin et de la Moselle Version consolidée au 08 mai 2010.

　第2章　ライン川下流県、ライン川上流県およびモゼル県における土地登記簿とその電子情報処理組織化に関する2009年10月7日のデクレ第2009-1193号　60
　　　　Décret n° 2009-1193 du 7 octobre 2009 relatif au livre foncier et à son informatisation dans les départements du Bas-Rhin, du Haut-Rhin et de la Moselle.

　下記は、上記デクレ（第2章）の内容を把握し索引的利用に資するため、その前文、章、節、款および附則を抜粋し作成したものである。なお、本

デクレには「目次」あるいは「索引」に相当する箇所は存在しない。

前文
［登記管轄］（第1条～第2条）　66
第1章　土地登記簿および寄託登録簿の諸情報（第3条～第5条）　67
第2章　土地登記簿の情報、寄託登録簿の情報およびその附属書類の閲覧ならびにその写しの交付　77
　第1節　土地登記簿および寄託登録簿の情報の閲覧（第6条～第16条）　78
　第2節　附属書類の調査（第17条～第20条）　95
　第3節　土地登記簿の情報、寄託登録簿の情報および附属書類の写しの交付（第21条～第27条）　100
第3章　土地の権利の登記　107
　第1節　通則　107
　　第1款　不動産に関する規定（第28条～第37条）　107
　　第2款　権利に関する規定（第38条～第39条）　117
　　第3款　地役権に関する規定（第40条～第41条）　119
　　第4款　負担に関する規定（第42条～第45条）　121
　　第5款　［登記］情報の記載に関する規定（第46条）　127
　第2節　特別規定　128
　　第1款　仮登記関係規定（第47条）　128
　　第2款　時効または附合による所有権に関する規定（第48条～第50条）　130
　第3節　証書の形式（第51条～第57条）　137
　第4節　登記の申請　143
　　第1款　登記申請人となりうる者（第58条～第60条）　143
　　第2款　申請書の方式（第61条～第63条）　146
　　第3款　申請書の内容（第64条～第65条）　149

第4款　人的特定（第66条〜第69条）　150
    第5款　不動産の特定（第70条）　154
    第6款　登記申請の目的たる権利の表示（第71条〜第72条）　154
    第7款　証書および証拠書類（第73条〜第75条）　156
  第5節　申請の処理手続　162
    第1款　申請書の提出（第76条〜第77条）　162
    第2款　寄託登録簿（第78条）　168
    第3款　登記の順位（第79条）　170
  第6節　登記の実行　171
    第1款　登記の命令（第80条〜第83条）　171
    第2款　［登記申請の］却下命令および補正命令（第84条）　174
    第3款　［登記事件の］併合および分離（第85条〜第86条）　176
    第4款　申請の取下げ（第87条）　177
    第5款　［申請の］適否の決定（第88条）　178
    第6款　不服申立（第89条）　179
  第7節　登記の更正および復原（第90条〜第93条）　181
  第8節　登記の通知および登記の証明（第94条）　185
  第9節　［登記の］抹消（第95条〜第100条）　188
第4章　最終規定（第101条〜第102条）　195
附則（第1条〜第2条）　202

第Ⅱ部　フランスの地籍制度
Le système du cadastre de France

　第1章　キャダストル、その起源から今日まで　225
　　　　　LE CADASTRE de l'origine à nos jours.

　第2章　キャダストルの情報　280

L' information cadastrale.

第 3 章　キャダストルの改革と保全に関する 1955 年 4 月 30 日のデクレ
　　　　第 55-471 号　　322
　　　　Décret n° 55-471 du 30 avril 1955 relatif à la rénovation et à la conservation du cadastre.

　下記は、上記デクレ（第 3 章）の内容を把握し索引的利用に資するため、その前文、章、節を抜粋し作成したものである。本デクレには「目次」あるいは「索引」に相当する箇所は存在しない。
　なお、本デクレの条項には、筆者の学んだところによる注を付した箇所がある。

前文　322
第 1 章　キャダストルの改製　325
　　第 1 節　総則（第 1 条〜第 7 条）　325
　　第 2 節　キャダストルの改訂（第 8 条〜第 9 条）　341
　　第 3 節　キャダストルの補修（第 10 条〜第 19 条）　344
　　第 4 節　収入および支出に関する会計（第 20 条〜第 23 条）　361
第 2 章　キャダストルの保全（第 24 条〜第 38 条）　365

あとがき　382
Postface

第 I 部

アルザス - モゼル土地登記法
La législation de la publicité foncière d'Alsace-Moselle

裁判所構成法第 13 表 Tableau XIII du code de l'organisation judiciaire により土地登記所として指定されたストラスブールの大審裁判所 Tribunal de grande instance de Strasbourg

第 1 章　ライン川下流県、ライン川上流県およびモゼル県においてフランス共和国の民事法を施行する 1924 年 6 月 1 日の法律第 2 篇第 3 章

〔原　文〕

Loi du 1er juin 1924 mettant en vigueur la législation civile française dans les départements du Bas-Rhin, du Haut-Rhin et de la Moselle

Version consolidée au 08 mai 2010

〔逐語訳〕

ライン川下流県、ライン川上流県およびモゼル県においてフランス共和国の民事法を施行する 1924 年 6 月 1 日の法律 Loi du 1er juin 1924 mettant en vigueur la législation civile française dans les départements du Bas-Rhin, du Haut-Rhin et de la Moselle。

2010 年 5 月 8 日改正 Version consolidée au 08 mai 2010。

【私　訳】

ライン川下流県、ライン川上流県およびモゼル県においてフランス共和国の民事法を施行する 1924 年 6 月 1 日の法律。

2010 年 5 月 8 日改正。

〔原　文〕

Titre II：Dispositions spéciales.

〔逐語訳〕

第 II 篇　特別規定　Titre II：Dispositions spéciales.

【私　訳】

第 II 篇　特別規定

〔原　文〕

Chapitre III：Droits sur les immeubles ; livre foncier.

〔逐語訳〕
第Ⅲ章　不動産に関する権利　土地登記簿 Chapitre III : Droits sur les immeubles ; livre foncier.

【私 訳】
第Ⅲ章　不動産に関する権利　土地登記簿

〔原 文〕
Article 36

　Modifié par Loi n° 2002-306 du 4 mars 2002 - art.1 JORF 5 mars 2002

　Dans les départements du Haut-Rhin, du Bas-Rhin et de la Moselle, la publicité foncière est régie par le présent chapitre.

〔逐語訳〕
第 36 条　Article 36

　2002 年 3 月 4 日法律第 2002-306 号第 1 条により改正 Modifié par Loi n° 2002-306 du 4 mars 2002 - art.1。2002 年 3 月 5 日フランス共和国官報に公示 JORF 5 mars 2002。

　ライン川上流県、ライン川下流県およびモゼル県における Dans les départements du Haut-Rhin, du Bas-Rhin et de la Moselle 土地登記は本章により規定される la publicité foncière est régie par le présent chapitre。

【私 訳】
第 36 条

　2002 年 3 月 4 日法律第 2002-306 号第 1 条により改正。2002 年 3 月 5 日フランス共和国官報に公示。

　ライン川上流県、ライン川下流県およびモゼル県における土地登記は本章により規定される。

〔原 文〕
Article 36-1

　Créé par Loi n° 2002-306 du 4 mars 2002 - art.1 JORF 5 mars 2002

Les droits sur les immeubles, les privilèges et les hypothèques sont ceux prévus par la législation civile française ainsi que les prestations foncières des articles 1105 (premier alinéa), 1107 et 1108 du code civil local, de l'article 75 de la loi d'exécution du même code et l'hypothèque d'exécution forcée de l'article 866 du code de procédure civile locale.

Les règles concernant l'organisation, la constitution, la transmission et l'extinction des droits réels immobiliers et autres droits et actes soumis à publicité sont celles de la législation civile française, sous réserve des dispositions du présent chapitre.

〔逐語訳〕
第 36-1 条　Article 36-1

2002 年 3 月 4 日法律第 2002-306 号第 1 条により制定 Créé par Loi n° 2002-306 du 4 mars 2002 - art.1。2002 年 3 月 5 日フランス共和国官報に公示 JORF 5 mars 2002。

不動産に関する権利、先取特権および抵当権 Les droits sur les immeubles, les privilèges et les hypothèques は、フランス共和国民事法のそれと同一とし sont ceux prévus par la législation civile française、かつアルザス－ロレーヌ地方民法典第 1105 条 (第 1 項)、第 1107 条および第 1108 条、同法典施行法第 75 条に規定する不動産に関する給付 ainsi que les prestations foncières des articles 1105 (premier alinéa), 1107 et 1108 du code civil local, de l'article 75 de la loi d'exécution du même code ならびにアルザス－ロレーヌ地方民事訴訟法典第 866 条の強制執行にかかる抵当権とする et l'hypothèque d'exécution forcée de l'article 866 du code de procédure civile locale。

②不動産物権の設定、譲渡および消滅 la constitution, la transmission et l'extinction des droits réels immobiliers その他の公示に服する権利ならびに証書 et autres droits et actes soumis à publicité の法律に関する原則 Les règles concernant l'organisation は、本章に別に定める場合を除き sous réserve des dispositions du présent chapitre、フランス共和国の民

事法のそれと同一とする sont celles de la législation civile française.

【私 訳】
第36-1条

　2002年3月4日法律第2002-306号第1条により制定。2002年3月5日フランス共和国官報に公示。

　不動産に関する権利、先取特権および抵当権は、フランス共和国民事法のそれと同一とし、かつアルザス－ロレーヌ地方民法典第1105条（第1項）、第1107条および第1108条、同法典施行法第75条に規定する不動産に関する給付ならびにアルザス－ロレーヌ地方民事訴訟法典第866条の強制執行にかかる抵当権とする。

②不動産物権の設定、譲渡および消滅その他の公示に服する権利ならびに証書の法律に関する原則は、本章に別に定める場合を除き、フランス共和国の民事法のそれと同一とする。

〔原　文〕
Article 36-2

　Modifié par Loi n° 2009-323 du 25 mars 2009 - art.102

　Le livre foncier est constitué du registre destiné à la publicité des droits sur les immeubles.

　Le livre foncier peut être tenu sous forme électronique dans les conditions définies par les articles 1316-1, 1316-3 et 1316-4 du code civil.

　Le livre foncier est tenu sous l'autorité du juge du livre foncier.

　Le service du livre foncier est assuré par le tribunal d'instance et, dans le cadre de ses missions prévues par la loi n° 2002-306 du 4 mars 2002 portant réforme de la loi du 1er juin 1924 mettant en vigueur la législation civile française dans les départements du Bas-Rhin, du Haut-Rhin et de la Moselle, dans ses dispositions relatives à la publicité foncière, par l'établissement public de l'État créé à l'article 2 de la même loi.

Les données du livre foncier permettent l'identification des immeubles ainsi que des droits de propriété, servitudes, charges et sûretés portant sur ces immeubles, et l'identification des personnes titulaires de droits inscrits.

〔逐語訳〕
第36-2条　Article 36-2

　2009年3月25日法律第2009-323号第102条により改正 Modifié par Loi n° 2009-323 du 25 mars 2009 - art.102。

　登録簿たる土地登記簿 Le livre foncier（est constitué）du registre は、不動産に関する権利の公示を目的として destiné à la publicité des droits sur les immeubles 編製される est constitué。

②土地登記簿 Le livre foncier は、民法典第1316-1条、第1316-3条および第1316-4条に定められる条件において dans les conditions définies par les articles 1316-1, 1316-3 et 1316-4 du code civil、電子的形態にてこれを保持することができる peut être tenu sous forme électronique。

③土地登記簿 Le livre foncier は、土地登記簿判事の職権において sous l'autorité du juge du livre foncier これが保持される est tenu。

④土地登記簿にかかる役務 Le service du livre foncier は小審裁判所により保障され est assuré par le tribunal d'instance、さらに et 土地登記に関する規定については、dans ses dispositions relatives à la publicité foncière、ライン川下流県、ライン川上流県およびモゼル県においてフランス共和国の民事法を施行する1924年6月1日の法律を改正する2002年3月4日の法律第2002-306号により定められた任務の一つとして dans le cadre de ses missions prévues par la loi n° 2002-306 du 4 mars portant réforme de la loi du 1er juin 1924 mettant en vigueur la législation civile française dans les départements du Bas-Rhin, du Haut-Rhin et de la Moselle、同法第2条により設置された国の公共機関により par l'établissement public de l'État créé à l'article 2 de la même loi 保障される est assuré。

⑤土地登記簿の情報 Les données du livre foncier は、不動産の特定ならびにこれらの不動産に関する所有権、地役権、負担または担保の特定 l'identification des immeubles ainsi que des droits de propriété, servitudes, charges et sûretés portant sur ces immeubles および登記された権利名義人の特定 et l'identification des personnes titulaires de droits inscrits を可能とする permettent。

【私 訳】
第36-2条
　2009年3月25日法律第2009-323号第102条により改正。
　登録簿たる土地登記簿は、不動産に関する権利の公示を目的として編製される。
②土地登記簿は、民法典第1316-1条、第1316-3条および第1316-4条に定められる条件において、電子的形態にてこれを保持することができる。
③土地登記簿は、土地登記簿判事の職権においてこれが保持される。
④土地登記簿にかかる役務は小審裁判所により保障され、さらに土地登記に関する規定については、ライン川下流県、ライン川上流県およびモゼル県においてフランス共和国の民事法を施行する1924年6月1日の法律を改正する2002年3月4日の法律第2002-306号により定められた任務の一つとして、同法第2条により設置された国の公共機関により保障される。
⑤土地登記簿の情報は、不動産の特定ならびにこれらの不動産に関する所有権、地役権、負担または担保の特定および登記された権利名義人の特定を可能とする。

〔原　文〕
Article 36-3
　Créé par Loi n° 2009-323 du 25 mars 2009 - art.102
　Les annexes au livre foncier sont constituées des actes et documents produits à l'appui d'une requête en inscription, ainsi que des décisions rendues à sa suite.

Elles peuvent être conservées sur support électronique dans les conditions définies par l'article 1316-1 du code civil.
　Elles ne sont pas soumises à publicité légale. Elles peuvent toutefois être consultées dans des conditions fixées par décret en Conseil d'État par les catégories de personnes désignées par le même décret.
　Ces personnes peuvent en outre obtenir des copies des annexes qu'elles ont consultées.
　〔逐語訳〕
第36-3条　Article 36-3
　2009年3月25日法律第2009-323号第102条により制定 Créé par Loi n° 2009-323 du 25 mars 2009 – art.102。
　土地登記簿の附属書類 Les annexes au livre foncier は、登記申請の原因として提出される証書および資料 des actes et documents produits à l'appui d'une requête en inscription ならびにその申請に引き続きなされる［適否の］決定により ainsi que des décisions rendues à sa suite 構成される sont constituées。
②土地登記簿の附属書類 Elles は、民法典第1316-1条により定められる条件において電子媒体にて sur support électronique dans les conditions définies par l'article 1316-1 du code civil 保存することができる peuvent être conservées。
③土地登記簿の附属書類 Elles は、法律上、公示の対象とならない ne sont pas soumises à publicité légale。但し toutefois、コンセイユ・デタの議を経たデクレにより指定された一定の者は、同デクレに定められた条件において dans des conditions fixées par décret en Conseil d'État par les catégories de personnes désignées par le même décret、それを閲覧することができる Elles peuvent（toutefois）être consultées。
④これらの者 Ces personnes は、さらに en outre、自らが閲覧した附属書類の写しの交付を受けることができる peuvent（en outre）obtenir des copies des annexes qu'elles ont consultées。

【私訳】
第36-3条
　2009年3月25日法律第2009-323号第102条により制定。
　土地登記簿の附属書類は、登記申請の原因として提出される証書および資料ならびにその申請に引き続きなされる［適否の］決定により構成される。
②土地登記簿の附属書類は、民法典第1316-1条により定められる条件において電子媒体にて保存することができる。
③土地登記簿の附属書類は、法律上、公示の対象とならない。但し、コンセイユ・デタの議を経たデクレにより指定された一定の者は、同デクレに定められた条件において、それを閲覧することができる。
④これらの者は、さらに、自らが閲覧した附属書類の写しの交付を受けることができる。

〔原　文〕
Article 36-4
　Créé par Loi n° 2009-323 du 25 mars 2009 - art.102
　Les données du livre foncier informatisé peuvent faire l'objet d'une réutilisation dans les conditions fixées par la loi n° 78-753 du 17 juillet 1978 portant diverses mesures d'amélioration des relations entre l'administration et le public et diverses dispositions d'ordre administratif, social et fiscal.
〔逐語訳〕
第36-4条　　Article 36-4
　2009年3月25日法律第2009-323号第102条により制定 Créé par Loi n° 2009-323 du 25 mars 2009 - art.102。
　電子情報処理組織化された土地登記簿の情報 Les données du livre foncier informatisé は、行政と市民との関係の改善のための各種の措置および行政、社会ならびに税の秩序に関する1978年7月17日の法律第

78-753号に定められる条件において dans les conditions fixées par la Loi n° 78-753 du 17 juillet 1978 portant diverses mesures d'amélioration des relations entre l'administration et le public et diverses dispositions d'ordre administratif, social et fiscal、再利用の対象とすることができる peuvent faire l'objet d'une réutilisation。

【私 訳】

第 36-4 条

 2009 年 3 月 25 日法律第 2009-323 号第 102 条により制定。

 電子情報処理組織化された土地登記簿の情報は、行政と市民との関係の改善のための各種の措置および行政、社会ならびに税の秩序に関する 1978 年 7 月 17 日の法律第 78-753 号に定められる条件において、再利用の対象とすることができる。

〔原 文〕

Article 36-5

 Créé par Loi n° 2009-323 du 25 mars 2009 − art.102.

 Toute contestation relative au service du livre foncier ou à ses annexes relève de la compétence du juge judiciaire.

〔逐語訳〕

第 36-5 条　 Article 36-5

 2009 年 3 月 25 日法律第 2009-323 号第 102 条により制定 Créé par Loi n° 2009-323 du 25 mars 2009 − art.102。

 土地登記簿に関する役務またはそれに附随するすべての異議の申立 Toute contestation relative au service du livre foncier ou à ses annexes は、土地登記簿判事の管轄に属する relève de la compétence du juge judiciaire。

【私 訳】

第 36-5 条

 2009 年 3 月 25 日法律第 2009-323 号第 102 条により制定。

土地登記簿に関する役務またはそれに附随するすべての異議の申立は、土地登記簿判事の管轄に属する。

〔原　文〕

Article 37

　Modifié par Loi n° 2009-323 du 25 mars 2009 - art.102

Ⅰ．-La consultation des données du livre foncier et du registre des dépôts sur place ou à distance est libre.

Ⅱ．-Toute personne qui consulte ces données peut en obtenir une copie délivrée par le greffe ou l'établissement public. La copie est délivrée par l'établissement public à titre de simple renseignement.

Ⅲ．-L'inscription d'un droit sur le registre destiné à la publicité des droits sur les immeubles doit être portée à la connaissance des titulaires de droits concernés avec l'indication de leur droit d'accès et de rectification.

　Toute personne peut obtenir communication des informations concernant ses biens et ses droits et, sous réserve des droits des tiers, exiger la rectification, la modification ou la suppression d'une information inexacte, incomplète ou périmée par requête présentée au juge du livre foncier.

Ⅳ．-Un décret en Conseil d'État, pris après avis de la Commission nationale de l'informatique et des libertés, détermine les conditions d'application du présent article et, notamment, la liste des données consultables outre les droits énumérés à l'article 38 ainsi que les modes de consultation et les conditions dans lesquelles s'exerce le libre accès aux données du livre foncier et du registre des dépôts.

〔逐語訳〕

第37条　Article 37

　2009年3月25日法律第2009-323号第102条により改正 Modifié par

Loi n° 2009-323 du 25 mars 2009 - art.102。

Ⅰ．－土地登記簿および寄託登録簿の情報の閲覧 La consultation des données du livre foncier et du registre des dépôts は、その所在地においてまたは遠隔地より、自由にこれを行うことができる sur place ou à distance est libre。

Ⅱ．－これらの情報を閲覧する者は誰でも Toute personne qui consulte ces données、裁判所書記課または公的機関から交付されるその写しを取得することができる peut en obtenir une copie délivrée par le greffe ou l'établissement public。公的機関から交付されるその写しは単なる情報として［認証文を付記せず］交付される La copie est délivrée par l'établissement public à titre de simple renseignement。

Ⅲ．－不動産に関する権利の公示を目的とした登記簿への権利の登記 L'inscription d'un droit sur le registre destiné à la publicité des droits sur les immeubles は、アクセスおよび修正に関する権利の情報とともに avec l'indication de leur droit d'accès et de rectification、関係する権利名義人へ開示されなければならない doit être portée à la connaissance des titulaires de droits concernés。

　いかなる者 Toute personne も、自己の権利および資産に関する情報についての通知を得ることができ peut obtenir communication des informations concernant ses biens et ses droits、かつ et、第三者の権利を害しない限り sous réserve des droits des tiers、土地登記簿判事に申請書を提出することにより par requête présentée au juge du livre foncier、不正確な不完全なまたは失効した情報の変更、更正または抹消を請求することができる peut exiger la rectification, la modification ou la suppression d'une information inexacte, incomplète ou périmée。

Ⅳ．－本条の適用の条件 les conditions d'application du présent article および et、とりわけ第 38 条に列挙された権利に加え閲覧可能な情報の一覧 notamment, la liste des données consultables outre les droits énumérés à l'article 38 ならびに閲覧の方法 ainsi que les modes de consultation、ま

た土地登記簿および寄託登録簿の情報への自由なアクセスが行われる条件 et les conditions dans lesquelles s'exerce le libre accès aux données du livre foncier et du registre des dépôts は、情報処理および自由に関する全国委員会の諮問を経たのち、pris après avis de la Commission nationale de l'informatique et des libertés コンセイユ・デタの議を経たデクレ Un décret en Conseil d'État により定める détermine。

　【私 訳】
第 37 条
　2009 年 3 月 25 日法律第 2009-323 号第 102 条により改正。
Ⅰ．－土地登記簿および寄託登録簿の情報の閲覧は、その所在地においてまたは遠隔地より、自由にこれを行うことができる。
Ⅱ．－これらの情報を閲覧する者は誰でも、裁判所書記課または公的機関から交付されるその写しを取得することができる。公的機関から交付されるその写しは単なる情報として［認証文を付記せず］交付される。
Ⅲ．－不動産に関する権利の公示を目的とした登記簿への権利の登記は、アクセスおよび修正に関する権利の情報とともに、関係する権利名義人へ開示されなければならない。
　いかなる者も、自己の権利および資産に関する情報についての通知を得ることができ、かつ、第三者の権利を害しない限り、土地登記簿判事に申請書を提出することにより、不正確な不完全なまたは失効した情報の変更、更正または抹消を請求することができる。
Ⅳ．－本条の適用の条件および、とりわけ第 38 条に列挙された権利に加え閲覧可能な情報の一覧ならびに閲覧の方法、また土地登記簿および寄託登録簿の情報への自由なアクセスが行われる条件は、情報処理および自由に関する全国委員会の諮問を経たのち、コンセイユ・デタの議を経たデクレにより定める。

　〔原 文〕
Article 37-1

Créé par Ordonnance n° 2009-483 du 29 avril 2009 - art.16

Par dérogation aux articles L.213-1 et L.213-2 du code du patrimoine, l'accès aux données du livre foncier et du registre des dépôts s'exerce dans les conditions définies par l'article 37 et donne lieu à la perception d'une redevance pour service rendu au titre de la délivrance de copie prévue au 1° de l'article 4 de la loi n° 2002-306 du 4 mars 2002.

L'accès aux annexes est soumis au délai prévu au 3° du I de l'article L.213-2 du code du patrimoine et s'exerce dans les conditions définies au second alinéa de l'article L.213-1 du même code.

〔逐語訳〕
第 37-1 条　Article 37-1

2009 年 4 月 29 日オルドナンス第 2009-483 号第 16 条により制定 Créé par Ordonnance n° 2009-483 du 29 avril 2009 - art.16。

土地登記簿および寄託登録簿の情報へのアクセス l'accès aux données du livre foncier et du register des dépôts は、相続財産に関する法律第 L.213-1 条および第 L.213-2 条の例外的措置として Par dérogation aux articles L.213-1 et L.213-2 du code du patrimoine、第 37 条に定められた条件において行われ s'exerce dans les conditions définies par l'article 37、かつ et 2002 年 3 月 4 日の法律第 2002-306 号第 4 条の 1° に定められた prévue au 1° de l'article 4 de la loi n° 2002-306 du 4 mars 2002［情報の］写しの交付名目での役務の提供に関する手数料徴収の根拠となる donne lieu à la perception d'une redevance pour service rendu au titre de la délivrance de copie。

②附属書類へのアクセス L'accès aux annexes は、相続財産法第 L.213-2 条 I の 3° に定められた期間内に est soumis au délai prévu au 3° du I de l'article L.213-2 du code du patrimoine、かつ et 同法第 L.213-1 条後段に定められた条件において dans les conditions définies au second alinéa de l'article L.213-1 du même code 行われる s'exerce。

【私 訳】
第37-1条
　2009年4月29日オルドナンス第2009-483号第16条により制定。
　土地登記簿および寄託登録簿の情報へのアクセスは、相続財産に関する法律第L.213-1条および第L.213-2条の例外的措置として、第37条に定められた条件において行われ、かつ2002年3月4日の法律第2002-306号第4条の1°に定められた［情報の］写しの交付名目での役務の提供に関する手数料徴収の根拠となる。
②附属書類へのアクセスは、相続財産法第L.213-2条Ⅰの3°に定められた期間内に、かつ同法第L.213-1条後段に定められた条件において行われる。

〔原 文〕
Article 38
　Modifié par Loi n° 2009-526 du 12 mai 2009 - art.10
　Sont inscrits au livre foncier, aux fins d'opposabilité aux tiers, les droits suivants :
a) La propriété immobilière, quel que soit son mode d'acquisition ;
b) La superficie, l'emphytéose et tout autre droit réel conféré par un bail, l'usufruit établi par la volonté de l'homme, l'usage, l'habitation, les servitudes foncières établies par le fait de l'homme, le gage immobilier, le droit réel résultant d'un titre d'occupation du domaine public de l'État ou d'un établissement public de l'État délivré en application des articles L.34-1 à L.34-9 du code du domaine de l'État et de l'article 3 de la loi n° 94-631 du 25 juillet 1994 complétant le code du domaine de l'État et relative à la constitution de droits réels sur le domaine public et les prestations foncières ;
c) Les privilèges et les hypothèques ;
d) Le droit du locataire et du fermier en cas de bail d'une durée de plus

de douze années ;

e）Le paiement anticipé ou la cession d'une somme équivalant à au moins trios années de loyers ou de fermages non échus ;

f）Les restrictions au droit de disposer insérées dans un acte d'aliénation ou découlant de tous autres actes, tels que promesses de vente, legs ou donations sous condition ou avec charge de restitution en vertu des articles 1048 et 1049 du code civil, le droit de retour conventionnel prévu par les articles 951 et 952 du code civil, le droit de réméré ainsi que celles résultant de la saisie immobilière ou de toutes autres décisions judiciaires ;

g）Tout droit à la résolution d'un contrat synallagmatique ;

h）Le droit à la révocation d'une donation ;

i）Le droit au rapport en nature d'une donation prévue par les articles 859 et 865 du code civil ;

j）Les droits résultant des actes et décisions constatant ou prononçant la résolution, la révocation, l'annulation ou la rescision d'une convention ou d'une disposition à cause de mort ;

k）Toute servitude dont la publicité foncière est prévue par la loi à peine d'inopposabilité.

〔逐語訳〕
第38条　Article 38

2009年5月12日の法律第2009-528号第10条により改正 Modifié par Loi n° 2009-526 du 12 mai 2009 - art.10。

第三者への対抗力［の取得］を目的として aux fins d'opposabilité aux tiers、下記権利 les droits suivants が土地登記簿へ登記される Sont inscrits au livre foncier。すなわち、

a）不動産所有権 La propriété immobilière。なお、その取得原因の如何を問わない quell que soit son mode d'acquisition。

b）地上権 La superficie、長期賃貸借権および賃貸借契約に起因するその

他のすべての物権 l'emphytéose et tout autre droit réel conféré par un bail、人の意思により設定された使用収益権、使用権、居住権 l'usufruit établi par la volonté de l'homme, l'usage, l'habitation、人の所為により設定された地役権 les servitudes foncières établies par le fait de l'homme、不動産質権 le gage immobilier ならびに公有公物についての物権の設定および土地の給付に関する et relative à la constitution de droits réels sur le domaine public et les prestations foncières 国有財産法第 L.34-1 条ないし第 L.34-9 条ならびに国有財産法を補完する 1994 年 7 月 25 日の法律第 94-631 号第 3 条の適用により交付された délivré en application des articles L.34-1 à 34-9 du code du domaine de l'État et de l'article 3 de la loi n° 94-631 du 25 juillet 1994 complétant le code du domaine de l'État 国の公有公物または国の公共施設の占有権原に起因する物権 le droit réel résultant d'un titre d'occupation du domaine public de l'État ou d'un établissement public de l'État。

c）先取特権および抵当権 Les privilèges et les hypothèques。

d）12 年を超える期間の賃貸借契約の場合の借家人および小作人の権利 Le droit du locataire et du fermier en cas de bail d'une durée de plus de douze années。

e）支払期限前の賃借料または小作料の少なくとも 3 年分に相当する金額の弁済または譲渡 Le paiement anticipé ou la cession d'une somme équivalant à au moins trios années de loyers ou de fermages non échus。

f）民法典第 1048 条および第 1049 条による条件付のあるいは負担付の売買、遺贈または贈与の契約のような tels que promesses de vente, legs ou donations sous condition ou avec charge de restitution en vertu des articles 1048 et 1049 du code civil、またその他のすべての［法律］行為に関する譲渡証書に記載された権利の処分の制限 Les restrictions au droit de disposer insérées dans un acte d'aliénation ou découlant de tous autres actes、民法典第 951 条および第 952 条に定められた契約上の回復権 le droit de retour conventionnel prévu par les articles 951 et 952 du code civil、買戻権ならびに不動産差押またはその他のすべての司法上の決定 le droit de réméré ainsi que celles résultant de la saisie immobilière ou de toutes autres décisions judiciaries。

g）双務契約の解除に関するすべての権利 Tout droit à la résolution d'un contrat synallagmatique。

h）贈与の取消に関する権利 Le droit à la révocation d'une donation。

i）民法典第859条および第865条に定められている prévue par les articles 859 et 865 du code civil 贈与の現物による持戻しの権利 Le droit au rapport en nature d'une donation。

j）死亡を原因とする à cause de mort 約定または規定の無効または取消 l'annulation ou la rescision d'une convention ou d'une disposition、解除［あるいは］取消を確認または宣告する証書および決定にもとづく権利 Les droits resultant des actes et décisions constatant ou prononçant la résolution, la révocation。

k）法に定められた、土地公示を怠れば対抗不能となる dont la publicité foncière est prévue par la loi à peine d'inopposabilité すべての地役権 Toute servitude。

【私訳】

第38条

2009年5月12日の法律第2009-528号第10条により改正。

　第三者への対抗力［の取得］を目的として、下記権利が土地登記簿へ登記される。すなわち、

a）不動産所有権。なお、その取得原因の如何を問わない。

b）地上権、長期賃貸借権および賃貸借契約に起因するその他のすべての物権、人の意思により設定された使用収益権、使用権、居住権、人の所為により設定された地役権、不動産質権ならびに公有公物についての物権の設定および土地の給付に関する国有財産法第L.34-1条ないし第L.34-9条ならびに国有財産法を補完する1994年7月25日の法律第94-631号第3条の適用により交付された国の公有公物または国の公共施設の占有権原に

起因する物権。

c）先取特権および抵当権。

d）12 年を超える期間の賃貸借契約の場合の借家人および小作人の権利。

e）支払期限前の賃借料または小作料の少なくとも 3 年分に相当する金額の弁済または譲渡。

f）民法典第 1048 条および第 1049 条による条件付のあるいは負担付の売買、遺贈または贈与の契約のような、またその他のすべての［法律］行為に関する譲渡証書に記載された権利の処分の制限、民法典第 951 条および第 952 条に定められた契約上の回復権、買戻権ならびに不動産差押またはその他のすべての司法上の決定。

g）双務契約の解除に関するすべての権利。

h）贈与の取消に関する権利。

i）民法典第 859 条および第 865 条に定められている贈与の現物による持戻しの権利。

j）死亡を原因とする約定または規定の無効または取消、解除［あるいは］取消を確認または宣告する証書および決定にもとづく権利。

k）法に定められた、土地公示を怠れば対抗不能となるすべての地役権。

〔原　文〕

Article 38-1

　Modifié par Loi n° 2009-323 du 25 mars 2009 - art.102

　Dès le dépôt de la requête en inscription et sous réserve de leur inscription, les droits et restrictions visés à l'article 38 ainsi que la prénotation prévue par l'article 39 sont opposables aux tiers qui ont des droits sur les immeubles et qui les ont fait inscrire régulièrement.

〔逐語訳〕

第 38-1 条　　Article 38-1

　2009 年 3 月 25 日法律第 2009-323 号第 102 条により改正 Modifié par Loi n° 2009-323 du 25 mars 2009 - art.102。

第38条において目的とされる権利および制限ならびに第39条により定められた仮登記 les droits et restrictions visés à l'article 38 ainsi que la prénotation prévue par l'article 39 は、登記申請書の提出およびその登記の実行を条件として Dès le dépôt de la requête en inscription et sous réserve de leur inscription、不動産に関する権利を有しかつ［その権利を］正式に登記した第三者に aux tiers qui ont des droits sur les immeubles et qui les ont fait inscrire régulièrement 対抗することができる sont opposables。

【私訳】

第38-1条

2009年3月25日法律第2009-323号第102条により改正。

第38条において目的とされる権利および制限ならびに第39条により定められた仮登記は、登記申請書の提出およびその登記の実行を条件として、不動産に関する権利を有しかつ［その権利を］正式に登記した第三者に対抗することができる。

〔原文〕

Article 38-2

Modifié par Loi n° 2006-728 du 23 juin 2006 - art.20 JORF 24 juin 2006 en vigueur le 1er janvier 2007

L'opposabilité des donations reste régie par les dispositions de l'article 941 du code civil.

Les baux qui n'ont pas été inscrits ne peuvent être opposés aux tiers pour une durée de plus de douze années.

〔逐語訳〕

第38-2条　Article 38-2

2006年6月23日法律第2006-728号第20条により改正 Modifié par Loi n° 2006-728 du 23 juin 2006 - art.20。2006年6月24日フランス共和国官報に公示 JORF 24 juin 2006。2007年1月1日施行 en vigueur le 1er janvier 2007。

　贈与の対抗力 L'opposabilité des donations は、引き続き民法典第941条の規定に服せしめる reste régie par les dispositions de l'article 941 du code civil。

②登記されなかった賃貸借契約 Les baux qui n'ont pas été inscrits は、12年を超える期間について第三者に対抗することができない ne peuvent être opposés aux tiers pour une durée de plus de douze années。

　【私　訳】
第38-2条
　2006年6月23日法律第2006-728号第20条により改正。2006年6月24日フランス共和国官報に公示。2007年1月1日施行。
　贈与の対抗力は、引き続き民法典第941条の規定に服せしめる。
②登記されなかった賃貸借契約は、12年を超える期間について第三者に対抗することができない。

　〔原　文〕
Article 38-3（abrogé）
　Créé par Loi n° 2002-306 du 4 mars 2002 - art.1 JORF 5 mars 2002 en vigueur le 1er janvier 2008
　Abrogé par Loi n° 2009-323 du 25 mars 2009 - art.102
　〔逐語訳〕
第38-3条（廃止） Article 38-3（abrogé）
　2002年3月4日法律第2002-306号第1条により制定 Créé par Loi n° 2002-306 du 4 mars 2002 - art.1。2002年3月5日フランス共和国官報に公示 JORF 5 mars 2002。2008年1月1日施行 en vigueur le 1er janvier 2008。
　2009年3月25日法律第2009-323号第102条により廃止 Abrogé par Loi n° 2009-323 du 25 mars 2009 - art.102。

【私訳】
第38-3条（廃止）

2002年3月4日法律第2002-306号第1条により制定。2002年3月5日フランス共和国官報に公示。2008年1月1日施行。

2009年3月25日法律第2009-323号第102条により廃止。

〔原文〕
Article 38-4

Créé par Loi n° 2002-306 du 4 mars 2002 – art.1 JORF 5 mars 2002

Sont inscrites au livre foncier, à peine d'irrecevabilité, les demandes en justice tendant à obtenir la résolution, la révocation, l'annulation ou la rescision d'une convention ou d'une disposition à cause de mort.

〔逐語訳〕
第38-4条　Article 38-4

2002年3月4日法律第2002-306号第1条により制定Créé par Loi n° 2002-306 du 4 mars 2002 – art.1。2002年3月5日フランス共和国官報に公示JORF 5 mars 2002。

死亡を原因とするà cause de mort約定または規定の無効、破棄あるいは取消la révocation, l'annulation ou la rescision d'une convention ou d'une disposition、解除を求める裁判上の請求les demandes en justice tendant à obtenir la résolutionは、適法であれば受理されà peine d'irrecevabilité、土地登記簿に登記されるSont inscrites au livre foncier。

【私訳】
第38-4条

2002年3月4日法律第2002-306号第1条により制定。2002年3月5日フランス共和国官報に公示。

死亡を原因とする約定または規定の無効、破棄あるいは取消、解除を求める裁判上の請求は、適法であれば受理され、土地登記簿に登記される。

〔原文〕

Article 39

Modifié par Loi n° 2002-306 du 4 mars 2002 - art.1

Une prénotation peut être inscrite avec le consentement des intéressés ou en vertu d'une décision judiciaire dans le but d'assurer à l'un des droits énumérés à l'article 38 son rang d'inscription ou de garantir l'efficacité d'une rectification ultérieure.

〔逐語訳〕

第39条　Article 39

2002年3月4日法律第2002-306号第1条により改正 Modifié par Loi n° 2002-306 du 4 mars 2002 - art.1。

仮登記 Une prénotation は、当事者の合意によりまたは司法上の決定にもとづき avec le consentement des intéressés ou en vertu d'une décision judiciaire、第38条に列挙されたいずれかの権利について à l'un des droits énumérés à l'article 38、その登記の順位確保を目的としてあるいは事後的な修正の効果を保全することを目的として dans le but d'assurer…son rang d'inscription ou de garantir l'efficacité d'une rectification ultérieure、実行されることができる peut être inscrite。

【私訳】

第39条

2002年3月4日法律第2002-306号第1条により改正。

仮登記は、当事者の合意によりまたは司法上の決定にもとづき、第38条に列挙されたいずれかの権利について、その登記の順位確保を目的としてあるいは事後的な修正の効果を保全することを目的として、実行されることができる。

〔原文〕

Article 40

Modifié par Loi n° 2009-323 du 25 mars 2009 - art.102

L'inscription des droits a lieu sur requête.

Les requêtes sont portées sur le registre des dépôts, au fur et à mesure de leur dépôt.

Ce registre peut être tenu sous forme électronique dans les conditions définies à l'article 1316-1 du code civil.

À peine de rejet, la requête est établie conformément à un modèle et présentée, par remise ou transmission, au service du livre foncier compétent.

Les modalités d'établissement, de présentation et d'enregistrement de la requête sont définies par décret en Conseil d'État.

〔逐語訳〕
第40条　Article 40

2009年3月25日法律第2009-323号第102条により改正 Modifié par Loi n° 2009-323 du 25 mars 2009 - art.102。

権利の登記 L'inscription des droits は、申請にもとづき行われる a lieu sur requête。

②登記の申請 Les requêtes は、提出の順に au fur et à mesure de leur dépôt 寄託登録簿に記載される sont portées sur le registre des dépôts。

③この登録簿 Ce registre は、民法典第1316-1条に定められる条件において dans les conditions définies à l'article 1316-1 du code civil 電子的形態にて保持されることができる peut être tenu sous forme électronique。

④登記申請書 la requête は、書式に従い作成されかつ管轄の土地登記所受付課へ［出頭または郵送の方法による］手交あるいは送信の方法により提出［または提供］される est établie conformément à un modèle et présentée, par remise ou transmission, au service du livre foncier compétent。これに反する場合は受理されない À peine de rejet。

⑤登記申請書の作成、提出、登録の方式 Les modalités d'établissement, de présentation et d'enregistrement de la requête は、コンセイユ・デタの議を経たデクレにより定められる sont définies par décret en Conseil d'État.

【私訳】

第40条

2009年3月25日法律第2009-323号第102条により改正。

権利の登記は、申請にもとづき行われる。

②登記の申請は、提出の順に寄託登録簿に記載される。

③この登録簿は、民法典第1316-1条に定められる条件において電子的形態にて保持されることができる。

④登記申請書は、書式に従い作成されかつ管轄の土地登記所受付課へ［出頭または郵送の方法による］手交あるいは送信の方法により提出［または提供］される。これに反する場合は受理されない。

⑤登記申請書の作成、提出、登録の方式は、コンセイユ・デタの議を経たデクレにより定められる。

〔原 文〕

Article 41

Modifié par Loi n° 2002-306 du 4 mars 2002 - art.1 JORF 5 mars 2002

L'inscription ou la prénotation d'un droit mentionné à l'article 38 emporte présomption de l'existence de ce droit en la personne du titulaire.

〔逐語訳〕

第41条　Article 41

2002年3月4日法律第2002-306号第1条により改正 Modifié par Loi n° 2002-306 du 4 mars 2002 - art.1。2002年3月5日フランス共和国官報に公示 JORF 5 mars 2002。

第38条により記載される権利の登記または仮登記 L'inscription ou la prénotation d'un droit mentionné à l'article 38 は、権利名義人における権利の存在の推定を享受する emporte présomption de l'existence de ce droit en la personne du titulaire。

【私訳】

第41条

　2002年3月4日法律第2002-306号第1条により改正。2002年3月5日フランス共和国官報に公示。

　第38条により記載される権利の登記または仮登記は、権利名義人における権利の存在の推定を享受する。

〔原文〕

Article 42

　Modifié par Loi n° 2002-306 du 4 mars 2002 - art.1 JORF 5 mars 2002

　Tout acte portant sur un droit susceptible d'être inscrit doit être, pour les besoins de l'inscription, dressé, en la forme authentique, par un notaire, un tribunal ou une autorité administrative.

　Tout acte entre vifs, translatif ou déclaratif de propriété immobilière, tout acte entre vifs portant constitution ou transmission d'une servitude foncière souscrit sous une autre forme doit être suivi, à peine de caducité, d'un acte authentique ou, en cas de refus de l'une des parties, d'une demande en justice, dans les six mois qui suivent la passation de l'acte.

〔逐語訳〕

第42条　Article 42

　2002年3月4日法律第2002-306号第1条により改正 Modifié par Loi n° 2002-306 du 4 mars 2002 - art.1。2002年3月5日フランス共和国官報に公示 JORF 5 mars 2002。

　登記を行う可能性のある権利を対象とするすべての証書 Tout acte portant sur un droit susceptible d'être inscrit は、登記の［真正担保の］必要上 pour les besoins de l'inscription、公証人、裁判所または行政機関による par un notaire, un tribunal ou une autorité administrative 公署方式において en la forme authentique 作成されなければならない doit être・・・dressé。

②不動産の所有権の譲渡あるいはその申立に関する生存者間のすべての証書または地役権の設定あるいは譲渡に関する生存者間のすべての証書 Tout acte entre vifs, translatif ou déclaratif de propriété immobilière, tout acte entre vifs portant constitution ou transmission d'une servitude foncière で、公署方式以外の方式にて作成されたものについては souscrit sous une autre forme、［さらに］公署証書によって作成されなければならない doit être suivi, d'un acte authentique。いずれか一方の当事者が［その公署方式による証書の］作成を拒絶した場合は en cas de refus de l'une des parties、［その私署証書による］契約の締結の日から6か月以内に［公署証書の作成を求める］裁判上の請求を行うものとする d'une demande en justice, dans les six mois qui suivent la passation de l'acte。この規定に反する場合は［当該私署証書は］失効する à peine de caducité。

【私 訳】

第42条

　2002年3月4日法律第2002-306号第1条により改正。2002年3月5日フランス共和国官報に公示。

　　登記を行う可能性のある権利を対象とするすべての証書は、登記の［真正担保の］必要上、公証人、裁判所または行政機関による公署方式において作成されなければならない。

②不動産の所有権の譲渡あるいはその申立に関する生存者間のすべての証書または地役権の設定あるいは譲渡に関する生存者間のすべての証書で、公署方式以外の方式にて作成されたものについては、［さらに］公署証書によって作成されなければならない。いずれか一方の当事者が［その公署方式による証書の］作成を拒絶した場合は、［その私署証書による］契約の締結の日から6か月以内に［公署証書の作成を求める］裁判上の請求を行うものとする。この規定に反する場合は［当該私署証書は］失効する。

〔原 文〕

Article 43

Modifié par Loi n° 2002-306 du 4 mars 2002 - art.1 JORF 5 mars 2002

Les notaires, les greffiers et les autorités administratives sont tenus de faire inscrire, sans délai et indépendamment de la volonté des parties, les droits résultant d'actes dressés devant eux et visés à l'article 42.

Par dérogation, ils peuvent être dispensés par les parties de faire inscrire les droits visés aux g, h et i de l'article 38.

Dans l'accomplissement des formalités de l'inscription, les notaires ont qualité pour représenter les parties contractantes et leurs ayants cause, sans pouvoir spécial de leur part. Ils sont tenus de prêter leur ministère lorsqu'ils en sont requis.

〔逐語訳〕

第 43 条　Article 43

2002 年 3 月 4 日法律第 2002-306 号第 1 条により改正 Modifié par Loi n° 2002-306 du 4 mars 2002 - art.1。2002 年 3 月 5 日フランス共和国官報に公示 JORF 5 mars 2002。

公証人、裁判所書記および行政機関 Les notaires, les greffiers et les autorités administratives は、第 42 条記載の、公証人、裁判所書記および行政機関の面前で作成された証書にもとづく権利については les droits résultant d'actes dressés devant eux et visés à l'article 42、当事者の意思に関係なく直ちに sans délai et indépendamment de la volonté des parties 登記させなければならない sont tenus de faire inscrire。

②例外的措置として Par dérogation、公証人、裁判所書記および行政機関 ils は、第 38 条の g、h および i の対象たる権利を登記させることを de faire inscrire les droits visés aux g, h et i de l'article 38 免除されることができる peuvent être dispensés par les parties。

③登記手続の実行において Dans l'accomplissement des formalités de l'inscription、公証人らは、契約当事者およびその権利承継人を代理す

る権限を有する les notaries ont qualité pour représenter les parties contractantes et leurs ayants cause。［しかし］各人からの授権による特別な権限は有しない sans pouvoir spécial de leur part。公証人らが契約当事者およびその権利承継人の調停を要請されたときは leur ministère lorsqu'ils en sont requis、公証人らはそれに応じる義務を有する Ils sont tenus de prêter。

【私 訳】

第43条

　2002年3月4日法律第2002-306号第1条により改正。2002年3月5日フランス共和国官報に公示。

　公証人、裁判所書記および行政機関は、第42条記載の、公証人、裁判所書記および行政機関の面前で作成された証書にもとづく権利については、当事者の意思に関係なく直ちに登記させなければならない。
②例外的措置として、公証人、裁判所書記および行政機関は、第38条のg、hおよびiの対象たる権利を登記させることを免除されることができる。
③登記手続の実行において、公証人らは、契約当事者およびその権利承継人を代理する権限を有する。［しかし］各人からの授権による特別な権限は有しない。公証人らが契約当事者およびその権利承継人の調停を要請されたときは、公証人らはそれに応じる義務を有する。

〔原　文〕

Article 44

　Modifié par Loi n° 2002-306 du 4 mars 2002 - art.1 JORF 5 mars 2002

　Le titulaire d'un des droits énoncés à l'article 38 ne peut être inscrit avant que le droit de son auteur immédiat n'ait été lui-même inscrit. Le titulaire d'un droit autre que la propriété ne peut être inscrit qu'après l'inscription du propriétaire.

　L'héritier n'est dispensé d'inscrire son droit de propriété que si un acte translatif ou déclaratif de propriété est dressé dans les dix mois du décès.

〔逐語訳〕

第44条　Article 44

2002年3月4日法律第2002-306号第1条により改正 Modifié par Loi n° 2002-306 du 4 mars 2002 - art.1。2002年3月5日フランス共和国官報に公示 JORF 5 mars 2002。

第38条に明記されたいずれの権利名義人 Le titulaire d'un des droits énoncés à l'article 38 も、その権利の直前の名義人の権利が登記される前に登記することはできない ne peut être inscrit avant que le droit de son auteur immédiat n'ait été lui-même inscrit。所有権以外の権利の名義人 Le titulaire d'un droit autre que la propriété は、所有権名義人の登記の［経由］後でなければ登記することができない ne peut être inscrit qu'après l'inscription du propriétaire。

②相続人 L'héritier は、相続開始の日から10か月以内に作成された所有権の譲渡または確認的な証書の場合にのみ que si un acte translatif ou déclaratif de propriété est dressé dans les dix mois du décès、その所有権の登記が免除される n'est dispensé d'inscrire son droit de propriété。

【私訳】

第44条

2002年3月4日法律第2002-306号第1条により改正。2002年3月5日フランス共和国官報に公示。

第38条に明記されたいずれの権利名義人も、その権利の直前の名義人の権利が登記される前に登記することはできない。所有権以外の権利の名義人は、所有権名義人の登記の［経由］後でなければ登記することができない。

②相続人は、相続開始の日から10か月以内に作成された所有権の譲渡または確認的な証書の場合にのみ、その所有権の登記が免除される。

〔原 文〕

Article 44-1

　Créé par Loi n° 2002-306 du 4 mars 2002 - art.1 JORF 5 mars 2002

　Par exception aux dispositions du premier alinéa de l'article 44, le juge du livre foncier peut, à la requête de tout intéressé, inscrire le droit portant sur un immeuble acquis par prescription ou par accession, dans les conditions fixées par décret en Conseil d'État.

　Si la prescription est contestée, le juge du fond est seul compétent.

〔逐語訳〕

第44-1条　　Article 44-1

　2002年3月4日法律第2002-306号第1条により制定 Créé par Loi n° 2002-306 du 4 mars 2002 - art.1。2002年3月5日フランス共和国官報に公示 JORF 5 mars 2002。

　土地登記簿判事 le juge du livre foncier は、第44条第1項の規定の例外として Par exception aux dispositions du premier alinéa de l'article 44、あらゆる当事者の申請にもとづき à la requête de tout intéressé、コンセイユ・デタの議を経たデクレにより定められた条件において dans les conditions fixées par décret en Conseil d'État、時効または附合により取得した不動産に関する権利の登記を実行することができる peut…inscrire le droit portant sur un immeuble acquis par prescription ou par accession。

②時効〔取得〕に関する異議の申立については Si la prescription est contestée、本案の〔事件に関する〕判事のみが掌理する le juge du fond est seul compétent。

【私 訳】

第44-1条

　2002年3月4日法律第2002-306号第1条により制定。2002年3月5日フランス共和国官報に公示。

　土地登記簿判事は、第44条第1項の規定の例外として、あらゆる当事

者の申請にもとづき、コンセイユ・デタの議を経たデクレにより定められた条件において、時効または附合により取得した不動産に関する権利の登記を実行することができる。

②時効［取得］に関する異議の申立については、本案の［事件に関する］判事のみが掌理する。

　〔原　文〕
Article 45

　Modifié par Ordonnance n° 2006-346 du 23 mars 2006 - art.54（V）JORF 24 mars 2006

　La date et le rang de l'inscription sont déterminés par la mention du dépôt de la requête, portée au registre des dépôts.

　Lorsque des requêtes relatives au même immeuble sont déposées simultanément, elles ont rang égal.

　En cas de parité de rang, les privilèges du vendeur et du copartageant priment les droits inscrits du chef du nouveau propriétaire.

　L'article 2425 du code civil ne s'applique pas.

　〔逐語訳〕
第 45 条　Article 45

　2006 年 3 月 23 日オルドナンス第 2006-346 号第 54 条（V）により改正 Modifié Par Ordonnance n° 2006-346 du 23 mars 2006 - art.54（V）。2006 年 3 月 24 日フランス共和国官報に公示 JORF 24 mars 2006。

　登記の年月日および順位 La date et le rang de l'inscription は、申請書提出［の旨］の par la mention du dépôt de la requête 寄託登録簿への記載 portée au registre des dépôts により決定される sont déterminés。

②同一不動産に関する申請書が同時に提出された場合 Lorsque des requêtes relatives au même immeuble sont déposées simultanément、その申請［による権利］は同順位とする elles ont rang égal。

③同順位の場合 En cas de parité de rang、売主および共有者の先取特権

les privilèges du vendeur et du copartageant は、新たな所有者の条項に記載されている権利に優先する priment les droits inscrits du chef du nouveau propriétaire。

④［この場合］、民法典第2425条の規定は適用されない L'article 2425 du code civil ne s'applique pas。

【私訳】

第45条

　2006年3月23日オルドナンス第2006-346号第54条（Ⅴ）により改正。2006年3月24日フランス共和国官報に公示。

　登記の年月日および順位は、申請書提出［の旨］の寄託登録簿への記載により決定される。

②同一不動産に関する申請書が同時に提出された場合、その申請［による権利］は同順位とする。

③同順位の場合、売主および共有者の先取特権は、新たな所有者の条項に記載されている権利に優先する。

④［この場合］、民法典第2425条の規定は適用されない。

〔原文〕

Article 45-1

　Créé par Ordonnance n° 2006-346 du 23 mars 2006 - art.52 JORF 24 mars 2006

　La convention de rechargement dont un créancier est bénéficiaire est inscrite au livre foncier à peine d'inopposabilité aux tiers.

　La date du dépôt détermine, entre eux, le rang des créanciers inscrits sur l'hypothèque rechargeable.

〔逐語訳〕

第45-1条　　Article 45-1

　2006年3月23日オルドナンス第2006-346号第52条により制定 Créé par Ordonnance n° 2006-346 du 23 mars 2006 - art.52。2006年3月23

日フランス共和国官報に公示 JORF 24 mars 2006。

　債権者が享受する抵当権の再設定の約定 La convention de rechargement dont un créancier est bénéficiaire は土地登記簿に登記される est inscrite au livre foncier。［しかし］その登記をしない場合は第三者に対抗することができない à peine d'inopposabilité aux tiers。
②［登記申請書の］提出の年月日 La date du dépôt は、抵当権の再設定に関する［約定について］登記された債権者間の順位を決定する détermine, entre eux, le rang des créanciers inscrits sur l'hypothèque rechargeable。

【私　訳】
第 45-1 条
　2006 年 3 月 23 日オルドナンス第 2006-346 号第 52 条により制定。2006 年 3 月 23 日フランス共和国官報に公示。
　債権者が享受する抵当権の再設定の約定は土地登記簿に登記される。［しかし］その登記をしない場合は第三者に対抗することができない。
②［登記申請書の］提出の年月日は、抵当権の再設定に関する［約定について］登記された債権者間の順位を決定する。

〔原　文〕
Article 45-2
　Créé par Ordonnance n° 2006-346 du 23 mars 2006 - art.52 JORF 24 mars 2006
　Le rang de la convention de rechargement inscrite est celui conféré par l'inscription initiale de l'hypothèque.

〔逐語訳〕
第 45-2 条　　Article 45-2
　2006 年 3 月 23 日オルドナンス第 2006-346 号第 52 条により制定 Créé par Ordonnance n° 2006-346 du 23 mars 2006 - art.52。2006 年 3 月 24 日フランス共和国官報に公示 JORF 24 mars 2006。

登記された抵当権の再設定の約定の順位 Le rang de la convention de rechargement inscrite は、［当該］抵当権の最初の登記により確保された順位とする est celui conféré par l'inscription initiale de l'hypothèque。

【私 訳】

第45-2条

2006年3月23日オルドナンス第2006-346号第52条により制定。2006年3月24日フランス共和国官報に公示。

登記された抵当権の再設定の約定の順位は、［当該］抵当権の最初の登記により確保された順位とする。

〔原 文〕

Article 45-3

Créé par Ordonnance n° 2006-346 du 23 mars 2006 - art.52 JORF 24 mars 2006

La radiation de l'inscription initiale de l'hypothèque s'impose au créancier qui n'a pas procédé à la publication prévue à l'article 45-1.

〔逐語訳〕

第45-3条　Article 45-3

2006年3月23日オルドナンス第2006-346号第52条により制定 Créé par Ordonnance n° 2006-346 du 23 mars 2006 - art.52。2006年3月24日フランス共和国官報に公示 JORF 24 mars 2006。

抵当権の最初の登記の抹消［義務］La radiation de l'inscription initiale de l'hypothèque は、第45-1条に定める公示を行わなかった債権者に課せられる s'impose au créancier qui n'a pas procédé à la publication prévue à l'article 45-1。

【私 訳】

第45-3条

2006年3月23日オルドナンス第2006-346号第52条により制定。2006年3月24日フランス共和国官報に公示。

抵当権の最初の登記の抹消［義務］は、第 45-1 条に定める公示を行わなかった債権者に課せられる。

〔原　文〕
Article 45-4

Modifié par Loi n° 2006-1666 du 21 décembre 2006 - art.7（V）JORF 27 décembre 2006

L'inscription de l'hypothèque légale du Trésor ou d'une hypothèque judiciaire conservatoire est réputée d'un rang antérieur à celui conféré à la convention de rechargement lorsque la publicité de cette convention est postérieure à l'inscription de cette hypothèque.

〔逐語訳〕
第 45-4 条　Article 45-4

2006 年 12 月 21 日法律第 2006-1666 号第 7 条（V）により改正 Modifié par Loi n° 2006-1666 du 21 décembre 2006 - art.7（V）。2006 年 12 月 27 日フランス共和国官報に公示 JORF 27 décembre 2006。

国有債権の法定抵当権の登記または裁判上保全された抵当権の登記 L'inscription de l'hypothèque légale du Trésor ou d'une hypothèque judiciaire conservatoire は、［債務再填補の］約定の公示が前記抵当権の登記よりも後の場合 lorsque la publicité de cette convention est postérieure à l'inscription de cette hypothèque、債務再填補の約定に付与された順位よりも先順位にあるものとみなされる est réputée d'un rang antérieur à celui conféré à la convention de rechargement。

【私　訳】
第 45-4 条

2006 年 12 月 21 日法律第 2006-1666 号第 7 条（V）により改正。2006 年 12 月 27 日フランス共和国官報に公示。

国有債権の法定抵当権の登記または裁判上保全された抵当権の登記は、［債務再填補の］約定の公示が前記抵当権の登記よりも後の場合、債務再

填補の約定に付与された順位よりも先順位にあるものとみなされる。

〔原　文〕
Article 45-5

Créé par Loi n° 2006-1640 du 21 décembre 2006 - art.39 JORF 22 décembre 2006 en vigueur le 1er janvier 2007

Les dispositions de l'article 45-4 s'appliquent à l'inscription de l'hypothèque légale des organismes gestionnaires d'un régime obligatoire de protection sociale.

〔逐語訳〕
第45-5条　Article 45-5

2006年12月21日法律第2006-1640号第39条により制定 Créé par Loi n° 2006-1640 du 21 décembre 2006 - art.39。2006年12月22日フランス共和国官報に公示 JORF 22 décembre 2006。2007年1月1日施行 en vigueur le 1er janvier 2007。

第45-4条の規定 Les dispositions de l'article 45-4 は、社会保護の義務的制度の管理に関する機関の des organismes gestionnaires d'un régime obligatoire de protection sociale 法定抵当権の登記に à l'inscription de l'hypothèque légale 適用される s'appliquent。

【私　訳】
第45-5条

2006年12月21日法律第2006-1640号第39条により制定。2006年12月22日フランス共和国官報に公示。2007年1月1日施行。

第45-4条の規定は、社会保護の義務的制度の管理に関する機関の法定抵当権の登記に適用される。

〔原　文〕
Article 46

Modifié par Loi n° 2002-306 du 4 mars 2002 - art.1 JORF 5 mars 2002

Le juge du livre foncier vérifie si le droit visé dans la requête est susceptible d'être inscrit, si l'acte répond à la forme prescrite, si l'auteur du droit est lui-même inscrit conformément aux dispositions de l'article 44 et, enfin, si les parties sont capables et dûment représentées. Il statue par voie d'ordonnance, selon les règles de la matière gracieuse.

L'État est responsable des fautes commises par le juge du livre foncier dans l'exercice de ses fonctions, sauf son recours contre ce dernier. L'action en responsabilité est portée devant les tribunaux civils et doit l'être, à peine de forclusion, dans le délai d'un an à partir de la découverte du dommage ; elle se prescrit par trente ans à partir du jour où la faute a été commise.

〔逐語訳〕
第46条　Article 46

2002年3月4日法律第2002-306号第1条により改正 Modifié par Loi n° 2002-306 du 4 mars 2002 - art.1。2002年3月5日フランス共和国官報に公示 JORF 5 mars 2002。

土地登記簿判事 Le juge du livre foncier は、申請の目的たる権利に登記能力があるかどうか si le droit visé dans la requête est susceptible d'être inscrit、定められた形式に合致している証書であるかどうか si l'acte répond à la forme prescrite、権利の前［登記］名義人たる本人が第44条の規定にもとづき登記されているかどうか si l'auteur du droit est lui-même inscrit conformément aux dispositions de l'article 44、そしてさらに et, enfin、当事者が意思能力を有し適式に代理されているかどうか si les parties sont capables et dûment représentées を確認し vérifie、非訟事件に関する規定にしたがい selon les règles de la matière gracieuse、審判の方法により［登記実行の］決定を下す Il statue par voie d'ordonnance。

②国は L'État est、土地登記簿判事がその職務の執行にあたり犯した過失について責任を負う responsable des fautes commises par le juge du livre foncier dans l'exercice de ses fonctions。過失責任に対する訴訟 L'action en responsabilité は、土地登記簿判事に対する国による不服申立ての場合を除き sauf son recours contre ce dernier、損害の発生［の日］から起算して1年以内に民事裁判所へ提起されなければならない est portée devant les tribunaux civils et doit l'être…dans le délai d'un an à partir de la découverte du dommage。この規定に反する場合は訴権は時効により消滅する à peine de forclusion。当該訴権が過失の発見の日から30年間行使されないときも時効により消滅する elle se prescrit par trente ans à partir du jour où la faute a été commise。

【私訳】
第46条
　2002年3月4日法律第2002-306号第1条により改正。2002年3月5日フランス共和国官報に公示。
　土地登記簿判事は、申請の目的たる権利に登記能力があるかどうか、定められた形式に合致している証書であるかどうか、権利の前［登記］名義人たる本人が第44条の規定にもとづき登記されているかどうか、そしてさらに、当事者が意思能力を有し適式に代理されているかどうかを確認し、非訟事件に関する規定にしたがい、審判の方法により［登記実行の］決定を下す。
②国は、土地登記簿判事がその職務の執行にあたり犯した過失について責任を負う。過失責任に対する訴訟は、土地登記簿判事に対する国による不服申立ての場合を除き、損害の発生［の日］から起算して1年以内に民事裁判所へ提起されなければならない。この規定に反する場合は訴権は時効により消滅する。当該訴権が過失の発見の日から30年間行使されないときも時効により消滅する。

〔原文〕
Article 47
　Modifié par Loi n° 2002-306 du 4 mars 2002 - art.1 JORF 5 mars 2002

Les privilèges généraux sur les immeubles et le privilège du syndicat des copropriétaires sont dispensés de la formalité de l'inscription.

　〔逐語訳〕

第47条　Article 47

　2002年3月4日法律第2003-306号第1条により改正 Modifié par Loi n° 2003-306 du 4 mars 2002 – art.1。2002年3月5日フランス共和国官報に公示 JORF 5 mars 2002。

　不動産に関する一般先取特権 Les privilèges généraux sur les immeubles および共同所有者組合の先取特権 et le privilège du syndicat des copropriétaires は、登記手続を免除される sont dispensés de la formalité de l'inscription。

　【私訳】

第47条

　2002年3月4日法律第2003-306号第1条により改正。2002年3月5日フランス共和国官報に公示。

　不動産に関する一般先取特権および共同所有者組合の先取特権は、登記手続を免除される。

　〔原　文〕

Article 47-1

　Modifié par Loi n° 2002-306 du 4 mars 2002 – art.1 JORF 5 mars 2002

　Pour les besoins de leur inscription, les privilèges et hypothèques portant sur des lots dépendant d'un immeuble soumis au statut de la copropriété sont réputés ne pas grever la quote-part de parties communes comprises dans ces lots.

　Néanmoins, les créanciers inscrits exercent leurs droits sur ladite quote-part, prise dans sa consistance au moment de la mutation dont le prix forme l'objet de la distribution ; cette quote-part est tenue pour grevée des mêmes sûretés que les parties privatives et de ces seules sûretés.

Pour les besoins de leur publication, les ordonnances d'exécution forcée portant sur des lots dépendant d'un immeuble soumis au statut de la copropriété sont réputés ne pas porter sur la quote-part des parties communes comprises dans ces lots.

Néanmoins, les créanciers saisissants exercent leur droit sur ladite quote-part, prise dans sa consistance au moment de la mutation dont le prix forme l'objet de la distribution.

〔逐語訳〕

第47-1条　Article 47-1

2002年3月4日法律第2002-306号第1条により改正 Modifié par Loi n° 2002-306 du 4 mars 2002 - art.1。2002年3月5日フランス共和国官報に公示 JORF 5 mars 2002。

不動産の共有持分にかかる先取特権および抵当権 les privilèges et hypothèques portant sur des lots dépendant d'un immeuble は、それらの登記の都合上 Pour les besoins de leur inscription、共有の規約下にある soumis au statut de la copropriété 不動産の共有持分に帰属する共用部分の持分については設定されないものとみなされる sont réputés ne pas grever la quote-part de parties communes comprises dans ces lots。
②ただし登記された債権者 Néanmoins, les créanciers inscrits は、譲渡価格が配分の対象となっている所有権の移転にあたり au moment de la mutation dont le prix forme l'objet de la distribution、確定した当該割当分についての自らの権利を行使する exercent leurs droits sur ladite quote-part, prise dans sa consistance。この割当分 cette quote-part には、専有部分と共用部分［の割当分］に共同の担保が設定されているものとみなされる est tenue pour grevée des mêmes sûretés que les parties privatives et de ces seules sûretés。
③共同所有の規約下にある不動産の共有持分にかかる強制執行の命令 les ordonnances d'exécution forcée portant sur des lots dépendant d'un

immeuble soumis au statut de la copropriété は、公示の都合により Pour les besoins de leur publication、その持分に含まれる共用部分の割当分につき［登記の］対象としないものとみなされる sont réputés ne pas porter sur la quote-part des parties communes comprises dans ces lots。
④ただし各差押債権者 Néanmoins, les créanciers saisissants は、譲渡価格が配分の対象となっている所有権の移転にあたり au moment de la mutation dont le prix forme l'objet de la distribution、確定した当該割当分に関する自己の権利を行使する exercent leur droit sur ladite quote-part, prise dans sa consistance。

【私 訳】
第 47-1 条
　2002 年 3 月 4 日法律第 2002-306 号第 1 条により改正。2002 年 3 月 5 日フランス共和国官報に公示。
　不動産の共有持分にかかる先取特権および抵当権は、それらの登記の都合上、共有の規約下にある不動産の共有持分に帰属する共用部分の持分については設定されないものとみなされる。
②ただし登記された債権者は、譲渡価格が配分の対象となっている所有権の移転にあたり、確定した当該割当分についての自らの権利を行使する。この割当分には、専有部分と共用部分［の割当分］に共同の担保が設定されているものとみなされる。
③共同所有の規約下にある不動産の共有持分にかかる強制執行の命令は、公示の都合により、その持分に含まれる共用部分の割当分につき［登記の］対象としないものとみなされる。
④ただし各差押債権者は、譲渡価格が配分の対象となっている所有権の移転にあたり、確定した当該割当分に関する自己の権利を行使する。

〔原 文〕
Article 48
　Modifié par Ordonnance n° 2006-346 du 23 mars 2006 – art.52 JORF

24 mars 2006

L'inscription ne peut avoir lieu que pour une somme déterminée et sur des immeubles déterminés.

Si la créance est indéterminée, le chiffre en est évalué par le créancier en principal et accessoires, sans préjudice de l'application des articles 2444 et 2445 du code civil au profit du débiteur.

〔逐語訳〕

第48条　Article 48

2006年3月23日オルドナンス第2006-346号第52条により改正 Modifié par Ordonnance n° 2006-346 du 23 mars 2006 - art.52。2006年3月24日フランス共和国官報に公示 JORF 24 Mars 2006。

登記 L'inscription は、確定された金額および特定された不動産に関してのみ行われ得る ne peut avoir lieu que pour une somme déterminée et sur des immeubles déterminés。

②債権が確定されていない場合 Si la créance est indéterminée、債務者の利益のための民法典第2444条および第2445条の規定の適用を損なうことなく sans préjudice de l'application des articles 2444 et 2445 du code civil au profit du débiteur、債権者の元利合計によりその額が評価される le chiffre en est évalué par le créancier en principal et accessoires。

【私訳】

第48条

2006年3月23日オルドナンス第2006-346号第52条により改正。2006年3月24日フランス共和国官報に公示。

登記は、確定された金額および特定された不動産に関してのみ行われ得る。

②債権が確定されていない場合、債務者の利益のための民法典第2444条および第2445条の規定の適用を損なうことなく、債権者の元利合計によりその額が評価される。

〔原文〕

Article 49

Modifié par Ordonnance n° 2006-346 du 23 mars 2006 - art. 54（V）JORF 24 mars 2006

Le privilège des architectes, entrepreneurs, maçons et autres ouvriers prévu par le 4° de l'article 2374 du code civil prend rang à la date du dépôt de la requête en inscription du premier procès-verbal prévu par ce texte, pour la somme fixée dans ce procès-verbal.

〔逐語訳〕

第49条　Article 49

2006年3月23日オルドナンス第2006-346号第54条（V）により改正 Modifié par Ordonnance n° 2006-346 du 23 mars 2006 - art.54（V）。2006年3月24日フランス共和国官報に公示 JORF 24 mars 2006。

建築技師、建築請負業者、石工および民法典第2374条第4に定められたその他の労働者の先取特権 Le privilège des architectes, entrepreneurs, maçons et autres ouvriers prévu par le 4° de l'article 2374 du code civil は、同条により最初の調書に定められた金額について prévu par ce texte, pour la somme fixée dans ce procès-verbal、その調書の登記申請の提出の日に［当該権利の］順位を確保する prend rang à la date du dépôt de la requête en inscription du premier procès-verbal。

【私訳】

第49条

2006年3月23日オルドナンス第2006-346号第54条（V）により改正。2006年3月24日フランス共和国官報に公示。

建築技師、建築請負業者、石工および民法典第2374条第4に定められたその他の労働者の先取特権は、同条により最初の調書に定められた金額について、その調書の登記申請の提出の日に［当該権利の］順位を確保する。

〔原文〕

Article 50

Modifié par Loi n° 2002-306 du 4 mars 2002 - art.1 JORF 5 mars 2002

Le privilège de séparation des patrimoines qui appartient aux créanciers et légataires peut être inscrit avant que l'héritier soit lui-même inscrit, mais ne peut plus l'être après l'inscription du transfert de la propriété à un tiers.

〔逐語訳〕

第50条　Article 50

2002年3月4日法律第2002-306号第1条により改正 Modifié par Loi n° 2002-306 du 4 mars 2002 - art.1。2002年3月5日フランス共和国官報に公示 JORF 5 mars 2002。

債権者または受遺者が有する世襲財産の分離に関する先取特権 Le privilège de séparation des patrimoines qui appartient aux créanciers et légataires は、相続人自身が相続登記を経由する前に登記されることができる peut être inscrit avant que l'héritier soit lui-même inscrit。しかし第三者への所有権の譲渡の登記の後は［当該財産分離の登記は］もはや実行することができない mais ne peut plus l'être après l'inscription du transfert de la propriété à un tiers。

【私訳】

第50条

2002年3月4日法律第2002-306号第1条により改正。2002年3月5日フランス共和国官報に公示。

債権者または受遺者が有する世襲財産の分離に関する先取特権は、相続人自身が相続登記を経由する前に登記されることができる。しかし第三者への所有権の譲渡の登記の後は［当該財産分離の登記は］もはや実行することができない。

〔原 文〕

Article 51（abrogé）

　Abrogé par Loi n° 2002-306 du 4 mars 2002 - art.1 JORF 5 mars 2002

　〔逐語訳〕

第 51 条（廃止）Article 51（abrogé）

　2002 年 3 月 4 日法律第 2002-306 号第 1 条により廃止 Abrogé par Loi n° 2002-306 du 4 mars 2002 - art.1。2002 年 3 月 5 日フランス共和国官報に公示 JORF 5 mars 2002。

　【私 訳】

第 51 条（廃止）

　2002 年 3 月 4 日法律第 2002-306 号第 1 条により廃止。2002 年 3 月 5 日フランス共和国官報に公示。

〔原 文〕

Article 52

　Modifié par Loi n° 2002-306 du 4 mars 2002 - art.1 JORF 5 mars 2002

　L'inscription des privilèges et des hypothèques est sans effet rétroactif.

　〔逐語訳〕

第 52 条　Article 52

　2002 年 3 月 4 日法律第 2006-306 号第 1 条により改正 Modifié par Loi n° 2002-306 du 4 mars 2002 - art.1。2002 年 3 月 5 日フランス共和国官報に公示 JORF 5 mars 2002。

　先取特権および抵当権の登記 L'inscription des privilèges et des hypothèques は遡及効を有しない est sans effet rétroactif。

　【私 訳】

第 52 条

　2002 年 3 月 4 日法律第 2006-306 号第 1 条により改正。2002 年 3 月 5 日フランス共和国官報に公示。

　先取特権および抵当権の登記は遡及効を有しない。

〔原 文〕

Article 53（abrogé）

　Abrogé par Loi n° 65-570 du 13 juillet 1965 – art.8 JORF 14 juillet 1965 rectificatif JORF 13 novembre 1965 en vigueur le 1er février 1966

〔逐語訳〕

第53条（廃止）　Article 53（abrogé）

　1965年7月13日法律第65-570号第8条により廃止 Abrogé par Loi n° 65-570 du 13 juillet 1965 – art.8。1965年7月14日フランス共和国官報に公示 JORF 14 juillet 1965。1965年12月13日フランス共和国官報に修正公示 rectificatif JORF 13 novembre 1965。1966年2月1日施行 en vigueur le 1er février 1966。

【私 訳】

第53条（廃止）

　1965年7月13日法律第65-570号第8条により廃止。1965年7月14日フランス共和国官報に公示。1965年12月13日フランス共和国官報に修正公示。1966年2月1日施行。

〔原 文〕

Article 54（abrogé）

　Abrogé par Loi n° 65-570 du 13 juillet 1965 – art.8 JORF 14 juillet 1965 rectificatif JORF 13 novembre 1965 en vigueur le 1er février 1966

〔逐語訳〕

第54条（廃止）　Article 54（abrogé）

　1965年7月13日法律第65-570号第8条により廃止 Abrogé par Loi n° 65-570 du 13 juillet 1965 – art.8。1965年7月14日フランス共和国官報に公示 JORF 14 juillet 1965。1965年11月13日フランス共和国官報に修正公示 rectificatif JORF 13 novembre 1965。1966年2月1日施行 en vigueur le 1er février 1966。

【私 訳】

第 54 条（廃止）

 1965 年 7 月 13 日法律第 65-570 号第 8 条により廃止。1965 年 7 月 14 日フランス共和国官報に公示。1965 年 11 月 13 日フランス共和国官報に修正公示。1966 年 2 月 1 日施行。

〔原 文〕

Article 55（abrogé）

 Abrogé par Loi n° 65-570 du 13 juillet 1965 - art.8 JORF 14 juillet 1965 rectificatif JORF 13 novembre 1965 en vigueur le 1er février 1966

〔逐語訳〕

第 55 条（廃止）Article 55（abrogé）

 1965 年 7 月 13 日法律第 65-570 号第 8 条により廃止 Abrogé par Loi n° 65-570 du 13 juillet 1965 - art.8。1965 年 7 月 14 日フランス共和国官報に公示 JORF 14 juillet 1965。1965 年 11 月 13 日フランス共和国官報に修正公示 rectificatif JORF 13 novembre 1965。1966 年 2 月 1 日施行 en vigueur le 1er février 1966。

【私 訳】

第 55 条（廃止）

 1965 年 7 月 13 日法律第 65-570 号第 8 条により廃止。1965 年 7 月 14 日フランス共和国官報に公示。1965 年 11 月 13 日フランス共和国官報に修正公示。1966 年 2 月 1 日施行。

〔原 文〕

Article 56（abrogé）

 Abrogé par Loi n° 65-570 du 13 juillet 1965 - art.8 JORF 14 juillet 1965 rectificatif JORF 13 novembre 1965 en vigueur le 1er février 1966

〔逐語訳〕

第 56 条（廃止）Article 56（abrogé）

1965 年 7 月 13 日法律第 65-570 号第 8 条により廃止 Abrogé par Loi n° 65-570 du 13 juillet 1965 - art.8。1965 年 7 月 14 日フランス共和国官報に公示 JORF 14 juillet 1965。1965 年 11 月 13 日フランス共和国官報に修正公示 rectificatif JORF 13 novembre 1965。1966 年 2 月 1 日施行 en vigueur le 1er février 1966。

【私 訳】
第 56 条（廃止）
　1965 年 7 月 13 日法律第 65-570 号第 8 条により廃止。1965 年 7 月 14 日フランス共和国官報に公示。1965 年 11 月 13 日フランス共和国官報に修正公示。1966 年 2 月 1 日施行。

〔原 文〕
Article 57（abrogé）
　Abrogé par Loi n° 2002-306 du 4 mars 2002 - art.1 JORF 5 mars 2002
　〔逐語訳〕
第 57 条（廃止）　Article 57（abrogé）
　2002 年 3 月 4 日法律第 2002-306 号第 1 条により廃止 Abrogé par Loi n° 2002-306 du 4 mars 2002 - art.1。2002 年 3 月 5 日フランス共和国官報に公示 JORF 5 mars 2002。

【私 訳】
第 57 条（廃止）
　2002 年 3 月 4 日法律第 2002-306 号第 1 条により廃止。2002 年 3 月 5 日フランス共和国官報に公示。

〔原 文〕
Article 58（abrogé）
　Abrogé par Loi n° 2002-306 du 4 mars 2002 - art.1 JORF 5 mars 2002
　〔逐語訳〕
第 58 条（廃止）　Article 58（abrogé）

2002 年 3 月 4 日法律第 2002-306 号第 1 条により廃止 Abrogé par Loi n° 2002-306 du 4 mars 2002 - art.1。2002 年 3 月 5 日フランス共和国官報に公示 JORF 5 mars 2002。

【私 訳】

第 58 条（廃止）

2002 年 3 月 4 日法律第 2002-306 号第 1 条により廃止。2002 年 3 月 5 日フランス共和国官報に公示。

〔原　文〕

Article 59

Modifié par Loi n° 2002-306 du 4 mars 2002 - art.1 JORF 5 mars 2002

Tout notaire recevant un acte duquel il résulte que de nouveaux droits ou valeurs sont échus à un mineur ou à un majeur en tutelle doit donner avis sans délai au juge des tutelles compétent, au moyen d'un extrait de l'acte sur papier libre et sans frais ; cet envoi est mentionné en marge de la minute.

〔逐語訳〕

第 59 条　Article 59

2002 年 3 月 4 日法律第 2002-306 号第 1 条により改正 Modifié par Loi n° 2002-306 du 4 mars 2002 - art.1。2002 年 3 月 5 日フランス共和国官報に公示 JORF 5 mars 2002。

後見に附された未成年または成年に帰せられる［べき］sont échus à un mineur ou à un majeur en tutelle 新しい権利または効力を取得する証書を受け取ったすべての公証人 Tout notaire recevant un acte duquel il résulte que de nouveaux droits ou valeurs は、印紙を要せずかつ無償の書類による証書の抄本によって au moyen d'un extrait de l'acte sur papier libre et sans frais、遅滞なく所轄の後見の判事に［その旨を］通知しなければならない doit donner avis sans délai au juge des tutelles compétent。なお、この通知［の事実］は正本の欄外に付記される cet envoi est mentionné en marge de la minute。

【私 訳】

第59条

2002年3月4日法律第2002-306号第1条により改正。2002年3月5日フランス共和国官報に公示。

後見に附された未成年または成年に帰せられる［べき］新しい権利または効力を取得する証書を受け取ったすべての公証人は、印紙を要せずかつ無償の書類による証書の抄本によって、遅滞なく所轄の後見の判事に［その旨を］通知しなければならない。なお、この通知［の事実］は正本の欄外に付記される。

〔原 文〕

Article 60（abrogé）

　Abrogé par Loi n° 2002-306 du 4 mars 2002 - art.1 JORF 5 mars 2002

〔逐語訳〕

第60条（廃止）Article 60（abrogé）

2002年3月4日法律第2002-306号第1条により廃止 Abrogé par Loi n° 2002-306 du 4 mars 2002 - art.1。2002年3月5日フランス共和国官報に公示 JORF 5 mars 2002。

【私 訳】

第60条（廃止）

2002年3月4日法律第2002-306号第1条により廃止。2002年3月5日フランス共和国官報に公示。

〔原 文〕

Article 61（abrogé）

　Abrogé par Loi n° 2002-306 du 4 mars 2002 - art.1 JORF 5 mars 2002

〔逐語訳〕

第61条（廃止）Article 61（abrogé）

2002年3月4日法律第2002-306号第1条により廃止 Abrogé par Loi n° 2002-306 du 4 mars 2002 – art.1。2002年3月5日フランス共和国官報に公示 JORF 5 mars 2002。

【私　訳】

第61条（廃止）

2002年3月4日法律第2002-306号第1条により廃止。2002年3月5日フランス共和国官報に公示。

〔原　文〕

Article 62

Modifié par Ordonnance n° 2006-346 du 23 mars 2006 – art.54（V）JORF 24 mars 2006

Les dispositions de l'article 2412 du code civil sont applicables à l'hypothèque judiciaire. L'hypothèque est inscrite, pour la totalité de la créance, sur les divers immeubles du débiteur, à moins que le créancier ne le requière autrement.

〔逐語訳〕

第62条　Article 62

2006年3月23日オルドナンス第2006—346号第54条（V）により改正 Modifié par Ordonnance n° 2006-346 du 23 mars 2006 – art.54（V）。2006年3月24日フランス共和国官報に公示 JORF 24 mars 2006。

民法典第2412条の規定は裁判上の抵当権に適用される Les dispositions de l'article 2412 du code civil sont applicables à l'hypothèque judiciaire。抵当権 L'hypothèque は、債権者が異なる登記申請をしなければ à moins que le créancier ne le requière autrement、債務者の有する各不動産に関し sur les divers immeubles du débiteur、被担保債権の総額について登記される est inscrite, pour la totalité de la créance。

【私　訳】

第62条

2006年3月23日オルドナンス第2006-346号第54条（Ⅴ）により改正。2006年3月24日フランス共和国官報に公示。

民法典第2412条の規定は裁判上の抵当権に適用される。抵当権は、債権者が異なる登記申請をしなければ、債務者の有する各不動産に関し、被担保債権の総額について登記される。

〔原　文〕
Article 63

Modifié par Ordonnance n° 2006-346 du 23 mars 2006 – art.54（Ⅴ）JORF 24 mars 2006

Les inscriptions conservent l'hypothèque et le privilège dans les conditions prévues aux articles 2434 à 2437 du code civil.

〔逐語訳〕
第63条　Article 63

2006年3月23日オルドナンス第2006-346号第54条（Ⅴ）により改正 Modifié par Ordonnance n° 2006-346 du 23 mars 2006 – art.54（Ⅴ）。2006年3月24日フランス共和国官報に公示 JORF 24 mars 2006。

登記 Les inscriptions は、民法典第2434条ないし第2437条に定める条件において dans les conditions prévues aux articles 2434 à 2437 du code civil、抵当権および先取特権を保全する conservent l'hypothèque et le privilège。

【私　訳】
第63条

2006年3月23日オルドナンス第2006-346号第54条（Ⅴ）により改正。2006年3月24日フランス共和国官報に公示。

登記は、民法典第2434条ないし第2437条に定める条件において、抵当権および先取特権を保全する。

〔原文〕

Article 64

Modifié par Loi n° 2007-212 du 20 février 2007 - art.10（V）

La radiation d'une inscription a lieu soit en vertu d'une mainlevée consentie sous forme authentique par le titulaire du droit inscrit ou son ayant droit et sur sa requête, soit en vertu d'une décision judiciaire. Toutefois, la radiation d'une inscription d'une hypothèque ou d'un privilège peut être requise par le dépôt au bureau foncier d'une copie authentique soit de l'acte notarié certifiant que le créancier a, à la demande du débiteur, donné son accord à cette radiation, soit d'une décision judiciaire.

La radiation d'une inscription concernant un droit, dont l'existence ou la durée est subordonnée à un événement à date incertaine survenant en la personne du titulaire de ce droit, a lieu également sur requête du propriétaire de l'immeuble grevé ou sur requête de tout autre intéressé, s'il est fait la preuve de cet événement par la production de pièces justificatives, notamment d'actes d'état civil. Le consentement du titulaire de l'inscription n'est pas nécessaire.

Lorsque l'inscription comporte une date extrême d'effet, le juge du livre foncier ordonne d'office sa radiation à cette date.

〔逐語訳〕

第64条　Article 64

2007年2月20日法律第2007-212号第10条（V）により改正 Modifié par Loi n° 2007-212 du 20 février 2007 - art.10（V）。

登記の抹消 La radiation d'une inscription は、登記された権利名義人またはその権利承継人による公署方式での抹消への同意による申請にもとづき行うか、あるいは司法上の決定にもとづき行う a lieu soit en vertu d'une mainlevée consentie sous forme authentique par le titulaire du droit inscrit ou son ayant droit et sur sa requête, soit en vertu d'une décision judiciaire。ただし Toutefois、抵当権または先取特権の登記の抹消 la radiation d'une inscription d'une hypothèque ou d'un privilège は、債権者も債務者の要求にもとづき、その抹消への同意を証明する公証証書の真正な写しの土地登記所への提出により、あるいは司法上の決定の真正な写しの土地登記所への提出により par le dépôt au bureau foncier d'une copie authentique soit de l'acte notarié certifiant que le créancier a, à la demande du débiteur, donné son accord à cette radiation, soit d'une décision judiciaire 申請することができる peut être requise。

② 権利の存在または期間がその権利名義人に生じた不特定期日の事象に依拠する場合 un droit, dont l'existence ou la durée est subordonnée à un événement à date incertaine survenant en la personne du titulaire de ce droit、［その事象にかかわる］権利に関する登記の抹消 La radiation d'une inscription concernant un droit は、証拠書類とりわけ戸籍謄本の提出による当該事象の証明により s'il est fait la preuve de cet événement par la production de pièces justificatives, notamment d'actes d'état civil、物権の設定された不動産の所有権者の申請または他のすべての当事者の申請にもとづき sur requête du propriétaire de l'immeuble grevé ou sur requête de tout autre intéressé、登記名義人の同意を要せずして等しくこれを実行する a lieu également…Le consentement du titulaire de l'inscription n'est pas nécessaire。

③ 登記に効力の有効期限が記載されている場合 Lorsque l'inscription comporte une date extrême d'effet、土地登記簿判事は、職権によりその期限の到来時において当該［登記の］抹消を命ずる le juge du livre foncier ordonne d'office sa radiation à cette date。

　　【私 訳】
第64条
　2007年2月20日法律第2007-212号第10条（Ⅴ）により改正。
　登記の抹消は、登記された権利名義人またはその権利承継人による公署方式での抹消への同意による申請にもとづき行うか、あるいは司法上の決

定にもとづき行う。ただし、抵当権または先取特権の登記の抹消は、債権者も債務者の要求にもとづき、その抹消への同意を証明する公証証書の真正な写しの土地登記所への提出により、あるいは司法上の決定の真正な写しの土地登記所への提出により申請することができる。

②権利の存在または期間がその権利名義人に生じた不特定期日の事象に依拠する場合、［その事象にかかわる］権利に関する登記の抹消は、証拠書類とりわけ戸籍謄本の提出による当該事象の証明により、物権の設定された不動産の所有権者の申請または他のすべての当事者の申請にもとづき、登記名義人の同意を要せずして等しくこれを実行する。

③登記に効力の有効期限が記載されている場合、土地登記簿判事は、職権によりその期限の到来時において当該［登記の］抹消を命ずる。

〔原 文〕

Article 64-1（abrogé）

Créé par Loi n° 90-1248 du 29 décembre 1990 – art.11 JORF 3 janvier 1991 Abrogé par Loi n° 2002-306 du 4 mars 2002 – art.1 JORF 5 mars 2002

〔逐語訳〕

第64-1条（廃止）　Article 64-1（abrogé）

1990年12月29日法律第90-1248号第11条により制定 Créé par Loi n° 90-1248 du 29 décembre 1990 – art.11。1991年1月3日フランス共和国官報に公示 JORF 3 janvier 1991。2002年3月4日法律第2002-306号第1条により廃止 Abrogé par Loi n° 2002-306 du 4 mars 2002 – art.1。2002年3月5日フランス共和国官報に公示 JORF 5 mars 2002。

【私訳】

第64-1条（廃止）

1990年12月29日法律第90-1248号第11条により制定。1991年1月3日フランス共和国官報に公示。2002年3月4日法律第2002-306号第1条により廃止。2002年3月5日フランス共和国官報に公示。

〔原 文〕

Article 65

Modifié par Loi n° 2002-306 du 4 mars 2002 - art.1 JORF 5 mars 2002

Les actes de mainlevée de l'hypothèque légale du Trésor sont dispensés de la forme authentique.

〔逐語訳〕

第65条　Article 65

2002年3月4日法律第2002-306号第1条により改正 Modifié par Loi n° 2002-306 du 4 mars 2002 - art.1。2002年3月5日フランス共和国官報に公示 JORF 5 mars 2002。

国有債権に関する法定抵当権の解除証書 Les actes de mainlevée de l'hypothèque légale du Trésor には公署方式が免除される sont dispensés de la forme authentique。

【私 訳】

第65条

2002年3月4日法律第2002-306号第1条により改正。2002年3月5日フランス共和国官報に公示。

国有債権に関する法定抵当権の解除証書には公署方式が免除される。

　本法律は全6篇全269条から成る。本稿は、そのうちの第2篇第3章、不動産に関する権利、土地登記簿、を訳出したものである。

〔原 文〕

Le Président de la République :
ALEXANDRE MILLERAND
Le garde des sceaux, ministre de la justice
EDMOND LEFEBVRE DU PREY.

〔逐語訳〕

フランス共和国首相 Le Président de la République

アレクサンドル・ミルラン ALEXANDRE MILLERAND

国璽尚書、司法大臣 Le garde des sceaux, ministre de la justice,

エドモン・ルフェーヴル・デュ・プレイ　EDMOND LEFEBVRE DU PREY.

【私 訳】

フランス共和国首相

アレクサンドル・ミルラン

国璽尚書、司法大臣

エドモン・ルフェーヴル・デュ・プレイ

第2章　ライン川下流県、ライン川上流県およびモゼル県における土地登記簿とその電子情報処理組織化に関する2009年10月7日のデクレ第2009-1193号

〔原　文〕
DÉCRET

Décret n° 2009-1193 du 7 octobre 2009 relatif au livre foncier et à son informatisation dans les départements du Bas-Rhin, du Haut-Rhin et de la Moselle

NOR：JUSC0909237D
Version consolidée au 10 octobre 2009

Le Premier ministre,

Sur le rapport de la ministre d'État, garde des sceaux, ministre de la justice et des libertés,

Vu le code civil, notamment ses articles 543, 858, 882, 951, 952, 1048 et 1049, 1316-4, 1659, 2434 à 2439 ;

Vu le code de commerce, notamment ses articles L.526-1 et R.123-220 ;

Vu le code de la construction et de l'habitation, notamment son article L.351-2 ;

Vu le code de l'environnement, notamment son article L.215-2 ;

Vu le code général de la propriété des personnes publiques, notamment ses articles L.2122-5 à L.2122-19 ;

Vu le code de l'organisation judiciaire, notamment ses articles D.223-3 à D.223-9 ;

Vu le code de procédure civile, notamment son annexe relative à l'application du code dans les départements du Bas-Rhin, du Haut-Rhin et de la Moselle ;

Vu la loi locale du 31 mars 1884 modifiée concernant le renouvellement du cadastre, la péréquation de l'impôt foncier et la conservation du cadastre ;

Vu la loi du 1er juin 1924 modifiée mettant en vigueur la législation civile française dans les départements du Bas-Rhin, du Haut-Rhin et de la Moselle, notamment le chapitre III du titre II ;

Vu la loi n° 76-519 du 15 juin 1976 relative à certaines formes de transmission des créances ;

Vu la loi n° 78-17 du 6 janvier 1978 modifiée relative à l'informatique, aux fichiers et aux libertés, notamment ses articles 39 et 40 ;

Vu la loi n° 2002-306 du 4 mars 2002 modifiée portant réforme de la loi du 1er juin 1924 mettant en vigueur la législation civile française dans les départements du Bas-Rhin, du Haut-Rhin et de la Moselle, notamment ses articles 2 à 8 ;

Vu le décret du 18 novembre 1924 modifié relatif à la tenue du livre foncier dans les départements du Bas-Rhin, du Haut-Rhin et de la Moselle ;

Vu le décret du 14 janvier 1927 complétant le décret du 18 novembre 1924 relatif à la tenue du livre foncier dans les départements du Haut-Rhin, du Bas-Rhin et de la Moselle ;

Vu le décret n° 55-1350 du 14 octobre 1955 pour l'application du décret n° 55-22 du 4 janvier 1955 portant réforme de la publicité foncière, notamment son article 73 ;

Vu le décret n° 2001-272 du 30 mars 2001 pris pour l'application de l'article 1316-4 du code civil et relatif à la signature électronique ;

Vu le décret n° 2007-1852 du 26 décembre 2007 relatif à l'établissement public d'exploitation du livre foncier informatisé d'Alsace-Moselle ;

Vu la délibération de la Commission nationale de l'informatique et des libertés du 11 juin 2009 ;

Le Conseil d'État（section de l'intérieur）entendu,

Décrète：

〔逐語訳〕

デクレ　DÉCRET

ライン川下流県、ライン川上流県およびモゼル県における dans les départements du Bas-Rhin, du Haut-Rhin et de la Moselle 土地登記簿とその電子情報処理組織化に関する 2009 年 10 月 7 日のデクレ第 2009-1193 号 Décret n° 2009-1193 du 7 octobre 2009 relatif au livre foncier et à son informatisation。

NOR：JUSC0909237D

2009 年 10 月 10 日改正 Version consolidée au 10 octobre 2009

内閣総理大臣 Le Premier ministre は、国璽尚書国務大臣たる司法自由大臣の報告にもとづき Sur le rapport de la ministre d'État, garde des sceaux, ministre de la justice et des libertés、［さらに、以下の法典、法律、デクレおよび決議に］かんがみ Vu、コンセイユ・デタ自治局の承認を得て Le Conseil d'État（section de l'intérieur）entendu［本デクレをここに布告する］。

民法典 le code civil、とりわけ同法第 543 条、第 858 条、第 882 条、第 951 条、第 952 条、第 1048 条および第 1049 条、第 1316-4 条、第 1659 条、第 2434 条ないし第 2439 条 notamment ses articles 543, 858, 882, 951, 952, 1048 et 1049, 1316-4, 1659, 2434 à 2439。

商法典 le code de commerce、とりわけ同法第 L.526-1 条および第 R.123-220 条 notamment ses articles L.526-1 et R.123-220。

建設および住宅法 le code de la construction et de l'habitation、とりわけ同法第 L.351-2 条 notamment son article L.351-2。

環境法 le code de l'environnement、とりわけ同法第 L.215-2 条 notamment son article L.215-2。

公法人の所有権に関する一般法 le code général de la propriété des personnes publiques、とりわけ同法第L.2155-5 条ないし第 L.2122-19 条 notamment ses articles L.2122-5 à L.2122-19。

裁判所構成法 le code de l'organisation judiciaire、とりわけ同法第 D.223-3 条ないし第 D.223-9 条 notamment ses articles D.223-3 à D.223-9。

民事訴訟法典 le code de procédure civile、とりわけライン川下流県、ライン川上流県およびモゼル県における同法の適用に関する同法附属法 notamment son annexe relative à l'application du code dans les départements du Bas-Rhin, du Haut-Rhin et de la Moselle。

キャダストルの更新、不動産税の調整およびキャダストルの保全に関する concernant le renouvellement du cadastre, la péréquation de l'impôt foncier et la conservation du cadastre 1884 年 3 月 31 日の改正地方法 la loi locale du 31 mars 1884 modifiée。

ライン川下流県、ライン川上流県およびモゼル県においてフランス共和国の民事法を適用する mettant en vigueur la législation civile française dans les départements du Bas-Rhin, du Haut-Rhin et de la Moselle 1924 年 6 月 1 日の改正法 la loi du 1er juin 1924 modifiée、とりわけ第 2 篇第 3 章 notamment le chapitre Ⅲ du titre Ⅱ。

債権譲渡の特定手続に関する 1976 年 6 月 15 日の法律第 76-519 号 la loi n° 76-519 du 15 juin 1976 relative à certaines formes de transmission des créances。

情報処理、索引票および自主権に関する relative à l'informatique, aux fichiers et aux libertés 1978 年 1 月 6 日の改正法律第 78-17 号 la loi n° 78-17 du 6 janvier 1978 modifiée、とりわけ同法第 39 条および第 40 条 notamment ses articles 39 et 40。

ライン川下流県、ライン川上流県およびモゼル県における 1924 年 6 月 1 日施行のフランス共和国の民事法の適用に関する 2002 年 3 月 4 日の改

正法律第2002-306号 la loi n° 2002-306 du 4 mars 2002 modifiée portant réforme de la loi du 1er juin 1924 mettant en vigueur la législation civile française dans les départements du Bas-Rhin, du Haut-Rhin et de la Moselle、とりわけ同法第2条ないし第8条 notamment ses articles 2 à 8。

ライン川下流県、ライン川上流県およびモゼル県における土地登記簿の保持に関する改正された1924年11月18日のデクレ le décret du 18 novembre 1924 modifié relatif à la tenue du livre foncier dans les départements du Bas-Rhin, du Haut-Rhin et de la Moselle。

ライン川下流県、ライン川上流県およびモゼル県における土地登記簿の保持に関する relatif à la tenue du livre foncier dans les départements du Haut-Rhin, du Bas-Rhin et de la Moselle 1924年11月18日のデクレを補完する1927年1月14日のデクレ le décret du 14 janvier 1927 complétant le décret du 18 novembre 1924。

土地登記の改革に関する portant réforme de la publicité foncière 1955年1月4日のデクレ第55-22号を適用するための1955年10月14日のデクレ第55-1350号 le décret n° 55-1350 du 14 octobre 1955 pour l'application du décret n° 55-22 du 4 janvier 1955、とりわけ同デクレ第73条 notamment son article 73。

電子署名に関する et relatif à la signature électronique 民法典第1316-4条の適用のために採用された2001年3月30日のデクレ第2001-272号 le décret n° 2001-272 du 30 mars 2001 pris pour l'application de l'article 1316-4 du code civil。

アルザス-モゼルの電子情報処理組織化された土地登記簿利用の公共機関に関する relatif à l'établissement public d'exploitation du livre foncier informatisé d'Alsace-Moselle 2007年12月26日のデクレ第2007-1852号 le décret n° 2007-1852 du 26 décembre 2007。

2009年6月11日の情報処理および自主権に関する国家審議会の決議 la délibération de la Commission nationale de l'informatique et des libertés du 11 juin 2009。

【私 訳】
デクレ
　ライン川下流県、ライン川上流県およびモゼル県における土地登記簿とその電子情報処理組織化に関する 2009 年 10 月 7 日のデクレ第 2009-1193 号。

NOR：JUSC0909237D
2009 年 10 月 10 日改正

　内閣総理大臣は、国璽尚書国務大臣たる司法自由大臣の報告にもとづき、［さらに、以下の法典、法律、デクレおよび決議に］かんがみ、コンセイユ・デタ自治局の承認を得て［本デクレをここに布告する］。
　民法典、とりわけ同法第 543 条、第 858 条、第 882 条、第 951 条、第 952 条、第 1048 条および第 1049 条、第 1316-4 条、第 1659 条、第 2434 条ないし第 2439 条。
　商法典、とりわけ同法第 L.526-1 条および第 R.123-220 条。
　建設および住宅法、とりわけ同法第 L.351-2 条。
　環境法、とりわけ同法第 L.215-2 条。
　公法人の所有権に関する一般法、とりわけ同法第 L.2155-5 条ないし第 L.2122-19 条。
　裁判所構成法、とりわけ同法第 D.223-3 条ないし第 D.223-9 条。
　民事訴訟法典、とりわけライン川下流県、ライン川上流県およびモゼル県における同法の適用に関する同法附属法。
　キャダストルの更新、不動産税の調整およびキャダストルの保全に関する 1884 年 3 月 31 日の改正地方法。
　ライン川下流県、ライン川上流県およびモゼル県においてフランス共和国の民事法を適用する 1924 年 6 月 1 日の改正法、とりわけ第 2 篇第 3 章。
　債権譲渡の特定手続に関する 1976 年 6 月 15 日の法律第 76-519 号。
　情報処理、索引票および自主権に関する 1978 年 1 月 6 日の改正法律第

78-17号、とりわけ同法第39条および第40条。

　ライン川下流県、ライン川上流県およびモゼル県における1924年6月1日施行のフランス共和国の民事法の適用に関する2002年3月4日の改正法律第2002-306号、とりわけ同法第2条ないし第8条。

　ライン川下流県、ライン川上流県およびモゼル県における土地登記簿の保持に関する改正された1924年11月18日のデクレ。

　ライン川下流県、ライン川上流県およびモゼル県における土地登記簿の保持に関する1924年11月18日のデクレを補完する1927年1月14日のデクレ。

　土地登記の改革に関する1955年1月4日のデクレ第55-22号を適用するための1955年10月14日のデクレ第55-1350号、とりわけ同デクレ第73条。

　電子署名に関する民法典第1316-4条の適用のために採用された2001年3月30日のデクレ第2001-272号。

　アルザス－モゼルの電子情報処理組織化された土地登記簿利用の公共機関に関する2007年12月26日のデクレ第2007-1852号。

　2009年6月11日の情報処理および自主権に関する国家審議会の決議。

　〔原　文〕

Article 1

　Les tribunaux figurant au tableau XIII du code de l'organisation judiciaire remplissent l'office de bureau foncier dans les conditions prévues par le même code.

　〔逐語訳〕

第1条　Article 1

　裁判所構成法第13表において明示される裁判所 Les tribunaux figurant au tableau XIII du code de l'organisation judiciaire は、同法によって定められた条件において dans les conditions prévues par le même code、土地登記所としての義務を負う remplissent l'office de bureau foncier。

【私訳】
第1条
　裁判所構成法第13表において明示される裁判所は、同法によって定められた条件において、土地登記所としての義務を負う。

〔原　文〕
Article 2
　Chaque commune forme une circonscription foncière. Toutefois, si l'administration du cadastre a établi pour certaines parties d'une commune des états de section distincts, chaque partie forme une circonscription foncière.

〔逐語訳〕
第2条　Article 2
　各地方自治体は一つの土地行政区域を構成するChaque commune forme une circonscription foncière。但し、キャダストル庁が地方自治体の特定の部分について、異なる区分状態の［土地の境界を］定めた場合にはToutefois, si l'administration du cadastre a établi pour certaines parties d'une commune des états de section distincts、［その］各部分はそれぞれ一つの土地行政区域を構成するchaque partie forme une circonscription foncière。

【私訳】
第2条
　各地方自治体は一つの土地行政区域を構成する。但し、キャダストル庁が地方自治体の特定の部分について、異なる区分状態の［土地の境界を］定めた場合には、［その］各部分はそれぞれ一つの土地行政区域を構成する。

〔原　文〕
CHAPITRE I ER：LES DONNÉES DU LIVRE FONCIER ET DU

第2章　ライン川下流県、ライン川上流県およびモゼル県における……　67

REGISTRE DES DÉPÔTS

〔逐語訳〕

第1章　土地登記簿および寄託登録簿の諸情報 CHAPITRE I ER：LES DONNÉES DU LIVRE FONCIER ET DU REGISTRE DES DÉPÔTS

【私訳】

第1章　土地登記簿および寄託登録簿の諸情報

〔原　文〕

Article 3

　Les données du livre foncier et du registre des dépôts sont recueillies, enregistrées et modifiées au moyen d'un traitement automatisé de données à caractère personnel.

〔逐語訳〕

第3条　Article 3

　土地登記簿および寄託登録簿の情報 Les données du livre foncier et du registre des dépôts は、個人的性格の情報の de données à caractère personnel 電子的情報処理によって au moyen d'un traitement automatisé 収集され記録されそして改訂される sont recueillies, enregistrées et modifiées。

【私訳】

第3条

　土地登記簿および寄託登録簿の情報は、個人的性格の情報の電子的情報処理によって収集され記録されそして改訂される。

〔原　文〕

Article 4

　Les données du livre foncier sont énumérées dans l'annexe 1. Elles font l'objet d'un classement selon les rubriques suivantes：

1° Les immeubles objets de droits：

a) La parcelle ;
b) La copropriété ;
c) Le lot de copropriété ;
d) L'ensemble immobilier hors du régime de la copropriété ;
e) La partie d'un ensemble immobilier hors du régime de la copropriété ;

2° Les personnes titulaires de droits :
a) La personne physique ;
b) La personne morale ;

3° Les droits :
a) Le droit de propriété immobilière ;
b) La superficie et le tréfonds ;
c) L'emphytéose et le bail à construction ;
d) L'usufruit établi par la volonté de l'homme ou par l'option du conjoint survivant ;
e) Le droit réel résultant d'un titre d'occupation du domaine public de l'État ou d'un établissement public de l'État délivré en application des articles L.2122-5 à L.2122-18 du code général de la propriété des personnes publiques ;

4° Les charges sur un immeuble :
a) Les servitudes foncières établies par le fait de l'homme et toute servitude dont la publicité foncière est prévue à peine d'inopposabilité ;
b) L'indivision forcée résultant d'un acte entre vifs ou à cause de mort ou d'une décision judiciaire ;

5° Les charges sur un droit :
a) Les privilèges et les hypothèques ;
b) Les autres charges ;
—tout droit réel conféré par un bail de plus de douze ans autre que

l'emphytéose et le bail à construction ;
— l'usage ;
— l'habitation ;
— les prestations foncières ;
— le droit du locataire et du fermier en cas de bail d'une durée de plus de douze ans ;
— le gage immobilier ;
— les restrictions au droit de disposer insérées dans un acte d'aliénation ou découlant de tous autres actes, tels que la promesse de vente, le legs ou la donation sous condition ou avec charge de restitution en vertu des articles 1048 et 1049 du code civil, le droit de retour conventionnel prévu par les articles 951 et 952 du code civil, le droit de réméré prévu par l'article 1659 du code civil ;
— les restrictions au droit de disposer résultant de toutes décisions judiciaires, telles que la décision d'exécution forcée, la décision d'administration forcée ou le jugement ordonnant la vente dans le cadre de la procédure de rétablissement personnel ;
— le paiement anticipé ou la cession d'une somme équivalant à au moins trois années de loyer ou de fermage non échus ;
— le droit à la résolution d'un contrat synallagmatique ;
— le droit à la révocation d'une donation ;
— le droit au rapport en nature d'une donation, prévu par le deuxième alinéa de l'article 858 du code civil ;
— la prénotation d'un droit ;
— les conventions d'aide au logement prévues par l'article L.351-2 du code de la construction et de l'habitation ;
— la déclaration d'insaisissabilité prévue par l'article L.526-1 du code de commerce ;
— tous droits et restrictions au droit de disposer dont la publicité est

prévue à peine d'inopposabilité ;

6° Le rang：

7° Les mentions dont la publicité est prévue à peine d'irrecevabilité：

Les demandes en justice tendant à obtenir la résolution, la révocation, l'annulation ou la rescision d'une convention ou d'une disposition à cause de mort ;

8° Les mentions à titre d'information：

Sur un immeuble : les limitations administratives au droit de propriété et les dérogations à ces limitations prévues par l'article 73 du décret du 14 octobre 1955 ainsi que toute autre limitation administrative dont la publicité foncière est prévue par la loi ou les règlements aux fins d'information des usagers.

〔逐語訳〕

第4条　Article 4

　土地登記簿の情報は附属書類1において列挙される Les données du livre foncier sont énumérées dans l'annexe 1。その情報は次の項目に従ってこれを分類する Elles font l'objet d'un classement selon les rubriques suivantes。

1° 権利の目的となる不動産 Les immeubles objets de droits。
  (a) 　一筆地 La parcelle。
  (b) 　共有地 La copropriété。
  (c) 　共有地の持分 Le lot de copropriété。
  (d) 　共有地の制度に含まれない土地の総体 L'ensemble immobilier hors du régime de la copropriété。
  (e) 　共有地の制度に含まれない土地の総体の部分 La partie d'un ensemble immobilier hors du régime de la copropriété。

2° 権利名義人 Les personnes titulaires de droits。
  (a) 　自然人 La personne physique。
  (b) 　法人 La personne morale。

3° 権利 Les droits。

 (a) 不動産の所有権 Le droit de propriété immobilière。

 (b) 地上および地下［部分］La superficie et le tréfonds。

 (c) 長期賃貸借権および建設用地賃貸借権 L'emphytéose et le bail à construction。

 (d) 本人の意思あるいは生存配偶者の選択により設定された使用収益権 L'usufruit établi par la volonté de l'homme ou par l'option du conjoint survivant。

 (e) 公法人に関する所有権一般法第 L.22-5 条ないし第 L.22-18 条の適用により付与された、国有財産および国有公共施設の占有目的のための物権 Le droit réel résultant d'un titre d'occupation du domaine public de l'État ou d'un établissement public de l'État délivré en application des articles L. 2122-5 à L. 2122-18 du code général de la propriété des personnes publiques。

4° 不動産に関する負担 Les charges sur un immeuble。

 (a) 人の設定行為による地役権および不動産公示［によっても］対抗不能と規定されているすべての地役権 Les servitudes foncières établies par le fait de l'homme et toute servitude dont la publicité foncière est prévue à peine d'inopposabilité。

 (b) 生存者間の証書、相続の開始によるあるいは裁判上の決定にもとづく強制的不分割 L'indivision forcée résultant d'un acte entre vifs ou à cause de mort ou d'une décision judiciaire。

5° 法律にもとづく負担 Les charges sur un droit。

 (a) 先取特権および抵当権 Les privilèges et les hypothèques。

 (b) その他の負担 Les autres charges。

—長期賃貸借権および建設用地賃貸借権以外の 12 年を超える賃貸借契約にもとづき付与されたすべての物権 tout droit réel conféré par un bail de plus de douze ans autre que l'emphytéose et le bail à construction。

—使用権 l'usage。

——居住権 l'habitation。
——土地［使用収益］費用の給付 les prestations foncières。
——12年を超える賃貸借契約による借家人および小作人の権利 le droit du locataire et du fermier en cas de bail d'une durée de plus de douze ans。
——不動産質 le gage immobilier。
——民法典第1048条および第1049条により規定された原状回復義務または条件付の遺贈あるいは贈与 le legs ou la donation sous condition ou avec charge de restitution en vertu des articles 1048 et 1049 du code civil、民法典第951条および第952条に規定された契約上の回復権 le droit de retour conventionnel prévu par les articles 951 et 952 du code civil、民法典第1659条に規定された買戻権 le droit de réméré prévu par l'article 1659 du code civil、その他、譲渡証書あるいは売買契約のようなあらゆる証書に記載された処分権への制限 les restrictions au droit de disposer insérées dans un acte d'aliénation ou découlant de tous autres actes, tels que la promesse de vente。
——強制執行の判決 la décision d'exécution forcée、強制的行政処分 la décision d'administration forcée または個人再生手続の範囲内で売却を命ずる判決のごとき telles que … ou le jugement ordonnant la vente dans le cadre de la procédure de rétablissement personnel すべての司法上の決定にもとづく自由使用権の制限 les restrictions au droit de disposer résultant de toutes décisions judiciaires。
——支払い期限前の賃貸借料または小作料の de loyer ou de fermage non échus 少なくとも3年分に相当する前払いまたは金員の譲渡 le paiement anticipé ou la cession d'une somme équivalant à au moins trios années。
——双務契約の解約に関する権利 le droit à la résolution d'un contrat synallagmatique。
——贈与の取消に関する権利 le droit à la révocation d'une donation。

―民法典第858条第2項に規定された現物贈与に関する権利 le droit au rapport en nature d'une donation, prévu par le deuxième alinéa de l'article 858 du code civil。
―仮登記の権利 la prénotation d'un droit。
―建設および住宅法第L.351-2条に規定された居住援助条項 les conventions d'aide au logement prévues par l'article L.351-2 du code de la construction et de l'habitation。
―商法典第L.526-1条に規定された差押禁止の宣言 la déclaration d'insaisissabilité prévue par l'article L.526-1 du code de commerce。
―公示によっても対抗不能として規定されている dont la publicité est prévue à peine d'inopposabilité 自由使用権に対するすべての権利および制限 tous droits et restrictions au droit de disposer。

6°順位 Le rang。

7°公示の対象とならないとされている記載［事項］Les mentions dont la publicité est prévue à peine d'irrecevabilité。

　死亡を原因とする à causede mort 約定または規定の解除 la rescision d'une convention ou d'une disposition、あるいは取消、無効ou・・・ la révocation, l'annulation を求める裁判上の請求 Les demandes en justice tendant à obtenir la résolution。

8°情報としての記載 Les mentions à titre d'information。

　不動産に関して Sur un immeuble。

　所有権に対する行政上の制限 les limitations administratives au droit de propriété および1955年10月14日のデクレ第73条に規定されたこれらの制限に対する例外的措置 et les dérogations à ces limitations prévues par l'article 73 du décret du 14 octobre 1955 ならびに ainsi que 利用者への情報の目的のための法または規則により par la loi ou les règlements aux fins d'information des usagers 土地登記を定めるその他のすべての行政上の制限 toute autre limitation administrative dont la publicité foncière est prévue。

【私訳】
第4条
　土地登記簿の情報は附属書類1において列挙される。その情報は次の項目に従ってこれを分類する。
1° 権利の目的となる不動産。
　(a)　一筆地。
　(b)　共有地。
　(c)　共有地の持分。
　(d)　共有地の制度に含まれない土地の総体。
　(e)　共有地の制度に含まれない土地の総体の部分。
2° 権利名義人。
　(a)　自然人。
　(b)　法人。
3° 権利。
　(a)　不動産の所有権。
　(b)　地上および地下［部分］。
　(c)　長期賃貸借権および建設用地賃貸借権。
　(d)　本人の意思あるいは生存配偶者の選択により設定された使用収益権。
　(e)　公法人に関する所有権一般法第L.22-5条ないし第L.22-18条の適用により付与された、国有財産および国有公共施設の占有目的のための物権。
4° 不動産に関する負担。
　(a)　人の設定行為による地役権および不動産公示［によっても］対抗不能と規定されているすべての地役権。
　(b)　生存者間の証書、相続の開始によるあるいは裁判上の決定にもとづく強制的不分割。
5° 法律にもとづく負担。
　(a)　先取特権および抵当権。

(b)　その他の負担。

—長期賃貸借権および建設用地賃貸借権以外の12年を超える賃貸借契約にもとづき付与されたすべての物権。

—使用権。

—居住権。

—土地［使用収益］費用の給付。

—12年を超える賃貸借契約による借家人および小作人の権利。

—不動産質。

—民法典第1048条および第1049条により規定された原状回復義務または条件付の遺贈あるいは贈与、民法典第951条および第952条に規定された契約上の回復権、民法典第1659条に規定された買戻権、その他、譲渡証書あるいは売買契約のようなあらゆる証書に記載された処分権への制限。

—強制執行の判決、強制的行政処分または個人再生手続の範囲内で売却を命ずる判決のごときすべての司法上の決定にもとづく自由使用権の制限。

—支払い期限前の賃貸借料または小作料の少なくとも3年分に相当する前払いまたは金員の譲渡。

—双務契約の解約に関する権利。

—贈与の取消に関する権利。

—民法典第858条第2項に規定された現物贈与に関する権利。

—仮登記の権利。

—建設および住宅法第L.351-2条に規定された居住援助条項。

—商法典第L.526-1条に規定された差押禁止の宣言。

—公示によっても対抗不能として規定されている自由使用権に対するすべての権利および制限。

6°順位。

7°公示の対象とならないとされている記載［事項］。

　　死亡を原因とする約定または規定の解除、あるいは取消、無効を求め

る裁判上の請求。
8°情報としての記載。
　不動産に関して。
　所有権に対する行政上の制限および1955年10月14日のデクレ第73条に規定されたこれらの制限に対する例外的措置ならびに利用者への情報の目的のための法または規則により土地登記を定めるその他のすべての行政上の制限。

〔原　文〕
Article 5
　Les données du registre des dépôts sont énumérées dans l'annexe 2.
〔逐語訳〕
第5条　Article 5
　寄託登録簿の情報 Les données du registre des dépôts は、附属文書第2号に列記される sont énumérées dans l'annexe 2。
【私　訳】
第5条
　寄託登録簿の情報は、附属文書第2号に列記される。

〔原　文〕
CHAPITRE Ⅱ：LA CONSULTATION ET LA DÉLIVRANCE DE COPIES DES DONNÉES DU LIVRE FONCIER, DES DONNÉES DU REGISTRE DES DÉPÔTS ET DES ANNEXES
〔逐語訳〕
　第2章　土地登記簿の情報、寄託登録簿の情報およびその附属書類の閲覧ならびにその写しの交付 CHAPITRE Ⅱ：LA CONSULTATION ET LA DÉLIVRANCE DE COPIES DES DONNÉES DU LIVRE FONCIER, DES DONNÉES DU REGISTRE DES DÉPÔTS ET DES ANNEXES

【私訳】
第2章　土地登記簿の情報、寄託登録簿の情報およびその附属書類の閲覧ならびにその写しの交付

〔原文〕
SECTION 1：LA CONSULTATION DES DONNÉES DU LIVRE FONCIER ET DES DONNÉES DU REGISTRE DES DÉPÔTS
〔逐語訳〕
第1節　土地登記簿および寄託登録簿の情報の閲覧SECTION 1：LA CONSULTATION DES DONNÉES DU LIVRE FONCIER ET DES DONNÉES DU REGISTRE DES DÉPÔTS
【私訳】
第1節　土地登記簿および寄託登録簿の情報の閲覧

〔原文〕
Article 6

Toute personne peut librement consulter le livre foncier et le registre des dépôts sur un ou plusieurs immeubles déterminés pour savoir si des données concernant ces immeubles sont enregistrées dans une commune, dans le ressort d'un bureau foncier.

Elle peut alors prendre connaissance de ces données en sollicitant la délivrance d'une copie.

À compter du 1er janvier 2010, les personnes faisant l'objet des procédures d'identification et d'authentification prévues par les articles 13 à 16 ou celles ayant payé en ligne la redevance fixée par le conseil d'administration de l'établissement public d'exploitation du livre foncier d'Alsace-Moselle peuvent procéder à la visualisation immédiate et à l'impression de ces données. Cette impression porte la mention «document délivré à titre de simple renseignement».

〔逐語訳〕
第6条　Article 6

　何人といえども Toute personne、管轄の土地登記所において dans le ressort d'un bureau foncier、地方自治体内において登記された不動産に関する情報であるかどうかを知るため pour savoir si des données concernant ces immeubles sont enregistrées dans une commune、特定の単独あるいは複数の不動産について sur un ou plusieurs immeubles déterminés、土地登記簿および寄託登録簿を自由に閲覧することができる peut librement consulter le livre foncier et le registre des dépôts。
②それゆえ申請人は Elle（peut）alors、その写しの交付を請求することにより en solicitant la délivrance d'une copie、これらの情報を知ることができる peut（alors）prendre connaissance de ces données。
③2010年1月1日以降 À compter du 1er janvier 2010、第13条ないし第16条により規定された確認および認証手続の対象となる者 les personnes faisant l'objet des procédures d'identification et d'authentification prévues par les articles 13 à 16、あるいはアルザス－モゼルの土地登記簿を運営する公的機関の理事会により定められた使用料を電子的方法により納付した者 ou celles ayant payé en ligne la redevance fixée par le conseil d'administration de l'établissement public d'exploitation du livre foncier d'Alsace-Moselle は、これらの情報の即時による映像表示とその出力を行うことができる peuvent procéder à la visualisation immédiate et à l'impression de ces données。この出力情報には「単なる情報として［認証文を付記せず］出力した資料」である旨の注記が付されている Cette impression porte la mention «document délivré à titre de simple renseignement»。

【私　訳】
第6条

　何人といえども、管轄の土地登記所において、地方自治体内において登記された不動産に関する情報であるかどうかを知るため、特定の単独ある

いは複数の不動産について、土地登記簿および寄託登録簿を自由に閲覧することができる。

②それゆえ申請人は、その写しの交付を請求することにより、これらの情報を知ることができる。

③2010年1月1日以降、第13条ないし第16条により規定された確認および認証手続の対象となる者、あるいはアルザス‐モゼルの土地登記簿を運営する公的機関の理事会により定められた使用料を電子的方法により納付した者は、これらの情報の即時による映像表示とその出力を行うことができる。この出力情報には「単なる情報として［認証文を付記せず］出力した資料」である旨の注記が付されている。

〔原文〕

Article 7

Dans le ressort d'un bureau foncier, les notaires, les géomètres-experts, les huissiers de justice, les avocats, les agents de l'État, ceux des collectivités territoriales et de leurs établissements publics de coopération intercommunale ainsi que les personnes disposant d'un titre exécutoire et les personnes autorisées par le juge ou le titulaire du droit au sens de l'article 543 du code civil peuvent consulter le livre foncier et le registre des dépôts du chef d'une ou plusieurs personnes individuellement désignées pour savoir si des données concernant celles-ci sont enregistrées.

Ils peuvent alors prendre connaissance de ces données en sollicitant la délivrance d'une copie.

À compter du 1er janvier 2010, les personnes faisant l'objet des procédures d'identification et d'authentification prévues par les articles 13 à 16 peuvent procéder à la visualisation immédiate et à l'impression de ces données. Cette impression porte la mention «document délivré à titre de simple renseignement».

〔逐語訳〕
第 7 条　Article 7
　土地登記所の管轄内において Dans le ressort d'un bureau foncier、公証人 les notaires、測量技師 les géomètres-experts、執行官 les huissiers de justice、弁護士 les avocats、国家公務員 les agents de l'État、地方自治体および同自治体相互間の協力による公共機関の公務員 ceux［les agents］des collectivités territoriales et de leurs établissements publics de coopération intercommunale ならびに執行名義を有する者 ainsi que les personnes disposant d'un titre exécutoire および裁判官または民法典第 543 条に規定するところの法的資格者 et les personnes autorisées par le juge ou le titulaire du droit au sens de l'article 543 du code civil は、個別的に指名された単独または複数の者からの権利譲渡により du chef d'une ou plusieurs personnes individuellement désignées、同人らに関する情報が登記されているかどうかを確知するため pour savoir si des données concernant celles-ci sont enregistrées、土地登記簿および寄託登録簿を調査することができる peuvent consulter le livre foncier et le registre des dépôts。
②同人ら Ils は、その写しの交付を申請することにより en sollicitant la délivrance d'une copie、これらの情報を入手することができる peuvent alors prendre connaissance de ces données。
③2010 年 1 月 1 日以降 À compter du 1er janvier 2010、［当該デクレの］第 13 条ないし第 16 条により定められた確認および認証手続の対象となる者 les personnes faisant l'objet des procédures d'identification et d'authentification prévues par les articles 13 à 16 も、即時の映像表示とこれらの情報の入手を行うことができる peuvent procéder à la visualisation immédiate et à l'impression de ces données。
　この出力情報 Cette impression には「単なる情報として［認証文を付記せず］出力した資料」«document délivré à titre de simple renseignement» と注記されている porte la mention。

第 2 章　ライン川下流県、ライン川上流県およびモゼル県における……　81

【私訳】
第7条

　土地登記所の管轄内において、公証人、測量技師、執行官、弁護士、国家公務員、地方自治体および同自治体相互間の協力による公共機関の公務員ならびに執行名義を有する者および裁判官または民法典第543条に規定するところの法的資格者は、個別的に指名された単独または複数の者からの権利譲渡により、同人らに関する情報が登記されているかどうかを確知するため、土地登記簿および寄託登録簿を調査することができる。

②同人らは、その写しの交付を申請することにより、これらの情報を入手することができる。

③2010年1月1日以降、［当該デクレの］第13条ないし第16条により定められた確認および認証手続の対象となる者も、即時の映像表示とこれらの情報の入手を行うことができる。

　この出力情報には「単なる情報として［認証文を付記せず］出力した資料」と注記されている。

〔原文〕

Article 8

　Dans le ressort d'un bureau foncier, la consultation des données du livre foncier et de celles du registre des dépôts peut être menée selon un procédé de navigation permettant, grâce à des liens successivement sélectionnés, d'accéder à l'ensemble des données relatives aux immeubles et aux personnes et de créer une requête en inscription normalisée électronique.

　Ce mode de consultation est ouvert aux notaires et aux géomètres-experts pour l'exercice des activités relevant de leur monopole, aux huissiers de justice pour l'exécution d'un titre exécutoire ainsi qu'à l'État, aux collectivités territoriales et à leurs établissements publics de coopération intercommunale pour l'établissement des actes concernant les droits réels immobiliers.

〔逐語訳〕

第8条　Article 8

　管轄の土地登記所における Dans le ressort d'un bureau foncier、土地登記簿および寄託登録簿の情報の調査 la consultation des données du livre foncier et de celles du registre des dépôts は、［リンクの］選択による順次の検索による案内方式（ナビゲーション方式）によりこれを可能とすることができ peut être menée selon un procédé de navigation permettant, grâce à des liens successivement sélectionnés、不動産および人に関する情報のすべてを把握し d'accéder à l'ensemble des données relatives aux immeubles et aux personnes、かつ電子情報処理組織による標準化された登記申請書を作成することができる et de créer une requête en inscription normalisée électronique。

②この調査方法 Ce mode de consultation は、自己の専門分野に属する活動の執行のため pour l'exercice des activités relevant de leur monopole、公証人および測量技師へ aux notaires et aux géomètres-experts、執行名義の執行のための執行官へ aux huissiers de justice pour l'exécution d'un titre exécutoire、ならびに国家、地方自治体および同自治体間の相互援助のための公共機関へ ainsi qu'à l'État, aux collectivités territoriales et à leurs établissements publics de coopération intercommunale、不動産物権に関する証書を作成するため pour l'établissement des actes concernant les droits réels immobiliers 開かれている est ouvert。

【私訳】

第8条

　管轄の土地登記所における、土地登記簿および寄託登録簿の情報の調査は、［リンクの］選択による順次の検索による案内方式（ナビゲーション方式）によりこれを可能とすることができ、不動産および人に関する情報のすべてを把握し、かつ電子情報処理組織による標準化された登記申請書を作成することができる。

②この調査方法は、自己の専門分野に属する活動の執行のため、公証人および測量技師へ、執行名義の執行のための執行官へ、ならびに国家、地方自治体および同自治体間の相互援助のための公共機関へ、不動産物権に関する証書を作成するため開かれている。

〔原　文〕

Article 9

　Les agents du service du livre foncier, les vérificateurs du service du livre foncier et les magistrats peuvent consulter les données du livre foncier et celles du registre des dépôts pour les besoins de leurs fonctions selon les modalités prévues par les articles 6 à 8.

〔逐語訳〕

第9条　Article 9

　土地登記簿調査官 Les agents du service du livre foncier、土地登記簿検査官 les vérificateurs du service du livre foncier および土地登記簿判事 et les magistrats は、第6条ないし第8条の規定に従い selon les modalités prévues par les articles 6 à 8、自らの職務の必要のため pour les besoins de leurs fonctions、土地登記簿および寄託登録簿の情報を調査することができる peuvent consulter les données du livre foncier et celles du registre des dépôts。

【私　訳】

第9条

　土地登記簿調査官、土地登記簿検査官および土地登記簿判事は、第6条ないし第8条の規定に従い、自らの職務の必要のため、土地登記簿および寄託登録簿の情報を調査することができる。

〔原　文〕

Article 10

　La consultation des données du livre foncier et de celles du registre des dépôts par les magistrats, les agents de l'État, les agents des collectivités territoriales et de leurs établissements publics de coopération intercommunale est gratuite.

　〔逐語訳〕

第10条　Article 10

　裁判官、国家公務員、地方自治体の公務員および同自治体間の相互援助のための公共機関の公務員による par les magistrats, les agents de l'État, les agents des collectivités territoriales et de leurs établissements publics de coopération intercommunale 土地登記簿および寄託登録簿の情報の調査については La consultation des données du livre foncier et de celles du registre des dépôts、手数料を要しない est gratuite。

　【私　訳】

第10条

　裁判官、国家公務員、地方自治体の公務員および同自治体間の相互援助のための公共機関の公務員による土地登記簿および寄託登録簿の情報の調査については、手数料を要しない。

　〔原　文〕

Article 11

　L'autorisation judiciaire prévue à l'article 7 est délivrée sur requête par le juge du livre foncier du lieu de situation de l'immeuble.

　Le refus d'autorisation peut être contesté sur requête devant le premier président de la cour d'appel dans un délai de quinze jours à compter de la notification du refus.

　〔逐語訳〕

第11条　Article 11

　第7条に規定されている裁判上の許可 L'autorisation judiciaire prévue à l'article 7 は、申請にもとづき sur requête、不動産所在地の土地登記簿判事より par le juge du livre foncier du lieu de situation de l'immeuble

交付される est délivrée。
②不許可［の審判］Le refus d'autorisation に対しては、その通知［の日］から数えて15日以内に dans un délai de quinze jours à compter de la notification du refus 申請書により sur requête、控訴院の裁判長に対し devant le premier président de la cour d'appel 異議を申し立てることができる peut être contesté。

【私訳】
第11条
　第7条に規定されている裁判上の許可は、申請にもとづき、不動産所在地の土地登記簿判事より交付される。
②不許可［の審判］に対しては、その通知［の日］から数えて15日以内に申請書により、控訴院の裁判長に対し異議を申し立てることができる。

〔原文〕
Article 12
　Lorsque l'autorisation émane du titulaire du droit au sens de l'article 543 du code civil, la demande de consultation est accompagnée de l'acte d'autorisation. Celui-ci contient les nom, prénoms, date et lieu de naissance ainsi que l'adresse de son auteur. Il est signé, daté et précise la durée de sa validité. Il comporte en annexe, en original ou en photocopie, tout document officiel justifiant de l'identité de son auteur et comportant sa signature.

〔逐語訳〕
第12条　Article 12
　当該許可が、民法典第543条に規定する権利名義人にその原因を有するときは Lorsque l'autorisation émane du titulaire du droit au sens de l'article 543 du code civil、閲覧申請書が許可書に添付される la demande de consultation est accompagnée de l'acte d'autorisation。当該閲覧申請書には、申請人の氏名、出生地および出生の年月日ならびに申請人の

住所の記載を要する Celui-ci contient les nom, prénoms, date et lieu de naissance ainsi que l'adresse de son auteur。当該申請書は本人によって署名され、日付および正確な有効期間が記載される Il est signé, daté et précise la durée de sa validité。当該閲覧申請書 Il には、附属資料として en annexe、原本あるいはその写真の写しにより en original ou en photocopie 申請人の同定を証明し、かつその署名あるすべての公的資料 tout document officiel justifiant de l'identité de son auteur et comportant sa signature を含む comporte。

【私 訳】

第12条

　当該許可が、民法典第543条に規定する権利名義人にその原因を有するときは、閲覧申請書が許可書に添付される。当該閲覧申請書には、申請人の氏名、出生地および出生の年月日ならびに申請人の住所の記載を要する。当該申請書は本人によって署名され、日付および正確な有効期間が記載される。当該閲覧申請書には、附属資料として、原本あるいはその写真の写しにより申請人の同定を証明し、かつその署名あるすべての公的資料を含む。

〔原 文〕

Article 13

　Pour consulter les données du livre foncier et celles du registre des dépôts selon les modalités et dans les conditions prévues par les articles 7 et 8, chaque notaire, géomètre-expert ou huissier de justice présente une demande d'enregistrement, pour lui-même et pour les personnes relevant de son autorité, au directeur général de l'établissement public d'exploitation du livre foncier informatisé d'Alsace-Moselle, respectivement par l'intermédiaire du président de la chambre départementale des notaires, du président du conseil régional de l'ordre des géomètres-experts, du président de la chambre départementale d'huissiers de justice ou du président de tout organisme professionnel analogue pour les ressortissants des États membres de la Communauté européenne.

À cette fin, l'identification et l'authentification des intéressés sont opérées par les moyens techniques reconnus par l'établissement public.

Le président de la chambre départementale des notaires, le président du conseil régional de l'ordre des géomètres-experts, le président de la chambre départementale d'huissiers de justice et le président de l'organisme professionnel analogue portent à la connaissance du directeur général de l'établissement public tout changement intervenu dans la situation professionnelle des personnes enregistrées.

〔逐語訳〕
第13条　Article 13

　土地登記簿および寄託登録簿の情報の調査のため Pour consulter données du livre foncier et celles du registre des dépôts、各公証人、測量技師、執行官 chaque notaire, géomètre-expert ou huissier de justice は、[定められた] 方式に従い selon les modalités、かつ第7条および第8条により定められた条件において et dans les conditions prévues par les articles 7 et 8、それぞれ自己および自己の権限に属する者のために pour lui-même et pour les personnes relevant de son autorité、公証人県委員会の会長、測量技師会地方議会の会長、執行官県委員会の会長 du président de la chambre départementale des notaires, du président du conseil régional de l'ordre des géomètres-experts, du président de la chamber départementale d'huissiers de justice または欧州共同体構成国帰属市民のすべての類似職業組織の会長 ou du président de tout organisme professionnel analogue pour les ressortissants des États members de la Communauté européenne をそれぞれ経由して respectivement par l'intermédiaire、アルザス－モゼルの電子情報処理組織化された土地登記簿運営の公的機関の局長へ au directeur général de l'établissement public

d'exploitation du livre foncier informatisé d'Alsace-Moselle、［資格］登録申請書を提出する présente une demande d'enregistrement。
②その目的のため À cette fin、当事者の同定および認証 l'identification et l'authentification des intéressés は、公的機関により承認されている技術的手段で行われる sont opérées par les moyens techniques reconnus par l'établissement public。
③公証人県委員会の会長 Le président de la chambre départementale des notaires、測量技師会地方議会の会長 le président du conseil régional de l'ordre des géomètres-experts、執行官県委員会の会長 le président de la chamber départementale d'huissiers de justice および類似職業組織の会長 et le président de l'organisme professionnel analogue は、［その職業組織に所属し］登録された者の執務状況につき dans la situation professionnelle des personnes enregistrées、発生したすべての変更 tout changement intervene を、［所轄の］公的機関の局長に報告する責任を有する portent à la connaissance du directeur général de l'établissement public。

【私 訳】
第13条
　土地登記簿および寄託登録簿の情報の調査のため、各公証人、測量技師、執行官は、［定められた］方式に従い、かつ第7条および第8条により定められた条件において、それぞれ自己および自己の権限に属する者のために、公証人県委員会の会長、測量技師会地方議会の会長、執行官県委員会の会長または欧州共同体構成国帰属市民のすべての類似職業組織の会長をそれぞれ経由して、アルザス－モゼルの電子情報処理組織化された土地登記簿運営の公的機関の局長へ、［資格］登録申請書を提出する。
②その目的のため、当事者の同定および認証は、公的機関により承認されている技術的手段で行われる。
③公証人県委員会の会長、測量技師会地方議会の会長、執行官県委員会の会長および類似職業組織の会長は、［その職業組織に所属し］登録された

者の執務状況につき、発生したすべての変更を、[所轄の]公的機関の局長に報告する責任を有する。

〔原　文〕
Article 14

　Pour consulter les données du livre foncier et celles du registre des dépôts selon les modalités et dans les conditions prévues par les articles 7 et 8, l'État, chaque collectivité territoriale et chaque établissement public de coopération intercommunale présentent au directeur général de l'établissement public d'exploitation du livre foncier informatisé d'Alsace-Moselle la liste des personnes relevant de leur autorité respective, dont ils sollicitent l'enregistrement.

　À cette fin, l'identification et l'authentification des intéressés sont opérées par les moyens techniques reconnus par l'établissement public.

　La personne publique qui a sollicité l'enregistrement porte à la connaissance du directeur général de l'établissement public tout changement intervenu dans la situation professionnelle des agents enregistrés.

〔逐語訳〕
第14条　Article 14

　土地登記簿および寄託登録簿の情報を調査するため Pour consulter les données du livre foncier et celles du registre des dépôts、第7条および第8条により定められた条件と方式に従い selon les modalités et dans les conditions prévues par les articles 7 et 8、国、各地方公共団体および各広域地方自治体相互協力公共機関 l'État, chaque collectivité territoriale et chaque établissement public de coopération intercommunale は、それぞれの組織に属し登録を申請している者の名簿 la liste des personnes relevant de leur autorité respective, dont ils sollicitent l'enregistrement を、アルザス-モゼルの電子情報処理組織化された土地登記簿運営の公的

機関の局長へ提出する présentent au directeur général de l'établissement public d'exploitation du livre foncier informatisé d'Alsace-Moselle。
②その目的のため À cette fin、当事者の同定および認証 l'identification et l'authentification des intéressés は、公的機関において承認されている技術的手段で行われる sont opérées par les moyens techniques reconnus par l'établissement public。
③登録を申請した公法人 La personne publique qui a sollicité l'enregistrement は、［当該法人に］登録された公務員の執務状況に関し発生したすべての変更について tout changement intervenu dans la situation professionnelle des agents enregistrés、公的機関の局長へ報告する義務を負う porte à la connaissance du directeur général de l'établissement public。

【私 訳】
第14条
　土地登記簿および寄託登録簿の情報を調査するため、第7条および第8条により定められた条件と方式に従い、国、各地方公共団体および各広域地方自治体相互協力公共機関は、それぞれの組織に属し登録を申請している者の名簿を、アルザス－モゼルの電子情報処理組織化された土地登記簿運営の公的機関の局長へ提出する。
②その目的のため、当事者の同定および認証は、公的機関において承認されている技術的手段で行われる。
③登録を申請した公法人は、［当該法人に］登録された公務員の執務状況に関し発生したすべての変更について、公的機関の局長へ報告する義務を負う。

〔原 文〕
Article 15
　Pour consulter les données du livre foncier et celles du registre des dépôts selon les modalités et dans les conditions prévues par l'article

7, chaque avocat peut présenter une demande d'enregistrement, pour lui-même et pour les personnes relevant de son autorité, au directeur général de l'établissement public d'exploitation du livre foncier informatisé d'Alsace-Moselle, par l'intermédiaire du bâtonnier de l'ordre ou du président de tout organisme professionnel analogue pour les ressortissants des États membres de la Communauté européenne.

À cette fin, l'identification et l'authentification des intéressés sont opérées par les moyens techniques reconnus par l'établissement public.

Le bâtonnier de l'ordre des avocats et le président de l'organisme professionnel analogue portent à la connaissance du directeur général de l'établissement public tout changement intervenu dans la situation professionnelle des personnes enregistrées.

〔逐語訳〕

第15条　Article 15

　第7条により定められた条件と方式に従い、土地登記簿および寄託登録簿の情報を調査するため Pour consulter les données du livre foncier et celles du registre des dépôts selon les modalités et dans les conditions prévues par l'article 7、弁護士各自 chaque avocet は、自己および自己の権限に属する者のため pour lui-même et pour les personnes relevant de son autorité、弁護士職組織の会長 du bâtonnier de l'ordre または欧州共同体構成国帰属民のための類似職業のすべての組織の会長 ou du président de tout organisme professionnel analogue pour les ressortissants des États membres de la Communauté européenne を経由して par l'intermédiaire、アルザス-モゼルの電子情報処理組織化された土地登記簿運営の公的機関の局長へ au directeur général de l'établissement public d'exploitation du livre foncier informatisé d'Alsace-Moselle、登録申請書を提出することができる peut présenter une demande d'enregistrement。②その目的のため À cette fin、当事者の同定および認証 l'identification et l'authentification des intéressés は、公的機関により承認されている技術

的手段で行われる sont opérées par les moyens techniques reconnus par l'établissement public。

③弁護士職組織の会長 Le bâtonnier de l'ordre des avocats および類似職業組織の会長 et le président de l'organisme professionnel analogue は、［その組織に］登録された者の執務状況に生じたすべての変更 tout changement intervenu dans la situation professionnelle des personnes enregistrées について、公的機関の局長へ報告する義務を負う portent à la connaissance du directeur général de l'établissement public。

【私 訳】

第15条

　第7条により定められた条件と方式に従い、土地登記簿および寄託登記簿の情報を調査するため、弁護士各自は、自己および自己の権限に属する者のため、弁護士職組織の会長または欧州共同体構成国帰属民のための類似職業のすべての組織の会長を経由して、アルザス－モゼルの電子情報処理組織化された土地登記簿運営の公的機関の局長へ、登録申請書を提出することができる。

②その目的のため、当事者の同定および認証は、公的機関により承認されている技術的手段で行われる。

③弁護士職組織の会長および類似職業組織の会長は、［その組織に］登録された者の執務状況に生じたすべての変更について、公的機関の局長へ報告する義務を負う。

〔原　文〕

Article 16

　Pour consulter les données du livre foncier et celles du registre des dépôts selon les modalités et dans les conditions prévues par l'article 9, le premier président de la cour d'appel dans le ressort de laquelle les agents du service du livre foncier, les vérificateurs du service du livre foncier et les magistrats exercent leurs fonctions, transmet au directeur général de l'établissement public d'exploitation du livre foncier informatisé d'Alsace-Moselle la liste des personnes dont il sollicite l'enregistrement.

À cette fin, l'identification et l'authentification des intéressés sont opérées par les moyens techniques reconnus par l'établissement public.

Le premier président de la cour d'appel porte à la connaissance du directeur général de l'établissement public tout changement intervenu dans la situation professionnelle des personnes enregistrées.

〔逐語訳〕
第16条　Article 16

第9条により定められた条件と方式に従い、土地登記簿および寄託登録簿の情報を調査するため Pour consulter les données du livre foncier et celles du registre des dépôts selon les modalités et dans les conditions prévues par l'article 9、土地登記簿調査官、土地登記簿検査官および［土地登記簿］判事が職務を執行する管轄裁判所の控訴院の裁判長 le premier président de la cour d'appel dans le ressort de laquelle les agents du service du livre foncier, les vérificateurs du service du livre foncier et les magistrats exercent leurs fonctions は、［職務の執行のため］登録を申請している者の名簿 la liste des personnes dont il sollicite l'enregistrement を、アルザス - モゼルの電子情報処理組織化された土地登記簿運営の公的機関の局長へ報告する transmet au directeur général de l'établissement public d'exploitation du livre foncier informatisé d'Alsace-Moselle。

②その目的のため À cette fin、当事者の同定および認証 l'identification et l'authentification des intéressés は、公的機関において承認されている技術的手段で行われる sont opérées par les moyens techniques reconnus par l'établissement public。

③控訴院の裁判長 Le premier président de la cour d'appel は、［職務の執行のため］登録された者の執務状況について発生したすべての変更 tout changement intervenu dans la situation professionnelle des personnes enregistrées を、公的機関の局長へ通知する義務を有する porte à la connaissance du directeur général de l'établissement public。

【私 訳】
第16条
　第9条により定められた条件と方式に従い、土地登記簿および寄託登録簿の情報を調査するため、土地登記簿調査官、土地登記簿検査官および［土地登記簿］判事が職務を執行する管轄裁判所の控訴院の裁判長は、［職務の執行のため］登録を申請している者の名簿を、アルザス－モゼルの電子情報処理組織化された土地登記簿運営の公的機関の局長へ報告する。
②その目的のため、当事者の同定および認証は、公的機関において承認されている技術的手段で行われる。
③控訴院の裁判長は、［職務の執行のため］登録された者の執務状況について発生したすべての変更を、公的機関の局長へ通知する義務を有する。

〔原　文〕
SECTION 2：LA CONSULTATION DES ANNEXES
　〔逐語訳〕
　第2節　附属書類の調査　SECTION 2：LA CONSULTATION DES ANNEXES
　【私 訳】
　第2節　附属書類の調査

〔原　文〕
Article 17
　Les notaires, les géomètres-experts, les huissiers de justice, les avocats, les agents de l'État, des collectivités territoriales et de leurs établissements publics de coopération intercommunale, dûment enregistrés ou justifiant de leur qualité, peuvent consulter les annexes. Il en est de même de toute personne disposant d'un titre exécutoire et des

personnes autorisées par le juge ou par le titulaire du droit au sens de l'article 543 du code civil.

La consultation s'opère par la délivrance d'une copie des annexes dont la consultation a été demandée.

Pour les activités relevant de leur monopole, les notaires et les géomètres-experts dûment enregistrés peuvent recourir au procédé de navigation décrit au premier alinéa de l'article 8 aux fins de consulter les annexes conservées sous forme électronique.

Pour l'établissement des actes concernant des droits réels immobiliers, les agents dûment enregistrés de l'État, des collectivités territoriales et de leurs établissements publics de coopération intercommunale peuvent recourir gratuitement au procédé de navigation.

〔逐語訳〕
第17条　Article 17

正規に登録されあるいはその資格を証する dûment enregistrés ou justifiant de leur qualité 公証人、測量技師、執行官、弁護士ならびに国、地方自治体および同自治体相互協力機関の職員 Les notaires, les géomètres-experts, les huissiers de justice, les avocats, les agents de l'État, des collectivités territoriales et de leurs établissements publics de coopération intercommunale は、附属書類を調査することができる peuvent consulter les annexes。同様にまた Il en est de même、執行名義を有するすべての者および裁判官により許可された者あるいは民法典第543条に定義される権利名義人 de toute personne disposant d'un titre exécutoire et des personnes autorisées par le juge ou par le titulaire du droit au sens de l'article 543 du code civil ［も同様とする］。

②調査 La consultation は、閲覧の申請が行われた附属書類の写しの交付により行われる s'opère par la délivrance d'une copie des annexes dont la consultation a été demandée。

③自己の専門分野に属する活動のため Pour les activités relevant de

leur monopole、正規に登録された公証人および測量技師 les notaires et les géomètres-experts dûment enregistrés は、電子化され保存されている附属書類の調査の目的をもって aux fins de consulter les annexes conservées sous forme électronique、第8条第1項規定の案内方式（ナビゲーション方式）を利用することができる peuvent recourir au procédé de navigation décrit au premier alinéa de l'article 8。

④不動産物権に関する証書の作成のため Pour l'établissement des actes concernant des droits réels immobiliers、国、地方自治体および同自治体相互協力機関の正規登録職員 les agents dûment enregistrés de l'État, des collectivités territoriales et de leurs établissements publics de coopération intercommunale は、使用料を要せずして案内方式（ナビゲーション方式）を利用できる peuvent recourir gratuitement au procédé de navigation。

【私訳】

第17条

　正規に登録されあるいはその資格を証する公証人、測量技師、執行官、弁護士ならびに国、地方自治体および同自治体相互協力機関の職員は、附属書類を調査することができる。同様にまた、執行名義を有するすべての者および裁判官により許可された者あるいは民法典第543条に定義される権利名義人［も同様とする］。

②調査は、閲覧の申請が行われた附属書類の写しの交付により行われる。

③自己の専門分野に属する活動のため、正規に登録された公証人および測量技師は、電子化され保存されている附属書類の調査の目的をもって、第8条第1項規定の案内方式（ナビゲーション方式）を利用することができる。

④不動産物権に関する証書の作成のため、国、地方自治体および同自治体相互協力機関の正規登録職員は、使用料を要せずして案内方式（ナビゲーション方式）を利用できる。

〔原 文〕

Article 18

Les agents du service du livre foncier, les vérificateurs du service du livre foncier et les magistrats peuvent consulter gratuitement les annexes, pour les besoins de leurs fonctions, y compris selon les modalités prévues à l'article 8.

〔逐語訳〕

第18条　Article 18

土地登記簿調査官、土地登記簿検査官および裁判官 Les agents du service du livre foncier, les vérificateurs du service du livre foncier et les magistrats は、第8条に定められた方式に従う場合も含めて y compris selon les modalités prévues à l'article 8、自己の職務の必要のため pour les besoins de leurs fonctions、手数料を要せずして附属書類を調査することができる peuvent consulter gratuitement les annexes。

【私 訳】

第18条

　土地登記簿調査官、土地登記簿検査官および裁判官は、第8条に定められた方式に従う場合も含めて、自己の職務の必要のため、手数料を要せずして附属書類を調査することができる。

〔原 文〕

Article 19

L'autorisation judiciaire prévue à l'article 17 est délivrée sur requête par le juge du livre foncier du lieu de situation de l'immeuble.

Le refus d'autorisation peut être contesté sur requête devant le premier président de la cour d'appel dans un délai de quinze jours à compter de la notification du refus.

〔逐語訳〕

第19条　Article 19

第17条に規定される裁判上の許可 L'autorisation judiciaire prévue à l'article 17 は、申請にもとづき sur requête、不動産所在地の土地登記簿判事より par le juge du livre foncier du lieu de situation de l'immeuble 交付される est délivrée。
②許可の拒絶［に対しては］Le refus d'autorisation、申請書により sur requête、拒絶の通告［の日］から15日の期間以内に dans un délai de quinze jours à compter de la notification du refus 控訴院の裁判長に対し devant le premier président de la cour d'appel、異議を申立てることができる peut être contesté。
　【私 訳】
第19条
　第17条に規定される裁判上の許可は、申請にもとづき、不動産所在地の土地登記簿判事より交付される。
②許可の拒絶［に対しては］、申請書により、拒絶の通告［の日］から15日の期間以内に控訴院の裁判長に対し、異議を申立てることができる。

　〔原　文〕
Article 20
　En cas d'autorisation du titulaire du droit au sens de l'article 543 du code civil, la demande de consultation est accompagnée d'un acte d'autorisation répondant aux conditions prévues par l'article 12.
　〔逐語訳〕
第20条　Article 20
　民法典第543条に規定する権利名義人に原因する許可の場合 En cas d'autorisation du titulaire du droit au sens de l'article 543 du code civil、調査の申請書 la demande de consultation には、第12条所定の条件に適合する許可書が添付される est accompagnée d'un acte d'autorisation répondant aux conditions prévues par l'article 12。

【私 訳】
第20条
　民法典第543条に規定する権利名義人に原因する許可の場合、調査の申請書には、第12条所定の条件に適合する許可書が添付される。

〔原 文〕
SECTION 3：LA DÉLIVRANCE DE COPIES DES DONNÉES DU LIVRE FONCIER, DES DONNÉES DU REGISTRE DES DÉPÔTS ET DES ANNEXES
　〔逐語訳〕
　第3節　土地登記簿の情報、寄託登録簿の情報および附属書類の写しの交付 SECTION 3：LA DÉLIVRANCE DE COPIES DES DONNÉES DU LIVRE FONCIER,DES DONNÉES DU REGISTRE DES DÉPÔTS ET DES ANNEXES
　【私 訳】
　第3節　土地登記簿の情報、寄託登録簿の情報および附属書類の写しの交付

〔原 文〕
Article 21
　La demande aux fins de délivrance de copie des données du livre foncier, des données du registre des dépôts et des annexes est soit déposée ou adressée par voie postale au greffe du bureau foncier du lieu de situation de l'immeuble soit formée par saisie des informations dans un formulaire interactif accessible par internet.
　〔逐語訳〕
　第21条　Article 21
　土地登記簿、寄託登録簿およびその附属書類の情報の写しの交付を目的とする申請書 La demande aux fins de délivrance de copie des données

du livre foncier, des données du registre des dépôts et des annexes は、不動産所在地の土地登記所の書記課へ提出されるか、または郵便の方法により送付され est soit déposée ou adressée par voie postale au greffe du bureau foncier du lieu de situation de l'immeuble、あるいは soit、電子情報処理組織によりアクセスできる双方向方式の入力画面での情報の提供により作成される formée par saisie des informations dans un formulaire interactif accessible par internet。

【私 訳】
第 21 条
　土地登記簿、寄託登録簿およびその附属書類の情報の写しの交付を目的とする申請書は、不動産所在地の土地登記所の書記課へ提出されるか、または郵便の方法により送付され、あるいは、電子情報処理組織によりアクセスできる双方向方式の入力画面での情報の提供により作成される。

〔原 文〕
Article 22
　Le greffier vérifie, avant de délivrer la copie, que l'auteur de la demande remplit les conditions requises pour consulter les données.
　Les contestations sont tranchées par le juge du livre foncier.

〔逐語訳〕
第 22 条　Article 22
　土地登記簿調査官 Le greffier は、［情報の］写しの交付の前に avant de délivrer la copie、申請書の作成者が情報を調査するために必要な条件を満たしているかどうかを que l'auteur de la demande remplit les conditions requises pour consulter les données 確認する vérifie。
②異議［の申立］Les contestations については、土地登記簿判事により審判が下される sont tranchées par le juge du livre foncier。

【私 訳】
第 22 条

土地登記簿調査官は、［情報の］写しの交付の前に、申請書の作成者が情報を調査するために必要な条件を満たしているかどうかを確認する。②異議［の申立］については、土地登記簿判事により審判が下される。

〔原　文〕
Article 23

La demande aux fins de délivrance de copie comporte l'indication des nom, prénoms et adresse du demandeur ainsi que, selon le cas, la désignation cadastrale, l'identité du titulaire du droit ou le numéro de l'annexe. Elle est accompagnée de toute pièce permettant la vérification des conditions requises.

〔逐語訳〕
第23条　Article 23

［情報の］写しの交付を目的とする申請書 La demande aux fins de délivrance de copie には、申請人の氏名および住所の表示 l'indication des nom, prénoms et adresse du demandeur、ならびに場合によっては ainsi que, selon le cas、キャダストル上の表示 la désignation cadastrale、権利名義人の同定 l'identité du titulaire du droit あるいは附属書類の番号 ou le numéro de l'annexe を含むものとする comporte。［さらに］当該申請書には必要な条件の確認を可能とするすべての書類が添付される Elle est accompagnée de toute pièce permettant la vérification des conditions requises。

【私訳】
第23条

［情報の］写しの交付を目的とする申請書には、申請人の氏名および住所の表示、ならびに場合によっては、キャダストル上の表示、権利名義人の同定あるいは附属書類の番号を含むものとする。［さらに］当該申請書には必要な条件の確認を可能とするすべての書類が添付される。

〔原 文〕

Article 24

La délivrance de copie aux magistrats, aux agents de l'État, aux agents des collectivités territoriales et de leurs établissements publics de coopération intercommunale est gratuite.

〔逐語訳〕

第24条　Article 24

裁判官、国家公務員、地方自治体および同広域地方自治体相互協力機関の公務員への aux magistrats, aux agents de l'État, aux agents des collectivités territoriales et de leurs établissements publics de coopération intercommunale［情報の］写しの交付 La délivrance de copie［について］は、手数料を要しない est gratuite。

【私 訳】

第24条

裁判官、国家公務員、地方自治体および同広域地方自治体相互協力機関の公務員への［情報の］写しの交付［について］は、手数料を要しない。

〔原 文〕

Article 25

La copie délivrée par le greffe est datée et signée par le greffier qui authentifie les données et les certifie conformes à la base de données.

La date d'extraction de la base de données est indiquée en jour, heure et minute.

La certification est réalisée soit par signature manuscrite en cas d'envoi sur support papier soit par signature électronique en cas d'envoi sur support électronique.

La copie indique les inscriptions à jour ainsi que les références des requêtes en cours de traitement portant sur l'immeuble faisant l'objet de la demande.

〔逐語訳〕

第25条　Article 25

　土地登記簿調査課により交付された［情報の］写し La copie délivrée par le greffe は、データベースに従い、情報とその真正を認証し qui authentifie les données et les certifie conformes à la base de données、調査官により確定日附が付されかつ署名がなされる est datée et signée par le greffier。

②データベースからの採録の日付 La date d'extraction de la base de données には、日、時および分が en jour, heure et minute 表示される est indiquée。

③認証 La certification は、紙媒体で送付する場合は自筆の署名により soit par signature manuscrite en cas d'envoi sur support papier、電子媒体で送付する場合は電子署名による soit par signature électronique en cas d'envoi sur support électronique 方法で行われる est réalisée。

④［情報の］写し La copie には、認証日の記載 les inscriptions à jour、ならびに申請の対象となっている不動産についての進行中の処理［の登記］に関する申請書の参照記号 ainsi que les références des requêtes en cours de traitement portant sur l'immeuble faisant l'objet de la demande を示す indique。

【私　訳】

第25条

　土地登記簿調査課により交付された［情報の］写しは、データベースに従い、情報とその真正を認証し、調査官により確定日附が付されかつ署名がなされる。

②データベースからの採録の日付には、日、時および分が表示される。

③認証は、紙媒体で送付する場合は自筆の署名により、電子媒体で送付する場合は電子署名による方法で行われる。

④［情報の］写しには、認証日の記載、ならびに申請の対象となっている不動産についての進行中の処理［の登記］に関する申請書の参照記号を

示す。

　〔原　文〕
Article 26

　Les copies délivrées par l'établissement public d'exploitation du livre foncier d'Alsace-Moselle sans certification du greffier portent chacune la mention «délivrée à titre de simple renseignement».

　〔逐語訳〕
第 26 条　Article 26

　アルザス – モゼルの土地登記簿［制度］運営の公的機関より par l'établissement public d'exploitation du livre foncier d'Alsace-Moselle、認証官の証明文なく sans certification du greffier 交付された［情報の］写し Les copies délivrées には、それぞれ「単なる情報として［認証文を付記せず］交付した」旨が記載される portent chacune la mention «délivrée à titre de simple renseignement»。

　【私　訳】
第 26 条

　アルザス – モゼルの土地登記簿［制度］運営の公的機関より、認証官の証明文なく交付された［情報の］写しには、それぞれ「単なる情報として［認証文を付記せず］交付した」旨が記載される。

　〔原　文〕
Article 27

　Toute copie est remise ou transmise par voie postale ou par voie électronique à l'adresse indiquée dans la demande.

　L'envoi effectué par voie électronique est subordonné au consentement exprès du destinataire.

　Les procédés techniques utilisés garantissent, dans des conditions fixées par arrêté du garde des sceaux, ministre de la justice, la fiabilité de l'identification de l'expéditeur, l'intégrité des documents adressés, la conservation des transmissions opérées et permettent d'établir de manière certaine la date d'envoi.

〔逐語訳〕

第27条　Article 27

　［情報の］写しのすべて Toute copie は、申請書に示された住所にあて郵送の方法で送付され、あるいは電子情報の方法で ou transmise par voie postale ou par voie électronique à l'adresse indiquée dans la demande 提供される est remise。

②電子情報の方法により行われる［情報の］提供 L'envoi effectué par voie électronique には、受取人の明示の同意が au consentement exprès du destinataire 必要とされる est subordonné。

③使用される技術的方法 Les procédés techniques utilisés は、国璽尚書司法自由大臣のアレテにより定められた条件において dans des conditions fixées par arrêté du garde des sceaux, ministre de la justice、発信人の同定が信頼できること la fiabilité de l'identification de l'expéditeur、送付された資料が完全であること l'intégrité des documents adressés、行われた送信が保全されていること la conservation des transmissions opérées、および確実な方法で送信期日が確定されていること et permettent d'établir de manière certaine la date d'envoi を保障する garantissent。

【私 訳】

第27条

　［情報の］写しのすべては、申請書に示された住所にあて郵送の方法で送付され、あるいは電子情報の方法で提供される。

②電子情報の方法により行われる［情報の］提供には、受取人の明示の同意が必要とされる。

③使用される技術的方法は、国璽尚書司法自由大臣のアレテにより定められた条件において、発信人の同定が信頼できること、送付された資料が完全であること、行われた送信が保全されていること、および確実な方法で

送信期日が確定されていることを保障する。

〔原　文〕
CHAPITRE Ⅲ：L'INSCRIPTION DES DROITS AU FONCIER
〔逐語訳〕
第3章　土地の権利の登記　CHAPITRE Ⅲ：L'INSCRIPTION DES DROITS AU FONCIER
【私訳】
第3章　土地の権利の登記

〔原　文〕
SECTION 1：RÈGLES GÉNÉRALES
〔逐語訳〕
第1節　通則　SECTION 1：RÈGLES GÉNÉRALES
【私訳】
第1節　通則

〔原　文〕
PARAGRAPHE 1：RÈGLES RELATIVES AUX IMMEUBLES
〔逐語訳〕
第1款　不動産に関する規定　PARAGRAPHE 1：RÈGLES RELATIVES AUX IMMEUBLES
【私訳】
第1款　不動産に関する規定

〔原　文〕
Article 28
　Les immeubles sont identifiés par leur désignation cadastrale.

〔逐語訳〕
第28条　Article 28
不動産 Les immeubles は、キャダストル上の表示により par leur désignation cadastrale 同定される sont identifiés。
【私訳】
第28条
不動産は、キャダストル上の表示により同定される。

〔原文〕
Article 29
　Les immeubles non encore inscrits au livre foncier sont désignés par section et numéro du cadastre, lieudit, contenance et nature des cultures.
　Les immeubles qui ne sont qu'une fraction d'une parcelle de l'ancien cadastre et portent le même numéro sont désignés par l'adjonction au numéro d'une lettre.
〔逐語訳〕
第29条　Article 29
　土地登記簿にいまだ登記されていない不動産 Les immeubles non encore inscrits au livre foncier は、キャダストルの区分と番号、リゥディ、面積および作目により par section et numéro du cadastre, lieudit, contenance et nature des cultures 表示される sont désignés。
②アンシァンキャダストルの一筆地の一部分にすぎず qui ne sont qu'une fraction d'une parcelle de l'ancien cadastre、かつ同一地番で記されている不動産 Les immeubles … et portent le même numéro は、［同地番への］1文字の番号の付加により par l'adjonction au numéro d'une lettre 表示される sont désignés。
【私訳】
第29条
　土地登記簿にいまだ登記されていない不動産は、キャダストルの区分と

番号、リュディ、面積および作目により表示される。

②アンシャンキャダストルの一筆地の一部分にすぎず、かつ同一地番で記されている不動産は、[同地番への]1文字の番号の付加により表示される。

　〔原　文〕
Article 30
　En cas de première inscription de la propriété d'un immeuble, un extrait de la matrice cadastrale est produit avec la requête.
　〔逐語訳〕
第30条　Article 30
　不動産に関する所有権の保存登記の場合 En cas de première inscription de la propriété d'un immeuble は、キャダストルの原簿の抄本 un extrait de la matrice cadastrale が申請書とともに提出される est produit avec la requête。
　【私　訳】
第30条
　不動産に関する所有権の保存登記の場合は、キャダストルの原簿の抄本が申請書とともに提出される。

　〔原　文〕
Article 31
　Lorsque cela s'avère nécessaire pour identifier un immeuble ou une partie d'immeuble ou pour préciser l'étendue d'un droit, le requérant produit une esquisse ou un plan dressé par un géomètre, certifiés exacts par le contrôleur du cadastre.
　〔逐語訳〕
第31条　Article 31
　不動産またはその一部分を同定するため、あるいは権利の範囲を明確にするため pour identifier un immeuble ou une partie d'immeuble ou

pour préciser l'étendue d'un droit、その必要性が明らかとなったときは Lorsque cela s'avère nécessaire、申請人 le requérant は、測量技師により調製されキャダストルの検査官によりその正確性が保証された概要図または地籍図 une esquisse ou un plan dressé par un géomètre, certifiés exacts par le contrôleur du cadastre を提出する produit。

【私訳】
第31条
　不動産またはその一部分を同定するため、あるいは権利の範囲を明確にするため、その必要性が明らかとなったときは、申請人は、測量技師により調製されキャダストルの検査官によりその正確性が保証された概要図または地籍図を提出する。

〔原文〕
Article 32

L'assise des immeubles soumis au régime de la copropriété des immeubles bâtis est inscrite au nom du même titulaire de droit et soumise au même régime juridique. L'inscription de la propriété du sol est remplacée par l'inscription du lot. Elle mentionne la nature et le numéro du lot, la quote-part des parties communes afférente à ce lot, avec référence au règlement de copropriété, à l'état descriptif de division et à l'esquisse d'étage.

En cas d'inscription ou de modification d'un immeuble en copropriété, une esquisse enregistrée par le service du cadastre est produite avec la requête indiquant la situation du bâtiment et la distribution des locaux ou la modification survenue.

〔逐語訳〕
第32条　Article 32
　建築された不動産の共有の制度に従う不動産の敷地の所有権 L'assise des immeubles soumis au régime de la copropriété des immeubles

bâtis は、同一の権利名義人の名において登記され、かつ同一の法制度に従う est inscrite au nom du même titulaire de droit et soumise au même régime juridique。敷地の所有権に関する登記は所有権の持分の登記に代えられる L'inscription de la propriété du sol est remplacée par l'inscription du lot。当該登記 Elle においては、共有規則、分割の記載状況および階層概略図の表示とともに avec référence au règlement de copropriété, à l'état descriptif de division et à l'esquisse d'étage、持分の［法的］性質と番号、敷地の共有持分に帰属する割合 la nature et le numéro du lot, la quote-part des parties communes afférente à ce lot を記載する mentionne。

②共有不動産の登記または［その］変更［の登記］の場合は En cas d'inscription ou de modification d'un immeuble en copropriété、キャダストル局に登録された概略図 une esquisse enregistrée par le service du cadastre が、建物の所在および建物の区分または発生した変更を示す申請書とともに avec la requête indiquant la situation du bâtiment et la distribution des locaux ou la modification survenue 提出される est produite。

【私訳】

第32条

　建築された不動産の共有の制度に従う不動産の敷地の所有権は、同一の権利名義人の名において登記され、かつ同一の法制度に従う。敷地の所有権に関する登記は所有権の持分の登記に代えられる。当該登記においては、共有規則、分割の記載状況および階層概略図の表示とともに、持分の［法的］性質と番号、敷地の共有持分に帰属する割合を記載する。

②共有不動産の登記または［その］変更［の登記］の場合は、キャダストル局に登録された概略図が、建物の所在および建物の区分または発生した変更を示す申請書とともに提出される。

〔原文〕

Article 33

Sont dispensés d'inscription au livre foncier les immeubles du domaine public et leurs mutations intervenant entre personnes publiques à moins que l'inscription n'en soit demandée par la personne publique propriétaire.

Si l'inscription d'un droit sur un immeuble du domaine public est requise, elle en mentionne la nature.

〔逐語訳〕

第33条　Article 33

公共財産たる不動産 les immeubles du domaine public および公法人所有のそれらに関し行われる所有権移転 et leurs mutations intervenant entre personnes publiques は、所有者である公法人より登記申請がなされないかぎり à moins que l'inscription n'en soit demandée par la personne publique propriétaire、土地登記簿への登記が免除される Sont dispensés d'inscription au livre foncier。

②公共財産たる不動産について権利の登記が必要とされる場合は Si l'inscription d'un droit sur un immeuble du domaine public est requise、その［権利の］実体を［土地登記簿に］記載する elle en mentionne la nature。

【私訳】

第33条

公共財産たる不動産および公法人所有のそれらに関し行われる所有権移転は、所有者である公法人より登記申請がなされないかぎり、土地登記簿への登記が免除される。

②公共財産たる不動産について権利の登記が必要とされる場合は、その［権利の］実体を［土地登記簿に］記載する。

〔原　文〕
Article 34

　Un immeuble foncier peut être réuni à un autre si les immeubles sont situés dans la même circonscription foncière, appartiennent à un même titulaire de droits et ne sont pas grevés de droits ou charges différents.

　Toutefois, un immeuble grevé d'une servitude foncière, d'un droit d'usage ou d'habitation ou de prestations foncières peut être réuni à un autre, sauf s'il en résulte une confusion.

〔逐語訳〕

第34条　Article 34

　同一の不動産行政区域内に所在している sont situés dans la même circonscription foncière、同一の権利名義人の所有に帰属し appartiennent à un même titulaire de droits、かつさまざまな権利または負担の存しない et ne sont pas grevés de droits ou charges différents 一つの土地 Un immeuble foncier は、他の土地と à un autre si les immeubles ［その適状を条件として］合筆することができる peut être réuni。

②また Toutefois、地役権、使用権または居住権あるいは土地給付権の負担のある土地 un immeuble grevé d'une servitude foncière, d'un droit d'usage ou d'habitation ou de prestations foncières も、混同が生ずる場合を除き sauf s'il en résulte une confusion 他の土地と合筆することができる peut être réuni à un autre。

【私　訳】

第34条

　同一の不動産行政区域内に所在している、同一の権利名義人の所有に帰属し、かつさまざまな権利または負担の存しない一つの土地は、他の土地と［その適状を条件として］合筆することができる。

②また、地役権、使用権または居住権あるいは土地給付権の負担のある土地も、混同が生ずる場合を除き他の土地と合筆することができる。

〔原文〕

Article 35

Lorsqu'une partie d'un immeuble doit être grevée d'un droit réel, l'immeuble est divisé pour les besoins de la publicité foncière.

Si le droit réel consiste en une servitude foncière, un droit d'usage ou d'habitation ou en des prestations foncières, cette division n'est obligatoire que pour prévenir une confusion.

〔逐語訳〕

第35条　Article 35

不動産の一部分に物権の設定が義務づけられている場合は Lorsqu'une partie d'un immeuble doit être grevée d'un droit reel、土地公示の必要のため pour les besoins de la publicité foncière、［当該］不動産は分割される immeuble est divisé。

②当該物権が、地役権、使用権または居住権あるいは土地給付権である場合は Si le droit réel consiste en une servitude foncière, un droit d'usage ou d'habitation ou en des prestations foncières、当該分割 cette division は、混同を予防するためにのみ義務づけられる n'est obligatoire que pour prévenir une confusion。

【私訳】

第35条

不動産の一部分に物権の設定が義務づけられている場合は、土地公示の必要のため、［当該］不動産は分割される。

②当該物権が、地役権、使用権または居住権あるいは土地給付権である場合は、当該分割は、混同を予防するためにのみ義務づけられる。

〔原文〕

Article 36

L'inscription d'un immeuble au livre foncier comprend la mitoyenneté d'un mur dans les conditions prévues par l'article 653 du code civil sans qu'il soit nécessaire de le mentionner.

　De même, lors de l'acquisition de la mitoyenneté d'un mur séparatif et de la moitié du sol sur lequel il est bâti, la propriété de la moitié du sol est inscrite sans mention de la mitoyenneté.

〔逐語訳〕
第36条　Article 36
　土地登記簿への不動産の登記 L'inscription d'un immeuble au livre foncier は、民法典第653条の定めるところにより dans les conditions prévues par l'article 653 du code civil、境界壁の共有権を含むものとし comprend la mitoyenneté d'un mur、当該権利についての記載は必要としない sans qu'il soit nécessaire de le mentionner。
②同様に De même、境界共有壁の共有権および共有壁の建築された敷地の2分の1の所有権を取得したときは lors de l'acquisition de la mitoyenneté d'un mur séparatif et de la moitié du sol sur lequel il est bâti、その敷地の2分の1の所有権 la propriété de la moitié du sol は、その共有権を記載することなく登記される est inscrite sans mention de la mitoyenneté。

【私訳】
第36条
　土地登記簿への不動産の登記は、民法典第653条の定めるところにより、境界壁の共有権を含むものとし、当該権利についての記載は必要としない。
②同様に、境界共有壁の共有権および共有壁の建築された敷地の2分の1の所有権を取得したときは、その敷地の2分の1の所有権は、その共有権を記載することなく登記される。

〔原　文〕
Article 37
　Les effets d'une inscription au livre foncier relative à un immeuble

riverain d'un cours d'eau non navigable, ni flottable, s'étendent, sauf prescription ou stipulation contraire, à la portion du lit du cours d'eau dont la propriété est attribuée au riverain selon l'article L.215-2 du code de l'environnement même si cette portion n'est pas indiquée au livre foncier.

En cas de stipulation contraire, le terrain en est porté sur le livre foncier en vertu d'un document d'arpentage ou d'une esquisse établie par le service du cadastre.

〔逐語訳〕

第37条　Article 37

流送および航行が不可能な水路に隣接する不動産の土地登記簿への登記の効力 Les effets d'une inscription au livre foncier relative à un immeuble riverain d'un cours d'eau non navigable, ni flottable は、命令または規定に別段の定めがある場合を除き sauf prescription ou stipulation contraire、水路の河床部分にまで及び s'étendent … à la portion du lit du cours d'eau、環境法第L.215-2条に従い selon article L. 215-2du code de l'environnement、たとえ当該部分が土地登記簿に表示されていなくても même si cette portion n'est pas indiquée au livre foncier、その所有権は沿岸土地所有者に帰属するものとみなされる dont la propriété est attribuée au riverain。

② ［前項に］反する規定がある場合は En cas de stipulation contraire、その土地 le terrain は、キャダストル局によって作製された測地成果または概要図に従い en vertu d'un document d'arpentage ou d'une esquisse établie par le service du cadastre、土地登記簿に記載される en est porté sur le livre foncier。

【私訳】

第37条

　流送および航行が不可能な水路に隣接する不動産の土地登記簿への登記の効力は、命令または規定に別段の定めがある場合を除き、水路の河床部

分にまで及び、環境法第L.215-2条に従い、たとえ当該部分が土地登記簿に表示されていなくても、その所有権は沿岸土地所有者に帰属するものとみなされる。

② [前項に] 反する規定がある場合は、その土地は、キャダストル局によって作製された測地成果または概要図に従い、土地登記簿に記載される。

〔原　文〕
PARAGRAPHE 2：RÈGLES RELATIVES AUX DROITS
　〔逐語訳〕
　第2款　権利に関する規定 PARAGRAPHE 2：RÈGLES RELATIVES AUX DROITS
　【私訳】
　第2款　権利に関する規定

〔原　文〕
Article 38
　Toute propriété commune acquise sous le bénéfice d'une clause d'accroissement est inscrite distinctement.
　L'inscription précise, le cas échéant, si le droit est en communauté ou en société d'acquêts et dans l'affirmative, les nom et prénoms des titulaires de droit.
　L'immeuble en indivision forcée qui dépend d'un autre immeuble auquel il est rattaché est décrit avec l'immeuble principal sur lequel portent le droit de propriété ou ses démembrements.
　〔逐語訳〕
第38条　Article 38
　追加条項の特権として取得されたすべての共同所有権 Toute propriété commune acquise sous le bénéfice d'une clause d'accroissement は、別異

に登記される est inscrite distinctement。

②必要がある場合 le cas échéant、権利が夫婦共有財産制あるいは後得財産夫婦共有組合契約であり、かつそれにつき［当事者に］異議がなければ si le droit est en communauté ou en société d'acquêts et dans l'affirmative、権利名義人の氏名を les nom et prénoms des titulaires de droit その登記において明示する L'inscription précise。

③他の不動産に連結され同不動産に従属している強制的不分割不動産 L'immeuble en indivision forcée qui dépend d'un autre immeuble auquel il est rattaché は、所有権またはその権利の部分移譲権が記載されている sur lequel portent le droit de propriété ou ses démembrements 主たる不動産と共に表示される est décrit avec l'immeuble principal。

【私 訳】
第38条
　追加条項の特権として取得されたすべての共同所有権は、別異に登記される。
②必要がある場合、権利が夫婦共有財産制あるいは後得財産夫婦共有組合契約であり、かつそれにつき［当事者に］異議がなければ、権利名義人の氏名をその登記において明示する。
③他の不動産に連結され同不動産に従属している強制的不分割不動産は、所有権またはその権利の部分移譲権が記載されている主たる不動産と共に表示される。

〔原 文〕
Article 39

　Lorsqu'un propriétaire indivis aliène ou hypothèque sa quote-part d'immeuble ou sa quote-part dans une indivision comprenant un immeuble, l'inscription du nouveau propriétaire ou du créancier produit, à l'égard des copartageants, les effets de l'opposition prévue par l'article 882 du code civil.

〔逐語訳〕
第39条　Article 39
　［不動産］の共有者が、その［所有する］不動産の共有持分またはその不動産に定められた不分割持分を譲渡しあるいは抵当権の担保に供する場合 Lorsqu'un propriétaire indivis aliène ou hypothèque sa quote-part d'immeuble ou sa quote-part dans une indivision comprenant un immeuble、新所有者または新債権者の登記 l'inscription du nouveau propriétaire ou du créancier produit は、共有者に対し à l'égard des copartageants、民法典第882条に定められた対抗力［を有する］les effets de l'opposition prévue par l'article 882 du code civil。

【私訳】
第39条
　［不動産］の共有者が、その［所有する］不動産の共有持分またはその不動産に定められた不分割持分を譲渡しあるいは抵当権の担保に供する場合、新所有者または新債権者の登記は、共有者に対し、民法典第882条に定められた対抗力［を有する］。

〔原　文〕
　PARAGRAPHE 3：RÈGLES RELATIVES AUX SERVITUDES
〔逐語訳〕
　第3款　地役権に関する規定　PARAGRAPHE 3：RÈGLES RELATIVES AUX SERVITUDES
【私訳】
　第3款　地役権に関する規定

〔原　文〕
Article 40
　Les servitudes foncières inscrites sur l'immeuble servant sont mentionnées auprès de l'inscription de l'immeuble dominant.

Cette mention est rectifiée d'office si l'inscription est modifiée ou radiée.

〔逐語訳〕

第40条　Article 40

承役地に関して登記された地役権 Les servitudes foncières inscrites sur l'immeuble servant は、要役地の登記に隣接して auprès de l'inscription de l'immeuble dominant 登記される sont mentionnées。

②前項の登記 Cette mention は、［地役権に関する］登記が変更または抹消された場合は si l'inscription est modifiée ou radiée、職権により訂正される est rectifiée d'office。

【私　訳】

第40条

承役地に関して登記された地役権は、要役地の登記に隣接して登記される。

②前項の登記は、［地役権に関する］登記が変更または抹消された場合は、職権により訂正される。

〔原　文〕

Article 41

Le droit du propriétaire de la surface d'un immeuble à une redevance tréfoncière, due par le concessionnaire d'une mine, est mentionné à la requête de l'administration des mines auprès de l'inscription de l'immeuble bénéficiaire.

〔逐語訳〕

第41条　Article 41

鉱脈の譲受人に帰すべき due par le concessionnaire d'une mine 地下鉱業権対価使用料に関する不動産の表層所有者の権利 Le droit du propriétaire de la surface d'un immeuble à une redevance tréfoncière は、鉱山行政局の請求により à la requête de l'administration des mines、

受益不動産の登記に隣接して auprès de l'inscription de l'immeuble bénéficiaire 登記される est mentionné。

【私訳】
第41条
　鉱脈の譲受人に帰すべき地下鉱業権対価使用料に関する不動産の表層所有者の権利は、鉱山行政局の請求により、受益不動産の登記に隣接して登記される。

〔原文〕
PARAGRAPHE 4：RÈGLES RELATIVES AUX CHARGES
〔逐語訳〕
　第4款　負担に関する規定 PARAGRAPHE 4：RÈGLES RELATIVES AUX CHARGES
【私訳】
　第4款　負担に関する規定

〔原文〕
Article 42
　La conservation du rang d'inscription du privilège désigné à l'article 49 de la loi du 1er juin 1924, par inscription du premier procès-verbal, est opérée au moyen d'une prénotation. Le rang assuré par celle-ci porte sur les frais d'exécution des travaux projetés et les frais d'expertise, qui sont indiqués dans le procès-verbal pour leur montant estimatif maximum.
　Après présentation du premier procès-verbal de réception des travaux et d'un bordereau indiquant le montant de la somme due s'il n'est pas déjà établi par le procès-verbal, la prénotation assure le privilège à hauteur de la somme due, dans la limite du montant garanti par la prénotation et de la plus-value résultant des deux procès-

verbaux. Si un excédent est garanti par la prénotation, il est radié d'office.

〔逐語訳〕

第42条　Article 42

　最初の調書の登記による par inscription du premier procès-verbal 1924年6月1日の法律第49条に示される先取特権の登記の順位の保全 La conservation du rang d'inscription du privilège désigné à l'article 49 de la loi du 1er juin 1924 は、仮登記の方法により行われる est opérée au moyen d'une prénotation。当該仮登記によって保全される順位 Le rang assuré par celle-ci は、その最高積算額の総額として調書に示される qui sont indiqués dans le procès-verbal pour leur montant estimatif maximum 計画された工事の実施費用および査定費用をその対象とする porte sur les frais d'exécution des travaux projetés et les frais d'expertise。

②工事受託の新規調書および支払うべき総額を示す調書の作成がいまだなされていない場合は、その総額を示す明細書が提出された後 Après présentation du premier procès-verbal de réception des travaux et d'un bordereau indiquant le montant de la somme due s'il n'est pas déjà établi par le procès-verbal、仮登記により保証された総額および上記の2つの調書にもとづく増価額を限度として dans la limite du montant garanti par la prénotation et de la plus-value résultant des deux procès-verbaux、請求額に至るまで仮登記が先取特権を担保する la prénotation assure le privilège à hauteur de la somme due。仮登記によりその超過額が保証されている場合は Si un excédent est garanti par la prénotation、その超過額は職権で抹消される il est radié d'office。

【私訳】

第42条

　最初の調書の登記による1924年6月1日の法律第49条に示される先取特権の登記の順位の保全は、仮登記の方法により行われる。当該仮登記に

よって保全される順位は、その最高積算額の総額として調書に示される計画された工事の実施費用および査定費用をその対象とする。
②工事受託の新規調書および支払うべき総額を示す調書の作成がいまだなされていない場合は、その総額を示す明細書が提出された後、仮登記により保証された総額および上記の2つの調書にもとづく増価額を限度として、請求額に至るまで仮登記が先取特権を担保する。仮登記によりその超過額が保証されている場合は、その超過額は職権で抹消される。

〔原　文〕
Article 43
　En cas de transfert de la propriété d'un immeuble par exécution forcée, lorsque le prix d'adjudication n'a été ni payé ni consigné, le notaire chargé de l'adjudication requiert l'inscription du privilège au profit du propriétaire antérieur.
　Après clôture définitive de l'état de collocation, le notaire requiert la radiation de l'inscription du privilège avec le consentement des créanciers colloqués, dans les conditions prévues par le premier alinéa de l'article 64 de la loi du 1er juin 1924.

〔逐語訳〕
第43条　Article 43
　強制執行にもとづく不動産の所有権移転の場合 En cas de transfert de la propriété d'un immeuble par exécution forcée、落札にかかる競売代金が支払われてもいず［また］供託もされていないときは lorsque le prix d'adjudication n'a été ni payé ni consigné、競売［手続き］の任務を負う公証人 le notaire chargé de l'adjudication は、前所有者の利益のため au profit du propriétaire antérieur、先取特権の［設定］登記を申請する requiert l'inscription du privilège。
②債権の弁済順位手続の最終的な決定の後 Après clôture définitive de l'état de collocation、公証人 le notaire は、1924年6月1日の法律第

64条第1項に定められた条件にもとづき dans les conditions prévues par le premier alinéa de l'article 64 de la loi du 1er juin 1924、弁済順位の決定した債権者の同意を得て avec le consentement des créanciers colloqués、前項の先取特権の登記の抹消を申請する requiert la radiation de l'inscription du privilège。

【私 訳】
第43条
　強制執行にもとづく不動産の所有権移転の場合、落札にかかる競売代金が支払われてもいず［また］供託もされていないときは、競売［手続き］の任務を負う公証人は、前所有者の利益のため、先取特権の［設定］登記を申請する。
②債権の弁済順位手続の最終的な決定の後、公証人は、1924年6月1日の法律第64条第1項に定められた条件にもとづき、弁済順位の決定した債権者の同意を得て、前項の先取特権の登記の抹消を申請する。

〔原　文〕
Article 44
　Lorsqu'une créance hypothécaire a fait l'objet d'une copie exécutoire transmissible par endossement dans les conditions prévues par la loi du 15 juin 1976 susvisée, la radiation de l'hypothèque attachée à cette créance est opérée dans les conditions prévues par l'article 10 de cette loi.

〔逐語訳〕
第44条　Article 44
　抵当権付債権 une créance hypothécaire が、前記の1976年6月15日の法律に規定される条件により dans les conditions prévues par la loi du 15 juin 1976susvisée、裏書によって譲渡し得る執行名義副本の対象となった場合は Lorsqu'…a fait l'objet d'une copie exécutoire transmissible par endossement、当該債権を発生原因とする抵当権の抹消 la radiation

de l'hypothèque attachée à cette créance は、同法第 10 条に定められた条件にもとづき dans les conditions prévues par l'article 10 de cette loi 実行される est opérée。

　【私 訳】
第 44 条
　抵当権付債権が、前記の 1976 年 6 月 15 日の法律に規定される条件により、裏書によって譲渡し得る執行名義副本の対象となった場合は、当該債権を発生原因とする抵当権の抹消は、同法第 10 条に定められた条件にもとづき実行される。

　〔原　文〕
Article 45
　L'inscription d'une hypothèque ou d'un privilège contient, outre le nom, les prénoms, la profession et le domicile du créancier, la désignation du droit, la cause, la nature et le capital de la créance, ses accessoires et la date d'exigibilité.
　En cas de droits éventuels ou conditionnels, l'événement ou la condition dont dépend l'existence de la créance est indiqué sommairement.
　L'inscription peut, en cas de besoin, se référer au contenu de l'acte ou de la décision judiciaire justifiant l'inscription requise pour indiquer la cause, la nature et l'échéance de la créance en principal et accessoires ainsi que ses conditions de paiement.
　L'inscription de tout autre droit énonce, outre la désignation de son titulaire, la nature et le contenu du droit. Il peut être fait référence à l'acte en vertu duquel l'inscription est demandée pour préciser le contenu du droit.
　〔逐語訳〕
第 45 条　Article 45

抵当権または先取特権の登記 L'inscription d'une hypothèque ou d'un privilège には、債権者の氏名、職業および住所のほか outre le nom, les prénoms, la profession et le domicile du créancier、権利［の種別］の表示、債権の発生原因、［被担保］債権の種類および債権額、その債権の従物および弁済期 la désignation du droit, la cause, la nature et le capital de la créance, ses accessoires et la date d'exigibilité が含まれる contient。
②条件付のまたは未確定な権利の場合は En cas de droits éventuels ou conditionnels、債権の存在の原因となる事件あるいは条件 l'événement ou la condition dont dépend l'existence de la créance について略述される est indiqué sommairement。
③当該登記 L'inscription は、必要な場合 en cas de besoin、債権の［発生］原因、［被担保債権の］種類および主要な債権の弁済期ならびに附随債権等の支払条件 la cause, la nature et l'échéance de la créance en principal et accessories ainsi que ses conditions de paiement について示すため、必要なその登記を証明する証書または司法上の決定の内容に従う se référer au contenu de l'acte ou de la décision judiciaire justifiant l'inscription requise pour indiquer ことができる peut。
④その他のすべての権利の登記 L'inscription de tout autre droit は、権利名義人の表示のほか outre la désignation de son titulaire、権利の法的性質および内容 la nature et le contenu du droit を明示する énonce。権利の内容を明らかにするため pour préciser le contenu du droit、申請された登記の証書を参照することができる Il peut être fait référence à l'acte en vertu duquel l'inscription est demandée。

　【私 訳】
第45条
　抵当権または先取特権の登記には、債権者の氏名、職業および住所のほか、権利［の種別］の表示、債権の発生原因、［被担保］債権の種類および債権額、その債権の従物および弁済期が含まれる。
②条件付のまたは未確定な権利の場合は、債権の存在の原因となる事件あ

るいは条件について略述される。

③当該登記は、必要な場合、債権の［発生］原因、［被担保債権の］種類および主要な債権の弁済期ならびに附随債権等の支払条件について示すため、必要なその登記を証明する証書または司法上の決定の内容に従うことができる。

④その他のすべての権利の登記は、権利名義人の表示のほか、権利の法的性質および内容を明示する。権利の内容を明らかにするため、申請された登記の証書を参照することができる。

〔原　文〕
PARAGRAPHE 5：RÈGLES RELATIVES AUX MENTIONS INFORMATIVES
〔逐語訳〕
第5款　［登記］情報の記載に関する規定 PARAGRAPHE 5：RÈGLES RELATIVES AUX MENTIONS INFORMATIVES
【私　訳】
第5款　［登記］情報の記載に関する規定

〔原　文〕
Article 46
　La procédure d'inscription d'une mention prévue par le 8° de l'article 4 obéit aux règles applicables à la procédure d'inscription d'un droit.
　L'inscription mentionne, en outre, le nom et le service de l'administration intéressé ainsi que le texte législatif ou réglementaire en vertu duquel elle est demandée.
〔逐語訳〕
第46条　Article 46
　第4条の8°に規定される記載事項の登記手続　La procédure d'inscription d'une mention prévue par le 8° de l'article 4 は、権利の登記

手続に適用される規定に従う obéit aux règles applicables à la procédure d'inscription d'un droit。
②当該登記 L'inscription ［の実行にあたって］は、さらに en outre、関係官庁の名称および所管課 le nom et le service de l'administration intéressé ならびに ainsi que その登記が申請される根拠となる法文または規定 le texte législatif ou réglementaire en vertu duquel elle est demandée を記載する mentionne。

【私訳】
第46条
　第4条の8°に規定される記載事項の登記手続は、権利の登記手続に適用される規定に従う。
②当該登記［の実行にあたって］は、さらに、関係官庁の名称および所管課ならびにその登記が申請される根拠となる法文または規定を記載する。

〔原文〕
SECTION 2 : RÈGLES PARTICULIERES
　〔逐語訳〕
　第2節　特別規定 SECTION 2 : RÈGLES PARTICULIERES
　【私訳】
　第2節　特別規定

〔原文〕
PARAGRAPHE 1 : RÈGLES RELATIVES AUX PRÉNOTATIONS
　〔逐語訳〕
　第1款　仮登記関係規定 PARAGRAPHE 1 : RÈGLES RELATIVES AUX PRÉNOTATIONS
　【私訳】
　第1款　仮登記関係規定

〔原　文〕

Article 47

　L'inscription d'une prénotation peut être opérée, dans les conditions prévues par l'article 39 de la loi du 1er juin 1924, dans le but d'assurer le rang d'un droit futur ou conditionnel.

　Lorsqu'en application de l'article 63 de la même loi, la prénotation est opérée aux fins d'assurer le rang d'un privilège ou d'une hypothèque, l'effet de l'inscription cesse à l'expiration du délai calculé en application des articles 2434 à 2437 du code civil, à défaut de renouvellement avant l'expiration de celui-ci.

　Pour les droits autres que les privilèges et les hypothèques, le requérant indique dans sa requête la date extrême d'effet de l'inscription dont la durée ne peut excéder dix ans sauf renouvellement.

〔逐語訳〕

第47条　Article 47

　仮登記 L'inscription d'une prénotation は、1924年6月1日の法律第39条により定められた条件において dans les conditions prévues par l'article 39 de la loi du 1er juin 1924、将来のまたは条件付の権利の順位の確保を目的として dans le but d'assurer le rang d'un droit futur ou conditionnel 実行することができる peut être opérée。

②同法第63条の規定にもとづき、先取特権または抵当権の順位の確保のため仮登記が実行される場合 Lorsqu'en application de l'article 63 de la même loi, la prénotation est opérée aux fins d'assurer le rang d'un privilège ou d'une hypothèque、民法典第2434条ないし第2437条の規定の適用により計算された期間の満了以前に［当該仮登記が］更新されないときは calculé en application des articles 2434 à 2437 du code civil, à défaut de renouvellement avant l'expiration de celui-ci、当該登記は期間の満了時においてその効力を失う l'effet de l'inscription cesse à l'expiration du délai。

③先取特権および抵当権以外の権利については Pour les droits autres que les privilèges et les hypothèques、申請人はその［登記］申請書において登記の効力の最終期限を明示する le requérant indique dans sa requête la date extrême d'effet de l'inscription。その期限は、更新されなければ 10 年を超えることができない dont la durée ne peut excéder dix ans sauf renouvellement。

【私 訳】
第 47 条
　仮登記は、1924 年 6 月 1 日の法律第 39 条により定められた条件において、将来のまたは条件付の権利の順位の確保を目的として実行することができる。
②同法第 63 条の規定にもとづき、先取特権または抵当権の順位の確保のため仮登記が実行される場合、民法典第 2434 条ないし第 2437 条の規定の適用により計算された期間の満了以前に［当該仮登記が］更新されないときは、当該登記は期間の満了時においてその効力を失う。
③先取特権および抵当権以外の権利については、申請人はその［登記］申請書において登記の効力の最終期限を明示する。その期限は、更新されなければ 10 年を超えることができない。

〔原　文〕
　PARAGRAPHE 2：RÈGLES RELATIVES À LA PROPRIÉTÉ PAR PRESCRIPTION OU ACCESSION
〔逐語訳〕
　第 2 款　時効または附合による所有権に関する規定 PARAGRAPHE 2：RÈGLES RELATIVES À LA PROPRIÉTÉ PAR PRESCRIPTION OU ACCESSION
【私 訳】
　第 2 款　時効または附合による所有権に関する規定

〔原 文〕

Article 48

À l'appui de la requête présentée en application de l'article 44-1 de la loi du 1er juin 1924, le requérant joint toutes pièces justificatives relatives au bien et à sa possession, telles que des titres, des attestations de témoins, un certificate établi par le maire de la commune du lieu de situation de l'immeuble, des actes de notoriété, un extrait du cadastre ou des avis d'imposition.

〔逐語訳〕

第48条　Article 48

申請人 le requérant は、1924年6月1日の法律第44-1条の適用により提出された申請書の根拠として À l'appui de la requête présentée en application de l'article 44-1 de la loi du 1er juin 1924、各種証書 des titres、証人の証言 des attestations de témoins、不動産所在地の地方自治体の長により作成された証明書 un certificate établi par le maire de la commune du lieu de situation de l'immeuble、公知証書 des actes de notoriété、キャダストルまたは納税通知書の抄本 un extrait du cadastre ou des avis d'imposition のごとき telles que、財産およびその所有に関するすべての証拠書類 toutes pièces justificatives relatives au bien et à sa possession を、[申請書に]添付する joint。

【私 訳】

第48条

申請人は、1924年6月1日の法律第44-1条の適用により提出された申請書の根拠として、各種証書、証人の証言、不動産所在地の地方自治体の長により作成された証明書、公知証書、キャダストルまたは納税通知書の抄本のごとき、財産およびその所有に関するすべての証拠書類を、[申請書に]添付する。

〔原 文〕

Article 49

　Lorsque l'immeuble n'est pas encore inscrit au livre foncier, le juge du livre foncier ordonne son inscription au nom du requérant après avoir constaté l'acquisition du bien par prescription ou accession.

〔逐語訳〕

第49条　Article 49

　不動産が土地登記簿へいまだ登記されていないときは Lorsque l'immeuble n'est pas encore inscrit au livre foncier、土地登記簿判事 le juge du livre foncier は、時効または附合による当該不動産の取得を確認したのち après avoir constaté l'acquisition du bien par prescription ou accession、申請人の名義でその［その取得の］登記を実行する ordonne son inscription au nom du requérant。

【私 訳】

第49条

　不動産が土地登記簿へいまだ登記されていないときは、土地登記簿判事は、時効または附合による当該不動産の取得を確認したのち、申請人の名義で［その取得の］登記を実行する。

〔原 文〕

Article 50

　Lorsque l'immeuble est déjà inscrit au livre foncier sous l'identité d'un autre titulaire, la requête est communiquée, pour enquête et avis, par le juge du livre foncier au procureur de la République de son ressort.

　Le juge du livre foncier fixe un délai permettant au titulaire du droit inscrit ou à ses héritiers, s'ils sont connus, de présenter leurs observations. Le greffier du bureau du livre foncier leur notifie par lettre recommandée avec demande d'avis de réception la requête en mentionnant ce délai.

Lorsque l'adresse actuelle du titulaire inscrit ou celle de ses héritiers n'est pas connue ou lorsque la lettre de notification n'a pu être remise à son destinataire, le juge du livre foncier peut, en fonction de la valeur et de la situation de l'immeuble, ordonner l'affichage d'un avis au greffe du bureau foncier saisi de la requête ainsi que sa publication, aux frais du requérant, dans l'un des journaux d'annonces légales du département de la situation de l'immeuble.

Le juge peut, dans les mêmes conditions, ordonner que l'avis soit affiché au lieu qu'il désigne dans les communes de la situation du bien et du dernier domicile connu du titulaire du droit inscrit au livre foncier. L'avis mentionne：

1° La date du dépôt de la requête en inscription du bien；
2° L'objet de la requête；
3° Le nom du titulaire de l'immeuble inscrit au livre foncier；
4° Le nom du requérant et de son mandataire ainsi que la résidence professionnelle de ce dernier；
5° La désignation de l'immeuble inscrit；
6° L'indication du bureau foncier saisi de la requête.

Le juge du livre foncier statue au vu de l'avis du procureur de la République et des observations éventuelles du titulaire du droit inscrit ou de ses héritiers. S'il a ordonné des mesures de publicité, il ne peut rendre son ordonnance que six mois après la date à laquelle la dernière de ces mesures est intervenue.

La mention au livre foncier de la décision ordonnant l'inscription emporte radiation du droit du titulaire inscrit.

〔逐語訳〕
第50条　Article 50
不動産がすでに他の権利者の名義において土地登記簿へ登記されている場合 Lorsque l'immeuble est déjà inscrit au livre foncier sous l'identité

d'un autre titulaire、登記申請書 la requête は、調査および通知のため pour enquête et avis、土地登記簿判事よりその管轄の共和国検事へ par le juge du livre foncier au procureur de la République de son ressort 送付される est communiquée。
②土地登記簿判事 Le juge du livre foncier は、登記された権利名義人またはその相続人が知られている場合は、これらの相続人が意思の陳述を可能とする猶予期間を定める fixe un délai permettant au titulaire du droit inscrit ou à ses héritiers, s'ils sont connus, de présenter leurs observations。土地登記簿調査官 Le greffier du bureau du livre foncier は、配達証明付書留郵便によりその猶予期間を記載した申出書をこれらの者へ送達する leur notifie par lettre recommandée avec demande d'avis de réception la requête en mentionnant ce délai。
③登記名義人またはその相続人の現在の所在地が不明の場合 Lorsque l'adresse actuelle du titulaire inscrit ou celle de ses héritiers n'est pas connue、あるいは送達書がその名宛人に到達し得なかった場合は ou lorsque la lettre de notification n'a pu être remise à son destinataire、土地登記簿判事 le juge du livre foncier は不動産の価値または状況に応じ en fonction de la valeur et de la situation de l'immeuble、登記申請書を受付けた土地登記所の書記課における送達書の掲示 l'affichage d'un avis au greffe du bureau foncier saisi de la requête、ならびに申請人の負担での不動産所在地の県における公示を、いずれか一の新聞において ainsi que sa publication, aux frais du requérant, dans l'un des journaux d'annonces légales du département de la situation de l'immeuble 命ずることができる peut…ordonner。
④土地登記簿判事 Le juge は、同一の条件において dans les mêmes conditions、不動産の所在地および土地登記簿に登記された権利名義人の既知の最後の住所の所在地の地方自治体において dans les communes de la situation du bien et du dernier domicile connu du titulaire du droit inscrit au livre foncier、当該公示を判事が指定する場所に掲示す

るよう que l'avis soit affiché au lieu qu'il désigne 命ずることができる peut…ordonner。

　公示の記載事項は下記のとおりとする L'avis mentionne。
1° 資産に関する登記申請書の提出年月日 La date du dépôt de la requête en inscription du bien。
2° 登記申請の目的 L'objet de la requête。
3° 土地登記簿に登記された不動産権利名義人の氏名 Le nom du titulaire de l'immeuble inscrit au livre foncier。
4° 登記申請人およびその受任者の氏名ならびに受任者の職業上の居所 Le nom du requérant et de son mandataire ainsi que la résidence professionnelle de ce dernier。
5° 登記された不動産の表示 La désignation de l'immeuble inscrit。
6° 登記申請書を受付けた土地登記所の表示 L'indication du bureau foncier saisi de la requête。
⑤土地登記簿判事 Le juge du livre foncier は、共和国検事の通告および登記名義人またはその相続人から提起された異議を審査した上で au vu de l'avis du procureur de la République et des observations éventuelles du titulaire du droit inscrit ou de ses héritiers 決定を下す statue。土地登記簿判事が公示の措置を命じた場合は S'il a ordonné des mesures de publicité、これらの最後の公示措置が行われた期日の6か月後まで que six mois après la date à laquelle la dernière de ces mesures est intervenue、土地登記簿判事はその決定を下すことができない il ne peut rendre son ordonnance。
⑥土地登記簿への登記を命ずる決定［の実行］La mention au livre foncier de la décision ordonnant l'inscription は、登記された名義人の権利の抹消［の登記］radiation du droit du titulaire inscrit をともなう emporte。

　【私　訳】
第50条
　不動産がすでに他の権利者の名義において土地登記簿へ登記されている

場合、登記申請書は、調査および通知のため、土地登記簿判事よりその管轄の共和国検事へ送付される。
②土地登記簿判事は、登記された権利名義人またはその相続人が知られている場合は、これらの相続人が意思の陳述を可能とする猶予期間を定める。土地登記簿調査官は、配達証明付書留郵便によりその猶予期間を記載した申出書をこれらの者へ送達する。
③登記名義人またはその相続人の現在の所在地が不明の場合、あるいは送達書がその名宛人に到達し得えなかった場合は、土地登記簿判事は不動産の価値または状況に応じ、登記申請書を受付けた土地登記所の書記課における送達書の掲示、ならびに申請人の負担での不動産所在地の県における公示を、いずれか一の新聞において命ずることができる。
④土地登記簿判事は、同一の条件において、不動産の所在地および土地登記簿に登記された権利名義人の既知の最後の住所の所在地の地方自治体において、当該公示を判事が指定する場所に掲示するよう命ずることができる。

　公示の記載事項は下記のとおりとする。
1° 資産に関する登記申請書の提出年月日。
2° 登記申請の目的。
3° 土地登記簿に登記された不動産権利名義人の氏名。
4° 登記申請人およびその受任者の氏名ならびに受任者の職業上の居所。
5° 登記された不動産の表示。
6° 登記申請書を受付けた土地登記所の表示。
⑤土地登記簿判事は、共和国検事の通告および登記名義人またはその相続人から提起された異議を審査した上で決定を下す。土地登記簿判事が公示の措置を命じた場合は、これらの最後の公示措置が行われた期日の6か月後まで、土地登記簿判事はその決定を下すことができない。
⑥土地登記簿への登記を命ずる決定［の実行］は、登記された名義人の権利の抹消［の登記］をともなう。

〔原　文〕
SECTION 3：LA FORME DES ACTES
〔逐語訳〕
第3節　証書の形式 SECTION 3：LA FORME DES ACTES
【私　訳】
第3節　証書の形式

〔原　文〕
Article 51
　Les requêtes adressées au bureau foncier par une personne publique sont dispensées de légalisation sous réserve qu'elles soient dûment identifiées dans les conditions prévues par l'article 1316-4 du code civil.
〔逐語訳〕
第51条　Article 51
　公法人より土地登記所へ提出される申請書 Les requêtes adressées au bureau foncier par une personne publique については、民法典第1316-4条に規定するところにより、当該申請書が正式に確認されていることを条件として、文書の署名の真正なることの認証が de légalisation sous réserve qu'elles soient dûment identifiées dans les conditions prévues par l'article 1316-4 du code civil 免除される sont dispensées。
【私　訳】
第51条
　公法人より土地登記所へ提出される申請書については、民法典第1316-4条に規定するところにより、当該申請書が正式に確認されていることを条件として、文書の署名の真正なることの認証が免除される。

〔原　文〕
Article 52
　Les requêtes ayant pour objet le retrait d'une requête aux fins

d'inscription ou la révocation d'une procuration donnée à cet effet sont établies en la forme authentique ou sont authentiquement légalisées.

Cette exigence n'est toutefois pas requise pour les requêtes présentées par un notaire, un avocat, un huissier de justice ou un géomètre-expert, sous réserve qu'ils soient dûment identifiés dans les conditions prévues par l'article 1316-4 du code civil.

〔逐語訳〕
第52条　Article 52
　登記申請の撤回または登記申請のために付与された委任の解除を目的とする申請書 Les requêtes ayant pour objet le retrait d'une requête aux fins d'inscription ou la révocation d'une procuration donnée à cet effet は、公署方式により作成され sont établies en la forme authentique あるいは法的認証がなされる ou sont authentiquement légalisées。
②但しこの要件 Cette exigence … toutefois は、公証人、弁護士、執行官または測量技師により提出される申請書 les requêtes présentées par un notaire, un avocat, un huissier de justice ou un géomètre-expert については、民法典第1316-4条に定める条件において dans les conditions prévues par l'article 1316-4 du code civil、同資格者らが正式に同定されている場合は sous réserve qu'ils soient dûment identifiés、〔同資格者らにより〕提出される申請書には適用しない n'est…pas requise pour les requêtes présentées。

【私　訳】
第52条
　登記申請の撤回または登記申請のために付与された委任の解除を目的とする申請書は、公署方式により作成されあるいは法的認証がなされる。
②但しこの要件は、公証人、弁護士、執行官または測量技師により提出される申請書については、民法典第1316-4条に定める条件において、同資格者らが正式に同定されている場合は、〔同資格者らにより〕提出される申請書には適用しない。

〔原 文〕

Article 53

Le consentement à l'inscription d'une prénotation prévue par l'article 39 de la loi du 1er juin 1924 ne peut être donné qu'en la forme authentique ou si les signatures des parties sont authentiquement légalisées.

〔逐語訳〕

第53条　Article 53

1924年6月1日の法律第39条に規定された仮登記の合意 Le consentement à l'inscription d'une prénotation prévue par l'article 39 de la loi du 1er juin 1924 は、公署方式によるかあるいは当事者らの署名が正式に認証されている場合にのみ認められる ne peut être donné qu'en la forme authentique ou si les signatures des parties sont authentiquement légalisées。

【私 訳】

第53条

1924年6月1日の法律第39条に規定された仮登記の合意は、公署方式によるかあるいは当事者らの署名が正式に認証されている場合にのみ認められる。

〔原 文〕

Article 54

Sauf dispositions législatives contraires, sont passées par acte authentique ou authentiquement légalisé：

1°　La procuration à l'effet de passer un contrat relatif à la transmission ou à l'attribution de la propriété d'un immeuble ou de constituer ou de transmettre les autres droits et restrictions au droit de disposer mentionnés à l'article 38 de la loi du 1er juin 1924 ；

2°　La procuration en vue de consentir à l'inscription d'une prénotation conformément à l'article 39 de la même loi ou de se soumettre à l'exécution forcée ou de donner mainlevée d'une inscription.

Sont dispensées de toute légalisation les procurations données par les personnes publiques.

〔逐語訳〕

第54条　Article 54

　法律に別段の定めがある場合を除き Sauf dispositions législatives contraires、［下記行為には、］公署証書または適法な認証がなされた証書が par acte authentique ou authentiquement légalisé 必要とされる sont passées。

1° 不動産所有権の譲渡あるいは分割に関する契約の締結を目的とする委任 La procuration à l'effet de passer un contrat relatif à la transmission ou à l'attribution de la propriété d'un immeuble または1924年6月1日の法律第38条に規定される他の権利および権利に関する制限の処分の設定もしくは譲渡を目的とする［委任］ou de constituer ou de transmettre les autres droits et restrictions au droit de disposer mentionnés à l'article 38 de la loi du 1er juin 1924。

2° 同法第39条の規定にもとづく仮登記または強制執行への同意あるいは登記の抹消の承諾を目的とする委任 La procuration en vue de consentir à l'inscription d'une prénotation conformément à l'article 39 de la même loi ou de se soumettre à l'exécution forcée ou de donner mainlevée d'une inscription。

② 公法人から与えられた委任 les procurations données par les personnes publiques ［については、］すべての認証が免除される Sont dispensées de toute légalisation。

【私訳】

第54条

　法律に別段の定めがある場合を除き、［下記行為には、］公署証書または適法な認証がなされた証書が必要とされる。

1°不動産所有権の譲渡あるいは分割に関する契約の締結を目的とする委任または1924年6月1日の法律第38条に規定される他の権利および権利に関する制限の処分の設定もしくは譲渡を目的とする［委任］。
2°同法第39条の規定にもとづく仮登記または強制執行への同意あるいは登記の抹消の承諾を目的とする委任。
②公法人から与えられた委任［については、］すべての認証が免除される。

〔原　文〕
Article 55
　Les actes notariés ayant pour objet la radiation des privilèges et des hypothèques peuvent être délivrés en brevet même s'ils contiennent quittance de la créance.

〔逐語訳〕
第55条　Article 55
　先取特権および抵当権の抹消を目的とする公証証書 Les actes notariés ayant pour objet radiation des privilèges et des hypothèques は、債務の弁済証書を証拠書類として含む場合にも en brevet même s'ils contiennent quittance de la créance、［その公証証書原本の］還付を受けることができる peuvent être délivrés。

【私　訳】
第55条
　先取特権および抵当権の抹消を目的とする公証証書は、債務の弁済証書を証拠書類として含む場合にも、［その公証証書原本の］還付を受けることができる。

〔原　文〕
Article 56
　L'acte de légalisation authentique de signature est reçu par un notaire. La légalisation n'a lieu que si la signature est donnée ou reconnue en

présence du notaire ou d'un clerc habilité.

〔逐語訳〕

第56条　Article 56

　署名が公的に認証された証書は公証人により受理される L'acte de légalisation authentique de signature est reçu par un notaire。認証は、署名が公証人もしくは法的な資格を有する書記の面前でなされあるいは［その証書の真正が］認定されたときにのみ行われる La légalisation n'a lieu que si la signature est donnée ou reconnue en présence du notaire ou d'un clerc habilité。

【私訳】

第56条

　署名が公的に認証された証書は公証人により受理される。認証は、署名が公証人もしくは法的な資格を有する書記の面前でなされあるいは［その証書の真正が］認定されたときにのみ行われる。

〔原　文〕

Article 57

　Par dérogation à l'article 56, les contrôleurs du cadastre ont compétence pour légaliser les requêtes des propriétaires tendant, indépendamment de toute mutation de propriété, à la réunion ou à la division de parcelles.

　Les modifications du livre foncier qui n'entraînent aucune modification des droits inscrits peuvent être effectuées d'office.

〔逐語訳〕

第57条　Article 57

　第56条の規定にかかわらず Par dérogation à l'article 56、キャダストル局の検査官 les contrôleurs du cadastre は、いかなる所有権の移転とも無関係に indépendamment de toute mutation de propriété、土地の合筆または分筆を求める所有者の申請書 les requêtes des propriétaires tendant…à la réunion ou à la division de parcelles を審査する権限を有

する ont compétence pour légaliser。
②登記された権利にいかなる変動をももたらさない土地登記簿の修正 Les modifications du livre foncier qui n'entraînent aucune modification des droits inscrits は、[キャダストル局の検査官によって] 職権により実行されることができる peuvent être effectuées d'office。

【私訳】
第57条
　第56条の規定にかかわらず、キャダストル局の検査官は、いかなる所有権の移転とも無関係に、土地の合筆または分筆を求める所有者の申請書を審査する権限を有する。
②登記された権利にいかなる変動をももたらさない土地登記簿の修正は、[キャダストル局の検査官によって] 職権により実行されることができる。

〔原　文〕
SECTION 4：LA REQUÊTE EN INSCRIPTION
　〔逐語訳〕
　第4節　登記の申請 SECTION 4：LA REQUÊTE EN INSCRIPTION
　【私訳】
　第4節　登記の申請

〔原　文〕
PARAGRAPHE 1：LES PERSONNES POUVANT PRESENTER UNE REQUÊTE
　〔逐語訳〕
　第1款　登記申請人となりうる者 PARAGRAPHE 1：LES PERSONNES POUVANT PRESENTER UNE REQUÊTE
　【私訳】
　第1款　登記申請人となりうる者

〔原文〕

Article 58

L'inscription d'un droit sujet à publicité n'a lieu que sur requête formée par son titulaire. Ce titulaire est identifié dans les conditions prévues par l'article 1316-4 du code civil.

Le titulaire d'un droit dont l'inscription est subordonnée à l'inscription préalable du droit de son auteur ou du propriétaire, peut requérir l'inscription de ce dernier.

〔逐語訳〕

第58条　Article 58

公示に従うべき権利の登記 L'inscription d'un droit sujet à publicité は、その権利名義人により作成された申請書にもとづく場合にのみ実行される n'a lieu que sur requête formée par son titulaire。当該権利名義人 Ce titulaire は、民法典第1316-4条に定められた条件において dans les conditions prévues par l'article 1316-4 du code civil 同定される est identifié。

②権利の名義人は、［自己の権利の登記の実現にあたり］前所有者または所有者の前登記［の実行］を要する場合 Le titulaire d'un droit dont l'inscription est subordonnée à l'inscription préalable du droit de son auteur ou du propriétaire、その登記を申請することができる peut requérir l'inscription de ce dernier。

【私訳】

第58条

公示に従うべき権利の登記は、その権利名義人により作成された申請書にもとづく場合にのみ実行される。当該権利名義人は、民法典第1316-4条に定められた条件において同定される。

②権利の名義人は、［自己の権利の登記の実現にあたり］前所有者または所有者の前登記［の実行］を要する場合、その登記を申請することができる。

〔原　文〕

Article 59

Quiconque a obtenu l'envoi en possession dans les cas prévus par la loi peut demander l'inscription de son droit au livre foncier.

〔逐語訳〕

第59条　Article 59

法律に規定されている場合 dans les cas prévus par la loi、所有権を取得した者は誰でも Quiconque a obtenu l'envoi en possession、自己の権利の土地登記簿への登記を申請することができる peut demander l'inscription de son droit au livre foncier。

【私　訳】

第59条

法律に規定されている場合、所有権を取得した者は誰でも、自己の権利の土地登記簿への登記を申請することができる。

〔原　文〕

Article 60

Sous réserve des dispositions prévues pour le partage et la vente judiciaires d'immeubles par les articles 22 et 44 de l'annexe du code de procédure civile, quiconque requiert une inscription comme mandataire est tenu de justifier de son mandat par la présentation d'une procuration reçue en la forme authentique ou authentiquement légalisée. Les notaires et les avocats en sont toutefois dispensés.

〔逐語訳〕

第60条　Article 60

民事訴訟法典附則第22条および第44条の不動産の裁判上の分割および競売のため定められた規定に該当する場合を除き Sous réserve des dispositions prévues pour le partage et la vente judiciaires d'immeubles par les articles 22 et 44 de l'annexe du code de procédure civile、受任

者として登記を申請するいかなる者といえども quiconque requiert une inscription comme mandataire、公署方式あるいは適法に認証されたものとして受理された委任状の提出により par la présentation d'une procuration reçue en la forme authentique ou authentiquement légalisée、自己の権限を証明する義務を負わされる est tenu de justifier de son mandat。ただし公証人および弁護士についてはその権限の証明が免除される Les notaires et les avocats en sont toutefois dispensés。

【私 訳】
第 60 条
　民事訴訟法典附則第 22 条および第 44 条の不動産の裁判上の分割および競売のため定められた規定に該当する場合を除き、受任者として登記を申請するいかなる者といえども、公署方式あるいは適法に認証されたものとして受理された委任状の提出により、自己の権限を証明する義務を負わされる。ただし公証人および弁護士についてはその権限の証明が免除される。

〔原 文〕
PARAGRAPHE 2 : LA FORME DE LA REQUÊTE
〔逐語訳〕
　第 2 款　申請書の方式　PARAGRAPHE 2 : LA FORME DE LA REQUÊTE
【私 訳】
　第 2 款　申請書の方式

〔原 文〕
Article 61
　À peine d'irrecevabilité, la requête en inscription ne peut porter que sur un seul acte authentique constatant une ou plusieurs opérations juridiques et est établie sur le support papier ou électronique prévu

par l'article 76 conformément à un modèle fixé par arrêté du garde des sceaux, ministre de la justice.

　〔逐語訳〕

第 61 条　Article 61

　登記の申請 la requête en inscription は、一あるいは複数の法律行為を確認する公署証書のみにより行うことができる ne peut porter que sur un seul acte authentique constatant une ou plusieurs opérations juridiques。［それは］国璽尚書司法自由大臣のアレテにより定められた書式にもとづき conformément à un modèle fixé par arrêté du garde des sceaux, ministre de la justice、かつ第 76 条に規定された紙媒体あるいは電子媒体にて作成される et est établie sur le support papier ou électronique prévu par l'article 76。これに違反する場合は受理されない À peine d'irrecevabilité。

　【私　訳】

第 61 条

　登記の申請は、一あるいは複数の法律行為を確認する公署証書のみにより行うことができる。［それは］国璽尚書司法自由大臣のアレテにより定められた書式にもとづき、かつ第 76 条に規定された紙媒体あるいは電子媒体にて作成される。これに違反する場合は受理されない。

　〔原　文〕

Article 62

　La requête est accompagnée des actes et autres pièces justificatives de l'inscription demandée ainsi que d'un extrait d'acte destiné à la mise à jour du cadastre. Ces documents sont établis sur support papier ou électronique.

　Si la requête a été déposée par voie électronique, le juge du livre foncier peut demander la communication des documents établis en original sur support papier.

〔逐語訳〕
第 62 条　Article 62

　登記申請書 La requête には、申請した登記に関する証書およびその他の証拠ならびにキャダストルの更新のための証書の抄本が des actes et autres pièces justificatives de l'inscription demandée ainsi que d'un extrait d'acte destiné à la mise à jour du cadastre 添付される est accompagnée。これらの諸文書 Ces documents は、紙媒体または電子媒体にて作成される sont établis sur support papier ou électronique。
② 土地登記簿判事 le juge du livre foncier は、申請が電子的方法によりなされた場合 Si la requête a été déposée par voie électronique、紙媒体により原本として作成された資料の提出を要求することができる peut demander la communication des documents établis en original sur support papier。

【私 訳】
第 62 条

　登記申請書には、申請した登記に関する証書およびその他の証拠ならびにキャダストルの更新のための証書の抄本が添付される。これらの諸文書は、紙媒体または電子媒体にて作成される。
② 土地登記簿判事は、申請が電子的方法によりなされた場合、紙媒体により原本として作成された資料の提出を要求することができる。

〔原 文〕
Article 63

　Une requête en inscription formulée sous condition est irrecevable.

〔逐語訳〕
第 63 条　Article 63

　条件付で作成された登記申請書 Une requête en inscription formulée sous condition は、受理されない est irrecevable。

【私訳】

第 63 条

条件付で作成された登記申請書は、受理されない。

〔原 文〕

PARAGRAPHE 3 : LE CONTENU DE LA REQUÊTE

〔逐語訳〕

第 3 款　申 請 書 の 内 容 PARAGRAPHE 3 : LE CONTENU DE LA REQUÊTE

【私訳】

第 3 款　申請書の内容

〔原 文〕

Article 64

　Tout document lié à une requête antérieure contient les références nécessaires à l'identification de cette dernière.

〔逐語訳〕

第 64 条　Article 64

　［登記申請書の附属書類のうち］従前の申請に関連しているすべての文書 Tout document lié à une requête antérieure は、その［従前の］申請の同定のために必要な参照事項 les références necessaries à identification de cette dernière を含む contient。

【私訳】

第 64 条

　［登記申請書の附属書類のうち］従前の申請に関連しているすべての文書は、その［従前の］申請の同定のために必要な参照事項を含む。

〔原 文〕

Article 65

Toute mention d'une somme d'argent dans le livre foncier est faite en euros ou accompagnée d'une évaluation en euros.

〔逐語訳〕

第65条　Article 65

土地登記簿上の金額のすべての記載 Toute mention d'une somme d'argent dans le livre foncier は、ユーロ単位またはユーロ単位に換算された評価額で en euros ou accompagnée d'une évaluation en euros 表示される est faite。

【私訳】

第65条

土地登記簿上の金額のすべての記載は、ユーロ単位またはユーロ単位に換算された評価額で表示される。

〔原文〕

PARAGRAPHE 4：LA DÉSIGNATION DES PERSONNES

〔逐語訳〕

第4款　人的特定 PARAGRAPHE 4：LA DÉSIGNATION DES PERSONNES

【私訳】

第4款　人的特定

〔原文〕

Article 66

La personne physique est désignée par ses nom et prénoms dans l'ordre de l'état civil, ses date et lieu de naissance et son domicile.

La catégorie relative au domicile n'est renseignée que pour être utilisée par le juge du livre foncier et par les agents du service du livre foncier pour l'identification de l'intéressé et la notification des décisions et des inscriptions.

〔逐語訳〕
第 66 条　Article 66
　自然人 La personne physique は、その戸籍上の姓と名、その出生年月日と出生地およびその住所により par ses nom et prénoms dans l'ordre de l'état civil, ses date et lieu de naissance et son domicile 特定される est désignée。
②住所に関する情報 La catégorie relative au domicile については、土地登記簿判事と土地登記簿調査官による当事者の特定について par le juge du livre foncier et par les agents du service du livre foncier pour l'identification de l'intéressé、および登記ならびに決定の通知 et la notification des décisions et des inscriptions に使用される場合にのみ審尋される n'est renseignée que pour être utilisée。
　【私　訳】
第 66 条
　自然人は、その戸籍上の姓と名、その出生年月日と出生地およびその住所により特定される。
②住所に関する情報については、土地登記簿判事と土地登記簿調査官による当事者の特定について、および登記ならびに決定の通知に使用される場合にのみ審尋される。

〔原　文〕
Article 67
　La personne morale est désignée par sa dénomination sociale, sa forme juridique et son siège social.
〔逐語訳〕
第 67 条　Article 67
　法人 La personne morale については、その法人の公的名称、法律上の形態およびその主たる事務所の所在地により par sa dénomination sociale, sa forme juridique et son siège social 特定される est désignée。

第 2 章　ライン川下流県、ライン川上流県およびモゼル県における……151

【私 訳】

第67条

　法人については、その法人の公的名称、法律上の形態およびその主たる事務所の所在地により特定される。

〔原 文〕

Article 68

　Pour les associations et syndicats, sont indiqués la date et le lieu de leur inscription ou de leur déclaration ou du dépôt de leurs statuts. Pour les fondations, est indiquée la décision d'approbation ou de reconnaissance. En l'absence de personnalité morale des associations, syndicats et fondations, est indiquée la date de l'acte constitutif.

〔逐語訳〕

第68条　Article 68

　非営利社団および組合については Pour les associations et syndicats、それらの登記の年月日および登記の場所または定款の届出あるいは登録の年月日および届出または登録の場所 la date et le lieu de leur inscription ou de leur déclaration ou du dépôt de leurs statuts で特定される sont indiqués。財団については Pour les fondations、［その設立の］認可または承認の決定［年月日］la décision d'approbation ou de reconnaissance で特定される est indiquée。法人格なき社団、組合および財団については En l'absence de personnalité morale des associations, syndicates et fondations、その設立年月日 la date de l'acte constitutif で特定される est indiquée。

【私 訳】

第68条

　非営利社団および組合については、それらの登記の年月日および登記の場所または定款の届出あるいは登録の年月日および届出または登録の場所で特定される。財団については、［その設立の］認可または承認の決定

［年月日］で特定される。法人格なき社団、組合および財団については、その設立年月日で特定される。

〔原　文〕
Article 69

　Lorsque la personne morale est inscrite au registre prévu par l'article R. 123-220 du code de commerce, la requête mentionne le numéro d'identité qui lui a été attribué, complété, si celle-ci est assujettie à immatriculation au registre du commerce et des sociétés, par la mention de ce registre suivie du nom de la ville où est situé le greffe auprès duquel elle est immatriculée.

〔逐語訳〕
第 69 条　Article 69

　法人が商法典第 R.123-220 条に規定された登記簿に登記されている場合 Lorsque la personne morale est inscrite au registre prévu par l'article R.123-220 du code de commerce、登記申請書 la requête には、割当てられた法人識別番号が記載され mentionne le numéro d'identité qui lui a été attribué、法人登記簿への登録を義務づけられた法人はこれに加え complété, si celle-ci est assujettie à immatriculation au register du commerce et des sociétés、登録された登記所書記課が所在する都市名を特定する登記簿上の記載により par la mention de ce registre suivie du nom de la ville où est situé le greffe auprès duquel elle est immatriculée 補完される complété。

【私　訳】
第 69 条

　法人が商法典第 R.123-220 条に規定された登記簿に登記されている場合、登記申請書には、割当てられた法人識別番号が記載され、法人登記簿への登録を義務づけられた法人はこれに加え、登録された登記所書記課が所在する都市名を特定する登記簿上の記載により補完される。

〔原 文〕
PARAGRAPHE 5 : LA DÉSIGNATION DES IMMEUBLES
〔逐語訳〕
第5款　不動産の特定 PARAGRAPHE 5 : LA DÉSIGNATION DES IMMEUBLES
【私 訳】
第5款　不動産の特定

〔原 文〕
Article 70
　Lorsque l'immeuble est dépourvu de désignation cadastrale, l'auteur de la requête fait procéder à sa numérotation cadastrale.
〔逐語訳〕
第70条　Article 70
　不動産についてキャダストル上での特定がなされていない場合は Lorsque l'immeuble est dépourvu de désignation cadastrale、登記申請人自らが l'auteur de la requête、[土地登記簿判事をして]キャダストル上の地番の付定を行わせる fait procéder à sa numérotation cadastrale。
【私 訳】
第70条
　不動産についてキャダストル上での特定がなされていない場合は、登記申請人自らが、[土地登記簿判事をして]キャダストル上の地番の付定を行わせる。

〔原 文〕
PARAGRAPHE 6 : L'INDICATION DU DROIT DONT L'INSCRIPTION EST DEMANDÉE
〔逐語訳〕
　第6款　登記申請の目的たる権利の表示　PARAGRAPHE 6 :

L'INDICATION DU DROIT DONT L'INSCRIPTION EST DEMANDÉE
　【私　訳】
　第6款　登記申請の目的たる権利の表示

　〔原　文〕
Article 71
　La requête contient l'indication du droit dont l'inscription est demandée.
　〔逐語訳〕
第71条　Article 71
　登記申請書には申請された登記に関する権利の表示を含むLa requête contient l'indication du droit dont l'inscription est demandée。
　【私　訳】
第71条
　登記申請書には申請された登記に関する権利の表示を含む。

　〔原　文〕
Article 72
　La requête en inscription d'une hypothèque ou d'un privilège indique le montant de la créance et les intérêts s'il s'agit d'une créance déterminée ou une évaluation de celle-ci en principal, intérêts et frais s'il s'agit d'une créance indéterminée. En présence d'un taux d'intérêt variable, l'indication «variabilité prévue au contrat» doit être précisée.
　Le cas échéant, la requête mentionne si la créance est à ordre ainsi que la clause de réévaluation dont elle est assortie ou le caractère rechargeable de l'hypothèque.
　Elle indique la date extrême d'effet de l'inscription demandée.
　〔逐語訳〕
第72条　Article 72

抵当権または先取特権の登記申請書 La requête en inscription d'une hypothèque ou d'un privilège には、確定債権であればその債権総額および利息を明示し indique le montant de la créance et les intérêts s'il s'agit d'une créance déterminée、あるいは不確定債権であれば主たる債権、利息および費用の積算額を明示する indique … ou une évaluation de celle-ci en principal, intérêts et frais s'il s'agit d'une créance indéterminée。変動利率の場合においては En présence d'un taux d'intérêt variable、「契約に定める変動性」の表示 l'indication «variabilité prévue au contrat» が明示されていなければならない doit être précisée。
②必要がある場合は Le cas échéant、当該債権が指図式であるかどうか si la créance est à ordre、さらに当該債権に付加された再評価条項または抵当権の再設定の可能性 ainsi que la clause de réévaluation dont elle est assortie ou le caractère rechargeable de l'hypothèque を登記申請書に記載する la requête mentionne。
③登記申請書 Elle には、申請された登記の効力の有効期限を示す indique la date extrême d'effet de l'inscription demandée。

【私 訳】
第72条
　抵当権または先取特権の登記申請書には、確定債権であればその債権総額および利息を明示し、あるいは不確定債権であれば主たる債権、利息および費用の積算額を明示する。変動利率の場合においては、「契約に定める変動性」の表示が明示されていなければならない。
②必要がある場合は、当該債権が指図式であるかどうか、さらに当該債権に付加された再評価条項または抵当権の再設定の可能性を登記申請書に記載する。
③登記申請書には、申請された登記の効力の有効期限を示す。

〔原 文〕
PARAGRAPHE 7：LES ACTES ET PIÈCES JUSTIFICATIVES

〔逐語訳〕
第7款　証書および証拠書類 LES ACTES ET PIÈCES JUSTIFICATIVES
【私訳】
第7款　証書および証拠書類

〔原　文〕
Article 73

　En vue de permettre la vérification des droits soumis à inscription en application de l'article 46 de la loi du 1er juin 1924, le régime matrimonial d'une personne titulaire d'un droit soumis à inscription est établi par la production d'une copie de son contrat de mariage ou de l'acte portant changement de régime matrimonial, d'une expédition du jugement de séparation de corps ou de séparation de biens judiciaire ou du jugement d'homologation du changement de régime matrimonial, accompagnée des pièces justificatives de la publication régulière de la décision et de celles de son exécution conformément à l'article 1444 du code civil.
〔逐語訳〕
第73条　Article 73
　登記の目的となる権利について、1924年6月1日の法律第46条の適用によりその確認を可能とするため En vue de permettre la vérification des droits soumis à inscription en application de l'article 46 de la loi du 1er juin 1924、登記に従う権利名義人の夫婦財産制 le régime matrimonial d'une personne titulaire d'un droit soumis à inscription は、その夫婦財産契約または夫婦財産制の変更に関する証書の写し d'une copie de son contrat de mariage ou de l'acte portant changement de régime matrimonial、別居または裁判上の別産性あるいは夫婦財産制変更の承認の判決謄本に d'une expédition du jugement de séparation de corps ou de séparation de biens judiciaire ou du jugement d'homologation du changement de régime matrimonial、当該決定の公告の証拠書類および

民法典第1444条に従った実行の証拠書類を添付させたもの accompagnée des pièces justificatives de la publication régulière de la décision et de celles de son exécution conformément à l'article 1444 du code civil により作成し設定される est établi par la production。

【私訳】
第73条
　登記の目的となる権利について、1924年6月1日の法律第46条の適用によりその確認を可能とするため、登記に従う権利名義人の夫婦財産制は、その夫婦財産契約または夫婦財産制の変更に関する証書の写し、別居または裁判上の別産性あるいは夫婦財産制変更の承認の判決謄本に、当該決定の公告の証拠書類および民法典第1444条に従った実行の証拠書類を添付させたものにより作成し設定される。

〔原　文〕
Article 74

　Pour l'inscription d'un droit au livre foncier, le droit successoral des héritiers ou des successeurs irréguliers ainsi que l'institution des légataires universels ou à titre universel ne peuvent être prouvés qu'au moyen d'un certificat d'héritier.

　L'institution des légataires à titre particulier est prouvée par la production du testament ou d'un certificat d'héritier qui mentionne le legs à titre particulier.

　Dans les cas où la loi prescrit l'envoi en possession par le tribunal ou la délivrance du legs par les héritiers ou les légataires universels, il appartient à l'ayant droit de justifier de l'envoi en possession ou du consentement des héritiers ou des légataires universels autorisés à effectuer la délivrance. Lorsque, conformément aux articles 1006 et 1008 du code civil, l'envoi en possession n'est pas requis, la production du testament authentique suffit.

Les dispositions ci-dessus s'appliquent également aux donations faites pour le cas de survie par contrat de mariage ou entre époux.

La preuve de la qualité d'héritier est rapportée conformément aux articles 730 et suivants du code civil pour les successions ouvertes en dehors des départements du Bas-Rhin, du Haut-Rhin et de la Moselle.

〔逐語訳〕

第74条　Article 74

土地登記簿への権利の登記に関しては Pour l'inscription d'un droit au livre foncier、相続人または非正規相続人の相続権ならびに包括受遺者の指定または包括的名目の受遺者の指定 le droit successoral des héritiers ou des successeurs irréguliers ainsi que l'institution des légataires universels ou à titre universel は、相続証明書によってのみこれを証明することができる ne peuvent être prouvés qu'au moyen d'un certificate d'héritier。

②特定名義の受遺者の指定 L'institution des légataires à titre particulier は、特定名義での遺贈の旨を記載した遺言書または相続人たる証明書の提出により par la production du testament ou d'un certificate d'héritier qui mentionne le legs à titre particulier 証明される est prouvée。

③法律が、裁判所による［遺産の］占有付与の、または相続人あるいは包括受遺者による遺産の引渡しを命じる場合 Dans les cas où la loi prescrit l'envoi en possession par le tribunal ou la délivrance du legs par les héritiers ou les légataires universels、権利承継人は、その占有付与または引渡しを実行するよう許可された相続人のあるいは包括受遺者の同意を証明する義務を負う il appartient à l'ayant droit de justifier de l'envoi en possession ou du consentement des héritiers ou des légataires universels autorisés à effectuer la délivrance。民法典第1006条および第1008条の規定にもとづき占有付与が必要とされない場合は Lorsque, conformément aux articles 1006 et 1008 du code civil, l'envoi en possession n'est pas requis、公署証書による遺言書の提出をもって足りる la production du testament authentique suffit。

④上記の規定 Les dispositions ci-dessus は、配偶者死亡の場合につきなされた夫婦財産契約による贈与または生存配偶者間において行われる贈与にも aux donations faites pour le cas de survie par contrat de mariage ou entre époux 等しく適用される s'appliquent également。

⑤相続人たる地位の証明方法 La preuve de la qualité d'héritier は、民法典第730条以下の規定に従い conformément aux articles 730 et suivants du code civil、ライン川下流県、ライン川上流県およびモゼル県以外において開始された相続についても pour les successions ouvertes en dehors des départements du Bas-Rhin, du Haut-Rhin et de la Moselle 適用される est rapportée。

【私 訳】
第74条
　土地登記簿への権利の登記に関しては、相続人または非正規相続人の相続権ならびに包括受遺者の指定または包括的名目の受遺者の指定は、相続証明書によってのみこれを証明することができる。

②特定名義の受遺者の指定は、特定名義での遺贈の旨を記載した遺言書または相続人たる証明書の提出により証明される。

③法律が、裁判所による［遺産の］占有付与の、または相続人あるいは包括受遺者による遺産の引渡しを命じる場合、権利承継人は、その占有付与または引渡しを実行するよう許可された相続人のあるいは包括受遺者の同意を証明する義務を負う。民法典第1006条および第1008条の規定にもとづき占有付与が必要とされない場合は、公署証書による遺言書の提出をもって足りる。

④上記の規定は、配偶者死亡の場合につきなされた夫婦財産契約による贈与または生存配偶者間において行われる贈与にも等しく適用される。

⑤相続人たる地位の証明方法は、民法典第730条以下の規定に従い、ライン川下流県、ライン川上流県およびモゼル県以外において開始された相続についても適用される。

〔原文〕

Article 75

L'inscription du droit au rapport en nature d'immeubles faisant l'objet d'une donation est opérée à la requête du donateur ou, après son décès, à celle des héritiers. Par dérogation à l'article 74, les héritiers peuvent justifier de ce droit par tous moyens.

Le droit éventuel à la révocation d'une donation pour cause d'ingratitude ne peut faire l'objet d'une inscription.

La publication de la demande en révocation prévue par l'article 958 du code civil est effectuée dans les départements du Bas-Rhin, du Haut-Rhin et de la Moselle selon les dispositions de l'article 38-4 de la loi du 1er juin 1924.

〔逐語訳〕

第75条　Article 75

贈与の対象となる不動産の現物による［相続財産の］持戻しに関する権利の登記 L'inscription du droit au rapport en nature d'immeubles faisant l'objet d'une donation は、あるいは贈与者の申請により、その贈与者の相続開始後は、［贈与者の］各相続人の申請により行われる est opérée à la requête du donateur ou, après son décès, à celle des héritiers。第74条の適用除外により Par dérogation à l'article 74、各相続人はすべての手段をもってこの権利を証明することができる les héritiers peuvent justifier de ce droit par tous moyens。

②忘恩行為を原因とする贈与の取消の権利 Le droit éventuel à la révocation d'une donation pour cause d'ingratitude は、登記の目的とすることができない ne peut faire l'objet d'une inscription。

③民法典第958条に定められる取消の申請の公示 La publication de la demande en révocation prévue par l'article 958 du code civil は、1924年6月1日の法律第38-4条の規定に従い selon les dispositions de l'article 38-4 de la loi du 1er juin 1924、ライン川下流県、ライン川上流県および

モゼル県において dans les départements du Bas-Rhin, du Haut-Rhin et de la Moselle 行われる est effectuée。

【私訳】
第75条
　贈与の対象となる不動産の現物による［相続財産の］持戻しに関する権利の登記は、あるいは贈与者の申請により、その贈与者の相続開始後は、［贈与者の］各相続人の申請により行われる。第74条の適用除外により、各相続人はすべての手段をもってこの権利を証明することができる。
②忘恩行為を原因とする贈与の取消の権利は、登記の目的とすることができない。
③民法典第958条に定められる取消の申請の公示は、1924年6月1日の法律第38-4条の規定に従い、ライン川下流県、ライン川上流県およびモゼル県において行われる。

〔原文〕
SECTION 5 : LA PROCÉDURE DE TRAITEMENT DES REQUÊTES
〔逐語訳〕
第5節　申請の処理手続　SECTION 5 : LA PROCÉDURE DE TRAITEMENT DES REQUÊTES
【私訳】
第5節　申請の処理手続

〔原文〕
PARAGRAPHE 1 : LE DÉPÔT DE LA REQUÊTE
〔逐語訳〕
第1款　申請書の提出　PARAGRAPHE 1 : LE DÉPÔT DE LA REQUÊTE
【私訳】
第1款　申請書の提出

〔原　文〕

Article 76

Le bureau foncier est saisi par une requête électronique ou sous format papier remise ou adressée par voie postale.

Est considérée comme requête électronique toute requête qui, provenant des personnes ayant fait l'objet de la procédure d'identification et d'authentification prévue par les articles 13 à 15, est intégrée automatiquement dans le système informatique de gestion des données du livre foncier du fait：

1° Soit de son élaboration à partir du module de production de la requête en inscription normalisée de ce système.

2° Soit de sa transmission à ce système par voie électronique selon un format et des modalités techniques agréés par l'établissement public d'exploitation du livre foncier informatisé.

Les requêtes électroniques autres que celles créées grâce au procédé de navigation prévu par l'article 8 peuvent être déposées à compter du 1er janvier 2010.

Le dépôt de la requête donne lieu à l'établissement d'un avis mentionnant la date, l'heure et la minute du dépôt ainsi que le numéro d'identification de la requête.

L'avis est mis à disposition par voie électronique en cas de dépôt d'une requête électronique ou sur demande, par le greffier, en cas de requête remise ou addressée par voie postale au greffe du bureau foncier.

Les procédés techniques utilisés garantissent, dans des conditions fixées par arrêté du garde des sceaux, ministre de la justice, la fiabilité de l'identification du requérant et du bureau foncier, l'intégrité des documents adressés, la sécurité et la confidentialité des échanges, la conservation des transmissions opérées et permettent d'établir de manière certaine la date d'envoi et celle de la réception par le destinataire.

〔逐語訳〕

第76条　Article 76

　土地登記所 Le bureau foncier は、電子情報処理組織による申請または［出頭による］提出あるいは郵送による［提出］の紙申請書 par une requête électronique ou sous format papier remise ou adressée par voie postale を附託される est saisi。

②第13条ないし第15条に規定された識別および認証の手続きの対象となる申請人からのすべての申請 toute requête qui, provenant des personnes ayant fait l'objet de la procédure d'identification et d'authentification prévue par les articles 13 à 15 は、電子申請とみなされ Est considérée comme requête électronique、下記事実により du fait、土地登記簿の情報管理システムのなかに自動的に組入れられる est intégrée automatiquement dans le système informatique de gestion des données du livre foncier。

1° 例えばその調製 Soit de son élaboration。上記情報管理システムにより de ce système、作成標準にもとづき定型化された登記申請書の（調製）à partir du module de production de la requête en inscription normalisée。

2° 例えばその送信 Soit de sa transmission。電子情報処理組織化された土地登記簿運営の公的機関により承認された技術的方式および書式に従う selon un format et des modalités techniques agréés par l'établissement public d'exploitation du livre foncier informatisé、電子的方法による上記情報管理システムへの（送信）à ce système par voie électronique。

③第8条に規定される prévu par l'article 8、自動申請案内方式により作成された電子申請書以外の申請書 Les requêtes électroniques autres que celles créées grâce au procédé de navigation は、2010年1月1日以降から提出することができる peuvent être déposées à compter du 1er janvier 2010。

④登記申請書の提出 Le dépôt de la requête は、提出の年月日、時間および分 la date, l'heure et la minute du dépôt ならびに当該申請書の識別番号 ainsi que le numéro d'identification de la requête が記載される通知の作成基準となる donne lieu à l'établissement d'un avis mentionnant。

⑤当該通知 L'avis は、[登記申請が]電子申請によりなされた場合は en cas de dépôt d'une requête électronique、申請に応じ電子による方法でà disposition par voie électronique、あるいは登記申請書が土地登記所へ[出頭により]提出または郵送[により提出]された場合は申し出に応じ土地登記所調査官により ou sur demande, par le greffier, en cas de requête remise ou addressée par voie postale au greffe du bureau foncier 提供される est mis。

⑥使用されている技術的方式 Les procédés techniques utilisés は、国璽尚書司法自由大臣のアレテに定めるところにより dans des conditions fixées par arrêté du garde des sceaux, ministre de la justice、申請人および土地登記所の同定に関する信頼性 la fiabilité de l'identification du requérant et du bureau foncier、提供された書類の完全性 l'intégrité des documents adressés、通信の安全性および機密性 la sécurité et la confidentialité des échanges、実行された送信情報の保全 la conservation des transmissions opérées を保証し garantissent、かつ[通知の]送信年月日および名宛人によるその受領年月日を確実な方法で記録することを可能とする et permettent d'établir de manière certaine la date d'envoi et celle de la réception par le destinataire。

【私訳】

第76条

　土地登記所は、電子情報処理組織による申請または[出頭による]提出あるいは郵送による[提出]の紙申請書を附託される。

②第13条ないし第15条に規定された識別および認証の手続きの対象となる申請人からのすべての申請は、電子申請とみなされ、下記事実により、土地登記簿の情報管理システムのなかに自動的に組入れられる。

1° 例えばその調製。上記情報管理システムにより、作成標準にもとづき定型化された登記申請書の（調製）。
2° 例えばその送信。電子情報処理組織化された土地登記簿運営の公的機関により承認された技術的方式および書式に従う、電子的方法による上記情報管理システムへの（送信）。
③第8条に規定される、自動申請案内方式により作成された電子申請書以外の申請書は、2010年1月1日以降から提出することができる。
④登記申請書の提出は、提出の年月日、時間および分ならびに当該申請書の識別番号が記載される通知の作成基準となる。
⑤当該通知は、［登記申請が］電子申請によりなされた場合は、申請に応じ電子による方法で、あるいは登記申請書が土地登記所へ［出頭により］提出または郵送［により提出］された場合は申し出に応じ土地登記所調査官により提供される。
⑥使用されている技術的方式は、国璽尚書司法自由大臣のアレテに定めるところにより、申請人および土地登記所の同定に関する信頼性、提供された書類の完全性、通信の安全性および機密性、実行された送信情報の保全を保証し、かつ［通知の］送信年月日および名宛人によるその受領年月日を確実な方法で記録することを可能とする。

〔原　文〕

Article 77

　La date de dépôt est celle attribuée par horodatage informatique qui a lieu soit automatiquement en cas d'envoi électronique au sens de l'article 76, soit sur intervention du greffier en cas de dépôt par requête remise ou adressée par voie postale.

　Une requête sous format papier qui parvient au bureau foncier en dehors des heures réglementaires de service ou pendant les périodes de fermeture du bureau foncier est considérée comme présentée au début de la reprise suivante du service.

Les requêtes sous format papier qui parviennent au bureau foncier par le même courrier sont considérées comme présentées simultanément.

En cas de fermeture temporaire d'un bureau foncier, les requêtes peuvent être remises au directeur de greffe du tribunal d'instance dont dépend le bureau foncier. Le directeur de greffe procède à l'horodatage informatique de la requête pour le compte du bureau foncier fermé.

〔逐語訳〕

第77条　Article 77

提出年月日 La date de dépôt は、第76条による電子情報処理組織による申請の場合は en cas d'envoi électronique au sens de l'article 76、電子受付時刻記録装置により自動的に処理されるか par horodatage informatique qui a lieu soit automatiquement、あるいは出頭または郵送の方法による申請書の提出の場合は土地登記簿調査官の受付けにもとづき soit sur intervention du greffier en cas de dépôt par requête remise ou adressée par voie postale〔同装置により〕付与される年月日である est celle attribuée。

②土地登記所の規定の受付時間外または閉鎖期間中に en dehors des heures réglementaires de service ou pendant les périodes de fermeture du bureau foncier 土地登記所に到着した紙媒体による申請書 Une requête sous format papier qui parvient au bureau foncier は、受付けの再開時に提出されたものと comme présentée au début de la reprise suivante du service みなされる est considérée。

③同一〔時〕の配達郵便で登記所へ提出された複数の紙媒体による申請書 Les requêtes sous format papier qui parviennent au bureau foncier par le même courrier は、同時に提出されたものとみなされる sont considérées comme présentées simultanément。

④登記所が臨時に閉鎖している場合 En cas de fermeture temporaire d'un bureau foncier、申請書 les requêtes は、土地登記所が所属している

小審裁判所の監督書記へ提出することができる peuvent être remises au directeur de greffe du tribunal d'instance dont dépend le bureau foncier. 監督書記 Le directeur de greffe は、閉鎖中の土地登記所に代わり pour le compte du bureau foncier fermé 申請書に電子受付時刻の記録を実施する procède à l'horodatage informatique de la requête.

【私 訳】
第77条
　提出年月日は、第76条による電子情報処理組織による申請の場合は、電子受付時刻記録装置により自動的に処理されるか、あるいは出頭または郵送の方法による申請書の提出の場合は土地登記簿調査官の受付けにもとづき［同装置により］付与される年月日である。
②土地登記所の規定の受付時間外または閉鎖期間中に土地登記所に到着した紙媒体による申請書は、受付けの再開時に提出されたものとみなされる。
③同一［時］の配達郵便で登記所へ提出された複数の紙媒体による申請書は、同時に提出されたものとみなされる。
④登記所が臨時に閉鎖している場合、申請書は、土地登記所が所属している小審裁判所の監督書記へ提出することができる。監督書記は、閉鎖中の土地登記所に代わり申請書に電子受付時刻の記録を実施する。

〔原　文〕
PARAGRAPHE 2 : LE REGISTRE DES DÉPÔTS
〔逐語訳〕
　第2款　寄託登録簿 PARAGRAPHE 2 : LE REGISTRE DES DÉPÔTS
【私 訳】
　第2款　寄託登録簿

〔原　文〕
Article 78

Pour chaque bureau foncier, il est tenu un registre des dépôts qui fixe la date, le rang et l'effet juridique des droits et mentions à inscrire.

Le registre des dépôts comporte les informations nécessaires à l'identification des requêtes et de leurs auteurs.

Tout document déposé est enregistré avec la mention du jour, de l'heure et de la minute de son dépôt et affecté d'un numéro d'identification.

〔逐語訳〕

第78条　Article 78

　各土地登記所においてはPour chaque bureau foncier、登記すべき権利および［登記事項の］記載の年月日、順位および法的効果を定めるqui fixe la date, le rang et l'effet juridique des droits et mentions à inscrire寄託登録簿が保持されるil est tenu un registre des dépôts。

②寄託登録簿Le registre des dépôtsは、申請書およびその申請人の識別に必要な情報les informations nécessaires à l'identification des requêtes et de leurs auteursを含むcomporte。

③すべての提出文書Tout document déposéは、その提出年月日、時および分の記載とともにavec la mention du jour, de l'heure et de la minute de son dépôt、さらに識別番号を付されet affecté d'un numéro d'identification、登録されるest enregistré。

【私　訳】

第78条

　各土地登記所においては、登記すべき権利および［登記事項の］記載の年月日、順位および法的効果を定める寄託登録簿が保持される。

②寄託登録簿は、申請書およびその申請人の識別に必要な情報を含む。

③すべての提出文書は、その提出年月日、時および分の記載とともに、さらに識別番号を付され、登録される。

〔原 文〕
PARAGRAPHE 3 : LE RANG DES INSCRIPTIONS
〔逐語訳〕
第3款　登記の順位 PARAGRAPHE 3 : LE RANG DES INSCRIPTIONS
【私 訳】
第3款　登記の順位

〔原 文〕
Article 79

La date de l'inscription, telle que résultant de l'article 45 de la loi du 1er juin 1924, est mentionnée au livre foncier.

Les inscriptions simultanément requises sur un même immeuble qui ont, de par la loi, un rang différent sont effectuées dans l'ordre prescrit par celle-ci.
〔逐語訳〕
第79条　Article 79

1924年6月1日の法律第45条にもとづく登記年月日 La date de l'inscription, telle que résultant de l'article 45 de la loi du 1er juin 1924 は、土地登記簿へ記載される est mentionnée au livre foncier。

② 同一不動産に関し同時に申請された複数の登記 Les inscriptions simultanément requises sur un même immeuble が、法律の定めにより異なる順位を有する場合 qui ont, de par la loi, un rang différent は、同法に規定された順位において登記される sont effectuées dans l'ordre prescrit par celle-ci。
【私 訳】
第79条

1924年6月1日の法律第45条にもとづく登記年月日は、土地登記簿へ記載される。

② 同一不動産に関し同時に申請された複数の登記が、法律の定めにより異

なる順位を有する場合は、同法に規定された順位において登記される。

〔原　文〕
SECTION 6：L'ORDONNANCEMENT DES INSCRIPTIONS
〔逐語訳〕
第6節　登記の実行　SECTION 6 ： L'ORDONNANCEMENT DES INSCRIPTIONS
【私　訳】
第6節　登記の実行

〔原　文〕
PARAGRAPHE 1：L'ORDONNANCE D'INSCRIPTION
〔逐語訳〕
第1款　登記の命令 PARAGRAPHE 1：L'ORDONNANCE D'INSCRIPTION
【私　訳】
第1款　登記の命令

〔原　文〕
Article 80

Le juge statue par voie d'ordonnance selon les règles de la matière gracieuse et les dispositions suivantes.
〔逐語訳〕
第80条　Article 80

［土地登記簿］判事 Le juge は、非訟事件［手続法］の諸規定および以下の諸規定にもとづく決定方法により par voie d'ordonnance selon les règles de la matière gracieuse et les dispositions suivantes 裁定を下す statue。
【私　訳】
第80条

[土地登記簿］判事は、非訟事件［手続法］の諸規定および以下の諸規定にもとづく決定方法により裁定を下す。

〔原　文〕

Article 81

Le livre foncier, tenu sur support électronique, est signé par le juge au moyen d'un procédé de signature électronique sécurisée conforme aux exigences du décret susvisé du 30 mars 2001 pris pour l'application de l'article 1316-4 du code civil et relatif à la signature électronique.

〔逐語訳〕

第81条　Article 81

電子媒体により保持される土地登記簿 Le livre foncier, tenu sur support électronique には、民法典第1316-4条の適用のために定められた電子署名に関する前記2001年3月30日のデクレの要件を満たす conforme aux exigences du décret susvisé du 30 mars 2001 pris pour l'application de l'article 1316-4 du code civil et relatif à la signature électronique、安全性が確保された電子署名方式により au moyen d'un procédé de signature électronique sécurisée、［土地登記簿］判事によって署名される est signé par le juge。

【私　訳】

第81条

電子媒体により保持される土地登記簿には、民法典第1316-4条の適用のために定められた電子署名に関する前記2001年3月30日のデクレの要件を満たす、安全性が確保された電子署名方式により、［土地登記簿］判事によって署名される。

〔原　文〕

Article 82

À compter du 1er janvier 2011, l'ordonnance établie sous forme électronique et signée par le juge au moyen du procédé mentionné par l'article 81 a valeur de minute.

Avant cette date, seule l'ordonnance établie sur support papier et signée par le juge a valeur de minute.
　〔逐語訳〕
第82条　Article 82

2011年1月1日以降 À compter du 1er janvier 2011、第81条に記載された方式により電子的方式で作成されかつ［土地登記簿］判事によって署名された命令 l'ordonnance établie sous forme électronique et signée par le juge au moyen du procédé mentionné par l'article 81 は、原本としての効力を有する a valeur de minute。
②上記年月日以前においては Avant cette date、紙媒体により作成されかつ［土地登記簿］判事の署名ある命令のみが seule l'ordonnance établie sur support papier et signée par le juge 原本としての効力を有する a valeur de minute。
　【私　訳】
第82条

2011年1月1日以降、第81条に記載された方式により電子的方式で作成されかつ［土地登記簿］判事によって署名された命令は、原本としての効力を有する。
②上記年月日以前においては、紙媒体により作成されかつ［土地登記簿］判事の署名ある命令のみが原本としての効力を有する。

　〔原　文〕
Article 83

Toute inscription au livre foncier indique la date à laquelle elle est signée.
　〔逐語訳〕
第83条　Article 83

土地登記簿へのすべての登記 Toute inscription au livre foncier には、署名された登記年月日 la date à laquelle elle est signée を示す indique。

【私 訳】

第83条

　土地登記簿へのすべての登記には、署名された登記年月日を示す。

〔原 文〕

PARAGRAPHE 2 : L'ORDONNANCE DE REJET ET L'ORDONNANCE INTERMÉDIAIRE

〔逐語訳〕

第2款　〔登記申請の〕却下命令および補正命令 PARAGRAPHE 2 : L'ORDONNANCE DE REJET ET L'ORDONNANCE INTERMÉDIAIRE

【私 訳】

第2款　〔登記申請の〕却下命令および補正命令

〔原 文〕

Article 84

　Lorsque l'inscription requise se heurte à un obstacle susceptible d'être levé, le juge du livre foncier impartit au requérant, par une ordonnance dite «intermédiaire», un délai pour y procéder.

　La requête est rejetée par décision motivée si :

1° Elle n'est pas présentée selon le modèle prévu par l'arrêté mentionné à l'article 61.

2° Il existe une impossibilité matérielle ou juridique d'inscrire le droit ou la mention.

3° Le requérant ne donne pas suite à une ordonnance intermédiaire dans le délai imparti.

〔逐語訳〕

第84条　Article 84

申請された登記に訂正可能な不備があるときは Lorsque l'inscription requise se heurte à un obstacle susceptible d'être levé、土地登記簿判事 le juge du livre foncier は、いわゆる「補正」といわれる命令により par une ordonnance dite «intermédiaire»、それを除くための期間 un délai pour y procéder を申請人に猶予する impartit au requérant。
②登記申請書がもし［下記に該当する場合は］、根拠ある決定により却下される La requête est rejetée par décision motivée si。
1° 登記申請書 Elle が、第61条記載のアレテにより定められた書式に従い selon le modèle prévu par l'arrêté mentionné à l'article 61 提出されない n'est pas présentée［場合］。
2° 登記すべき権利あるいは記載について d'inscrire le droit ou la mention、物理的なまたは法律的な不可能性 une impossibilité matérielle ou juridique が存在する Il existe［場合］。
3° 申請人 Le requérant が、猶予期間内における補正命令に応じない［場合］ ne donne pas suite à une ordonnance intermédiaire dans le délai imparti。

【私 訳】
第84条
　申請された登記に訂正可能な不備があるときは、土地登記簿判事は、いわゆる「補正」といわれる命令により、それを除くための期間を申請人に猶予する。
②登記申請書がもし［下記に該当する場合は］、根拠ある決定により却下される。
1° 登記申請書が、第61条記載のアレテにより定められた書式に従い提出されない［場合］。
2° 登記すべき権利あるいは記載について、物理的なまたは法律的な不可能性が存在する［場合］。
3° 申請人が、猶予期間内における補正命令に応じない［場合］。

〔原 文〕
PARAGRAPHE 3：LA JONCTION ET LA DISJONCTION
〔逐語訳〕
第3款　［登記事件の］併合および分離 PARAGRAPHE 3：LA JONCTION ET LA DISJONCTION
【私 訳】
第3款　［登記事件の］併合および分離

〔原 文〕
Article 85
　Sous réserve des droits des tiers, le juge du livre foncier peut, à la requête d'une partie ou d'office, joindre plusieurs requêtes dans l'intérêt de l'administration de la justice.
〔逐語訳〕
第85条　Article 85
　土地登記簿判事 le juge du livre foncier は、第三者の権利を害しない限り Sous réserve des droits des tiers、一方当事者の申請または職権において à la requête d'une partie ou d'office、司法行政の利益のため dans l'intérêt de l'administration de la justice、複数の申請を併合することができる peut…joindre plusieurs requêtes。
【私 訳】
第85条
　土地登記簿判事は、第三者の権利を害しない限り、一方当事者の申請または職権において、司法行政の利益のため、複数の申請を併合することができる。

〔原 文〕
Article 86
　Il peut, dans les mêmes conditions, disjoindre une requête, notamment

si un obstacle entraîne le rejet partiel de celle-ci.

　〔逐語訳〕
第86条　Article 86

　同様の条件において dans les mêmes conditions、申請の一部の拒絶がとりわけ［他の登記の申請に］障害をもたらすときは notamment si un obstacle entraîne le rejet partiel de celle-ci、土地登記簿判事は申請の分離を行うことができる Il peut…disjoindre une requête。

　【私　訳】
第86条

　同様の条件において、申請の一部の拒絶がとりわけ［他の登記の申請に］障害をもたらすときは、土地登記簿判事は申請の分離を行うことができる。

　〔原　文〕
PARAGRAPHE 4 : LE DÉSISTEMENT
　〔逐語訳〕
　第4款　申請の取下げ PARAGRAPHE 4 : LE DÉSISTEMENT
　【私　訳】
　第4款　申請の取下げ

　〔原　文〕
Article 87

　Le désistement par le requérant de sa demande est constaté par décision du juge du livre foncier.

　〔逐語訳〕
第87条　Article 87

　申請人による登記申請の取下げ Le désistement par le requérant de sa demande は、土地登記簿判事の決定により par décision du juge du livre foncier 確認される est constaté。

【私訳】
第87条

申請人による登記申請の取下げは、土地登記簿判事の決定により確認される。

〔原 文〕
PARAGRAPHE 5 : LA DÉCISION DE CLASSEMENT

〔逐語訳〕
第5款 ［申請の］適否の決定 PARAGRAPHE 5 : LA DÉCISION DE CLASSEMENT

【私訳】
第5款 ［申請の］適否の決定

〔原 文〕
Article 88

La décision par laquelle le juge classe une requête qui n'a donné lieu ni à une ordonnance d'inscription ni à une ordonnance intermédiaire, ni à une ordonnance de rejet ni à une décision constatant le désistement du requérant constitue une mesure d'administration judiciaire.

〔逐語訳〕
第88条　Article 88

［土地登記簿］判事 le juge が、登記命令においても ni à une ordonnance d'inscription、補正命令においても ni à une ordonnance intermédiaire、却下命令においても ni à une ordonnance de rejet、［また］申請の取下げの確認の決定においても ni à une décision constatant le désistement du requérant なしえなかった (qui) n'a donné lieu 申請の適否を分ける決定 La décision par laquelle (le juge) classe une requête については、司法上の管理の措置を構ずる constitue une mesure d'administration judiciaire。

【私訳】

第88条

　［土地登記簿］判事が、登記命令においても、補正命令においても、却下命令においても、［また］申請の取下げの確認の決定においてもなしえなかった申請の適否を分ける決定については、司法上の管理の措置を構ずる。

〔原　文〕

PARAGRAPHE 6：LES RECOURS

〔逐語訳〕

　第6款　不服申立 PARAGRAPHE 6：LES RECOURS

【私訳】

　第6款　不服申立

〔原　文〕

Article 89

　Aucun recours n'est ouvert contre la décision ordonnant une inscription ou une ordonnance intermédiaire.

　Le recours contre l'ordonnance de rejet d'une requête aux fins d'inscription est porté devant la cour d'appel dans les conditions prévues à l'annexe du code de procédure civile, dans un délai de quinze jours à compter de la notification de l'ordonnance. Il est déposé au bureau foncier par le requérant ou le notaire qui a présenté la requête et peut être fondé sur des moyens nouveaux.

　Il est instruit et jugé selon les règles applicables en matière gracieuse devant la cour d'appel.

　L'enregistrement du pourvoi au bureau foncier compétent produit, quant au rang du droit, les effets d'une requête en inscription. Le bénéfice de ce rang est conservé par le requérant jusqu'à la décision du juge du livre foncier ou de la cour d'appel.

〔逐語訳〕

第 89 条　Article 89

　登記または補正を命ずる決定に対しては contre la décision ordonnant une inscription ou une ordonnance intermédiaire、いかなる不服申立の手続きも提起することができない Aucun recours n'est ouvert。

② 登記申請への却下命令に対する不服申立て Le recours contre l'ordonnance de rejet d'une requête aux fins d'inscription は、命令の通告の日から数えて 15 日の猶予期間内に dans un délai de quinze jours à compter de la notification de l'ordonnance、民事訴訟法典の附則に定められる条件のもと dans les conditions prévues à l'annexe du code de procédure civile、控訴院において審理される est porté devant la cour d'appel。［当該不服申立は］、申請人または申請書を提出した新たな理由をもって根拠にすることができる公証人により par le requérant ou le notaire qui a présenté la requête et peut être fondé sur des moyens nouveaux、土地登記所へ提出される Il est déposé au bureau foncier。

③ 当該不服申立て Il は、控訴院において devant la cour d'appel、非訟事件手続に適用される規定に従い selon les règles applicables en matière gracieuse、予審されかつ判決を下される est instruit et jugé。

④ 管轄登記所への抗告の登記 L'enregistrement du pourvoi au bureau foncier compétent は、権利の順位［の確保］に関して quant au rang du droit、登記申請と［同一］の効力 les effets d'une requête en inscription を有する produit。この順位の利益 Le bénéfice de ce rang は、土地登記簿判事または控訴院による決定があるまで jusqu'à la décision du juge du livre foncier ou de la cour d'appel、申請人により確保される est conservé par le requérant。

【私訳】

第 89 条

　登記または補正を命ずる決定に対しては、いかなる不服申立の手続きも提起することができない。

②登記申請への却下命令に対する不服申立ては、命令の通告の日から数えて15日の猶予期間内に、民事訴訟法典の附則に定められる条件のもと、控訴院において審理される。［当該不服申立は］、申請人または申請書を提出した新たな理由をもって根拠にすることができる公証人により、土地登記所へ提出される。

③当該不服申立ては、控訴院において、非訟事件手続に適用される規定に従い、予審されかつ判決を下される。

④管轄登記所への抗告の登記は、権利の順位［の確保］に関して、登記申請と［同一］の効力を有する。この順位の利益は、土地登記簿判事または控訴院による決定があるまで、申請人により確保される。

　〔原　文〕
SECTION 7：LA RECTIFICATION ET LE RÉTABLISSEMENT DES INSCRIPTIONS
　〔逐語訳〕
第7節　登記の更正および復原 SECTION 7：LA RECTIFICATION ET LE RÉTABLISSEMENT DES INSCRIPTIONS
　【私　訳】
第7節　登記の更正および復原

　〔原　文〕
Article 90

Toute inscription ou mention incomplète, incorrecte ou radiée par erreur est rectifiée ou rétablie avec son ancien rang, sans pouvoir porter préjudice aux tiers qui bénéficient d'un droit ou d'un rang acquis dans l'intervalle.

Le juge du livre foncier statue selon les règles prévues par l'article 462 du code de procédure civile.

〔逐語訳〕
第 90 条　Article 90
　不完全な、不正確な、または錯誤により抹消されたすべての登記あるいは記載 Toute inscription ou mention incomplète, incorrecte ou radiée par erreur は、その元の順位を更正または回復される est rectifiée ou rétablie (avec) son ancien rang が avec、その間に取得された権利または順位を享受している第三者に aux tiers qui bénéficient d'un droit ou d'un rang acquis dans l'intervalle 損害を与えることはできない sans pouvoir porter préjudice。
②土地登記簿判事 Le juge du livre foncier は、民事訴訟法典第 462 条の定めに従い裁定を下す statue selon les règles prévues par l'article 462 du code de procédure civile。
【私訳】
第 90 条
　不完全な、不正確な、または錯誤により抹消されたすべての登記あるいは記載は、その元の順位を更正または回復されるが、その間に取得された権利または順位を享受している第三者に損害を与えることはできない。
②土地登記簿判事は、民事訴訟法典第 462 条の定めに従い裁定を下す。

〔原　文〕
Article 91
Le droit d'accès et celui de rectification prévus aux articles 39 et 40 de la loi susvisée du 6 janvier 1978 modifiée relative à l'informatique, aux fichiers et aux libertés s'exercent auprès du juge du livre foncier compétent.
〔逐語訳〕
第 91 条　Article 91
　情報処理、カードボックスおよび自主権に関する　relative à l'informatique, aux fichiers et aux libertés、前記 1978 年 1 月 6 日の改正

法律第 39 条および第 40 条に定められたアクセスの権利および修正の権利 Le droit d'accès et celui de rectification prévus aux articles 39 et 40 de la loi susvisée du 6 janvier 1978 modifiée は、所管する土地登記簿判事によって行使される s'exercent auprès du juge du livre foncier compétent。

【私 訳】
第 91 条
　情報処理、カードボックスおよび自主権に関する、前記 1978 年 1 月 6 日の改正法律第 39 条および第 40 条に定められたアクセスの権利および修正の権利は、所管する土地登記簿判事によって行使される。

〔原　文〕
Article 92
　Le propriétaire d'un bien ou le titulaire d'un droit mentionné à l'article 38 de la loi du 1er juin 1924 peut requérir la rectification de toute mention ou inscription incomplète, incorrecte ou radiée par erreur à moins que la rectification demandée ne soit due à une modification dans la situation juridique de la personne, du bien ou du droit concerné.
　La requête en rectification est adressée au juge du livre foncier dans le ressort duquel est situé l'immeuble.
〔逐語訳〕
第 92 条　　Article 92
　不動産の所有者または 1924 年 6 月 1 日の法律第 38 条に記載された権利名義人 Le propriétaire d'un bien ou le titulaire d'un droit mentionné à l'article 38 de la loi du 1er juin 1924 は、請求された更正が、人、不動産あるいは関係する権利の法的状態の変更に係わるものでない限り à moins que la rectification demandée ne soit due à une modification dans la situation juridique de la personne, du bien ou du droit concerné、不完全な、不正確な登記または錯誤によって抹消されたすべての記載の更正〔の登記〕la rectification de toute mention ou inscription incomplète,

incorrecte ou radiée par erreur を申請することができる peut requérir。
②更正登記の申請書 La requête en rectification は、不動産が所在している管轄地の土地登記簿判事へ au juge du livre foncier dans le resort duquel est situé l'immeuble 提出される est adressée。

【私 訳】
第 92 条
　不動産の所有者または 1924 年 6 月 1 日の法律第 38 条に記載された権利名義人は、請求された更正が、人、不動産あるいは関係する権利の法的状態の変更に係わるものでない限り、不完全な、不正確な登記または錯誤によって抹消されたすべての記載の更正［の登記］を申請することができる。
②更正登記の申請書は、不動産が所在している管轄地の土地登記簿判事へ提出される。

〔原 文〕
Article 93
　Une inscription totalement ou partiellement détruite ou disparue est rétablie sur requête de tout intéressé ou d'office au vu de tous actes, extraits, certificats ou autres documents attestant l'existence de l'inscription manquante.

　Toute personne doit donner connaissance au juge du livre foncier des pièces qu'elle détient ou des informations dont elle dispose, relatives à une inscription détruite ou disparue.

〔逐語訳〕
第 93 条　Article 93
　完全に、または部分的に破損あるいは消失した登記 Une inscription totalement ou partiellement détruite ou disparue は、欠けている記述の存在を証明するあらゆる証書、抄本、証明書あるいはその他の資料を審査した上で au vu de tous actes, extraits, certificats ou autres documents

attestant l'existence de l'inscription manquante、すべての関係者の申請または職権にもとづき sur requête de tout intéressé ou d'office 復原される est rétablie。

②破損または消失した登記に関する書類を保持あるいは情報を保有するいかなる者 Toute personne・・・des pièces qu'elle détient ou des informations dont elle dispose, relatives à une inscription détruite ou disparue も、土地登記簿判事へその事情を報告しなければならない doit donner connaissance au juge du livre foncier。

　【私 訳】
第93条
　完全に、または部分的に破損あるいは消失した登記は、欠けている記述の存在を証明するあらゆる証書、抄本、証明書あるいはその他の資料を審査した上で、すべての関係者の申請または職権にもとづき復原される。
②破損または消失した登記に関する書類を保持あるいは情報を保有するいかなる者も、土地登記簿判事へその事情を報告しなければならない。

　〔原　文〕
SECTION 8：LA NOTIFICATION DE L'INSCRIPTION ET LE CERTIFICAT D'INSCRIPTION
　〔逐語訳〕
　第8節　登記の通知および登記の証明 SECTION 8：LA NOTIFICATION DE L'INSCRIPTION ET LE CERTIFICAT D'INSCRIPTION
　【私 訳】
　第8節　登記の通知および登記の証明

　〔原　文〕
Article 94
　Toute inscription est notifiée à celui qui l'a requise et au propriétaire inscrit ainsi qu'à toute personne que le livre foncier révèle comme

devant bénéficier ou souffrir de l'inscription. L'inscription est également notifiée à ceux qui sont inscrits au livre foncier comme titulaires d'un privilège, d'une hypothèque ou d'une prestation foncière, d'une dette ou d'une rente foncière du droit local.

La notification mentionne les droits d'accès et de rectification prévus par les articles 39 et 40 de la loi du 6 janvier 1978 susvisée.

Elle peut être remplacée par la délivrance d'un certificat d'inscription au requérant lorsqu'il y consent expressément. Le certificat mentionne les droits d'accès et de rectification prévus par les articles 39 et 40 de la même loi.

La notification et la délivrance du certificat d'inscription peuvent être effectuées par voie électronique si le destinataire y consent expressément. Elles font alors l'objet d'un avis électronique de réception par celui-ci, qui indique la date et l'heure de la notification.

Les procédés techniques utilisés garantissent, dans des conditions fixées par arrêté du garde des sceaux, ministre de la justice, la fiabilité de l'identification de la personne qui notifie l'acte et du destinataire, l'intégrité des documents adressés, la sécurité et la confidentialité des échanges, la conservation des transmissions opérées et permettent d'établir de manière certaine la date d'envoi et celle de la réception par le destinataire.

〔逐語訳〕

第94条　Article 94

すべての登記 Toute inscription は、登記を申請した者および登記されている所有者へ à celui qui l'a requise et au propriétaire inscrit、ならびに ainsi qu' 土地登記簿による公示により que le livre foncier révèle、従前より登記の利益を得、あるいは不利益を受けているすべての者へ à toute personne…comme devant bénéficier ou souffrir de l'inscription 通知される est notifiée。登記 L'inscription は、先取特権、抵当権、土地給付権、

地域法による債務または土地の収益の名義人として土地登記簿へ登記されている者に à ceux qui sont inscrits au livre foncier comme titulaires d'un privilège, d'une hypothèque ou d'une prestation foncière, d'une dette ou d'une rente foncière du droit local もまた通知される est également notifiée。
②通知書 La notification には、前記の1978年1月6日の法律第39条および第40条に定められた prévus par les articles 39 et 40 de la loi du 6 janvier 1978 susvisée アクセス権および修正権 les droits d'accès et de rectification を記載する mentionne。
③通知 Elle は、明白な同意あるときは lorsqu'il y consent expressément、申請人への登記証明書の交付により par la délivrance d'un certificat d'inscription au requérant、これに代えることができる peut être remplacée。証明書 Le certificat には、同法第39条および第40条に定められた prévus par les articles 39 et 40 de la même loi アクセス権および修正権 les droits d'accès et de rectification を記載する mentionne。
④登記証明書の通知および交付 La notification et la délivrance du certificat d'inscription は、名宛人の明白な同意あるときは si le destinataire y consent expressément、電子情報処理組織による方法により par voie électronique 行うことができる peuvent être effectuées。この場合の通知および交付は Elles font alors、電子情報処理組織による通知の受信の対象 l'objet d'un avis électronique de réception par celui-ci となる。［そのとき］名宛人は通知の日時を指定する（しなければならない）qui indique la date et l'heure de la notification。
⑤使用される技術的方式 Les procédés techniques utilisés は、国璽尚書司法［自由］大臣のアレテにより定められた条件において dans des conditions fixées par arrêté du garde des sceaux, ministre de la justice、証書を通知する者および名宛人の同定の信頼性 la fiabilité de l'identification de la personne qui notifie l'acte et du destinataire、送付された書類の完全性 l'intégrité des documents adressés、通信の安全性および機密

性 la sécurité et la confidentialité des échanges ［ならびに］実行された通信内容の保存 la conservation des transmissions opérées を保証し garantissent、かつ発信年月日および名宛人による受領年月日を確実な方法で記録することを可能とする et permettent d'établir de manière certaine la date d'envoi et celle de la réception par le destinataire。

【私 訳】
第 94 条
　すべての登記は、登記を申請した者および登記されている所有者へ、ならびに土地登記簿による公示により、従前より登記の利益を得、あるいは不利益を受けているすべての者へ通知される。登記は、先取特権、抵当権、土地給付権、地域法による債務または土地の収益の名義人として土地登記簿へ登記されている者にもまた通知される。
②通知書には、前記の 1978 年 1 月 6 日の法律第 39 条および第 40 条に定められたアクセス権および修正権を記載する。
③通知は、明白な同意あるときは、申請人への登記証明書の交付により、これに代えることができる。証明書には、同法第 39 条および第 40 条に定められたアクセス権および修正権を記載する。
④登記証明書の通知および交付は、名宛人の明白な同意あるときは、電子情報処理組織による方法により行うことができる。この場合の通知および交付は、電子情報処理組織による通知の受信の対象となる。［そのとき］名宛人は通知の日時を指定する（しなければならない）。
⑤使用される技術的方式は、国璽尚書司法［自由］大臣のアレテにより定められた条件において、証書を通知する者および名宛人の同定の信頼性、送付された書類の完全性、通信の安全性および機密性［ならびに］実行された通信内容の保存を保証し、かつ発信年月日および名宛人による受領年月日を確実な方法で記録することを可能とする。

〔原 文〕
SECTION 9：LES RADIATIONS

〔逐語訳〕
第9節　〔登記の〕抹消 SECTION 9：LES RADIATIONS
【私訳】
第9節　〔登記の〕抹消

〔原文〕
Article 95
　L'inscription d'un droit affecté d'un terme extinctif à date certaine est radiée à la requête du propriétaire du bien, du titulaire du droit ou de tout intéressé après l'échéance de ce terme.
〔逐語訳〕
第95条　Article 95
　特定の年月日による消滅期限が付されている権利の登記 L'inscription d'un droit affecté d'un terme extinctif à date certaine は、この期限の到来後 après l'échéance de ce terme、不動産の所有者、権利名義人またはすべての利害関係人の申請により à la requête du propriétaire du bien, du titulaire du droit ou de tout intéressé 抹消される est radiée。
【私訳】
第95条
　特定の年月日による消滅期限が付されている権利の登記は、この期限の到来後、不動産の所有者、権利名義人またはすべての利害関係人の申請により抹消される。

〔原文〕
Article 96
　Les inscriptions effectuées en application de l'article 38-4 de la loi du 1er juin 1924 sont radiées à la requête de tout intéressé ou d'office, sur présentation de la décision judiciaire passée en force de chose jugée et prononçant le rejet ou constatant le désistement de l'instance ou la

péremption d'instance ou le désistement de l'action ou la caducité de la citation.

〔逐語訳〕

第96条　Article 96

1924年6月1日の法律第38-4条の適用により実行された登記 Les inscriptions effectuées en application de l'article 38-4 de la loi du 1er juin 1924 は、既判事項に強制力ある確定判決 de la décision judiciaire passée en force de chose jugée および却下の宣告 et prononçant le rejet または確認された訴訟行為の取下 ou constatant le désistement de l'instance あるいは訴訟手続の滅効 ou la péremption d'instance または訴の取下 ou le désistement de l'action あるいは訴権の失効 ou la caducité de la citation の［証明の］提示にもとづき sur présentation、すべての利害関係人の申請または［土地登記簿判事の］職権により à la requête de tout intéressé ou d'office 抹消される sont radiées。

【私　訳】

第96条

1924年6月1日の法律第38-4条の適用により実行された登記は、既判事項に強制力ある確定判決および却下の宣告または確認された訴訟行為の取下あるいは訴訟手続の滅効または訴の取下あるいは訴権の失効の［証明の］提示にもとづき、すべての利害関係人の申請または［土地登記簿判事の］職権により抹消される。

〔原　文〕

Article 97

Lorsqu'il demande l'inscription de la propriété de l'adjudicataire, le notaire chargé de l'adjudication forcée d'un immeuble requiert le bureau foncier de radier la mention d'exécution forcée.

En cas d'abandon de la procédure, le tribunal d'exécution requiert le bureau foncier de procéder à la radiation de la mention d'exécution forcée.

En cas de clôture d'une procédure d'administration forcée, le tribunal d'exécution requiert de même le bureau foncier de procéder à la radiation de la mention d'administration forcée.

〔逐語訳〕
第97条　Article 97
　不動産の強制競売の任務を負う公証人 le notaire chargé de l'adjudication forcée d'un immeuble は、落札者の所有権の登記を申請するとき Lorsqu'il demande l'inscription de la propriété de l'adjudicataire、［土地登記簿上の］強制執行の記載の抹消を土地登記所に［併せて］申請する requiert le bureau foncier de radier la mention d'exécution forcée。
②［強制執行］手続が放棄された場合は En cas d'abandon de la procédure、執行裁判所 le tribunal d'exécution は、［土地登記簿上の］強制執行の記載の抹消手続を de procéder à la radiation de la mention d'exécution forcée 土地登記所へ嘱託する requiert le bureau foncier。
③強制管理手続が終了した場合 En cas de clôture d'une procédure d'administration forcée、執行裁判所 le tribunal d'exécution は、［土地登記簿上の］強制管理の記載の抹消手続を de procéder à la radiation de la mention d'administration forcée 土地登記所へ同じく嘱託する requiert de même le bureau foncier。

【私　訳】
第97条
　不動産の強制競売の任務を負う公証人は、落札者の所有権の登記を申請するとき、［土地登記簿上の］強制執行の記載の抹消を土地登記所に［併せて］申請する。
②［強制執行］手続が放棄された場合は、執行裁判所は、［土地登記簿上の］強制執行の記載の抹消手続を土地登記所へ嘱託する。
③強制管理手続が終了した場合、執行裁判所は、［土地登記簿上の］強制管理の記載の抹消手続を土地登記所へ同じく嘱託する。

〔原文〕

Article 98

　Lors de la clôture de l'état de collocation dans la procédure de distribution, après exécution forcée sur des immeubles, le notaire requiert la radiation des inscriptions mentionnées à l'article 204 de la loi du 1er juin 1924 et, en outre, celle des inscriptions des charges, des hypothèques, des baux et locations qui, suivant le premier alinéa de l'article 166 de la même loi, ne sont pas opposables à l'adjudicataire.

〔逐語訳〕

第 98 条　Article 98

　不動産に関する強制執行［手続］の後 après exécution forcée sur des immeubles、［債権の］配当手続における弁済順位の確定の際 Lors de la clôture de l'état de collocation dans la procédure de distribution、公証人 le notaire は、1924 年 6 月 1 日の法律第 204 条により記載された登記 des inscriptions mentionnées à l'article204 de la loi du 1er juin 1924、さらに加え et, en outre、同法第 166 条第 1 項の［規定］により suivant le premier alinéa de l'article 166 de la même loi、落札人に対抗し得ない qui…ne sont pas opposables à l'adjudicataire 各種負担、抵当権、賃貸借契約およびリース契約の登記の celle des inscriptions des charges, des hypothèques, des baux et locations 抹消を申請する requiert la radiation。

【私訳】

第 98 条

　不動産に関する強制執行［手続］の後、［債権の］配当手続における弁済順位の確定の際、公証人は、1924 年 6 月 1 日の法律第 204 条により記載された登記、さらに加え、同法第 166 条第 1 項の［規定］により、落札人に対抗し得ない各種負担、抵当権、賃貸借契約およびリース契約の登記の抹消を申請する。

〔原 文〕

Article 99

　Les mentions existantes au livre foncier des jugements ouvrant une procédure de sauvegarde ou de redressement judiciaire ou prononçant une liquidation judiciaire sont radiées d'office par le juge du livre foncier.

〔逐語訳〕

第 99 条　　Article 99

　土地登記簿上に存在する existantes au livre foncier、［債権者］保護手続または裁判上の更生手続開始［決定］の判決 des jugements ouvrant une procédure de sauvegarde ou de redressement judiciaire あるいは裁判上の清算手続［開始の］宣告 ou prononçant une liquidation judiciaire の記載 Les mentions は、土地登記簿判事の職権により抹消される sont radiées d'office par le juge du livre foncier。

【私 訳】

第 99 条

　土地登記簿上に存在する、［債権者］保護手続または裁判上の更生手続開始［決定］の判決あるいは裁判上の清算手続［開始の］宣告の記載は、土地登記簿判事の職権により抹消される。

〔原 文〕

Article 100

　Peuvent être radiés d'office：

1°　La prénotation lorsque l'inscription définitive est prise ou lorsque la rectification visée par la prénotation est effectuée ou lorsque la prénotation n'a pas été renouvelée dans le délai prévu.

2°　Le privilège du vendeur si, à la suite de la résolution de la vente et à défaut de paiement du prix, la propriété est inscrite de nouveau au nom du vendeur.

　La radiation du privilège du vendeur entraîne la radiation d'office du droit de résolution dans la mesure où ce droit concerne l'inexécution des engagements garantis par le privilège.

　〔逐語訳〕

第100条　Article 100

　下記の［権利は］職権により抹消することができる Peuvent être radiés d'office。

1°本登記がなされているときの仮登記 La prénotation lorsque l'inscription définitive est prise または仮登記の目的とされる更正［登記］が実行されたときの［仮登記］ou lorsque la rectification visée par la prénotation est effectuée あるいは定められた期間内に仮登記の更新がなされなかったときの［仮登記］ou lorsque la prénotation n'a pas été renouvelée dans le délai prévu。

2°売買契約の解除または売買代金の不払の結果 à la suite de la résolution de la vente et à défaut de paiement du prix、不動産の所有権が再び売主の登記名義に［回復］されているときの si…,la propriété est inscrite de nouveau au nom du vendeur 売主の先取特権 Le privilège du vendeur。

②売主の先取特権の抹消 La radiaton du privilège du vendeur は、先取特権で保証された契約の不履行に関する契約解除の権利に限り dans la mesure où ce droit concerne l'inexécution des engagements garantis par le privilège、当該解除の権利の［土地登記簿判事による］職権抹消をもたらす entraîne la radiation d'office du droit de résolution。

　【私　訳】

第100条

　下記の［権利は］職権により抹消することができる。

1°本登記がなされているときの仮登記または仮登記の目的とされる更正［登記］が実行されたときの［仮登記］あるいは定められた期間内に仮登記の更新がなされなかったときの［仮登記］。

2°売買契約の解除または売買代金の不払の結果、不動産の所有権が再び売

主の登記名義に［回復］されているときの売主の先取特権。

②売主の先取特権の抹消は、先取特権で保証された契約の不履行に関する契約解除の権利に限り、当該解除の権利の［土地登記簿判事による］職権抹消をもたらす。

〔原　文〕
CHAPITRE Ⅳ：DISPOSITIONS FINALES
　〔逐語訳〕
第4章　最終規定 CHAPITRE Ⅳ：DISPOSITIONS FINALES
　【私　訳】
第4章　最終規定

〔原　文〕
Article 101
　　Sont abrogés：
1° Le chapitre 1er du titre I, le chapitre 2 du titre II sauf pour son application aux livres fonciers des mines et le titre IV du décret du 18 novembre 1924 susvisé；
2° Les titres I, II, IV et V du décret du 14 janvier 1927 susvisé；
3° L'article R.670-6 du code de commerce.
　　A abrogé les dispositions suivantes：
—Décret du 14 janvier 1927
　　Sct. Titre Ier：Dispositions relatives aux feuillets du livre foncier., Art. 1,
　　Sct. Titre II：Des requêtes et inscriptions des radiations., Art.2, Art.3, Art.4, Art.5, Art.6, Art.7, Art.8, Art.9, Art.10, Art.11, Art.12, Art.13, Art.14, Art. 15, Art.16, Art.17, Art.18, Art.19, Art.20,
　　Sct. Chapitre Ier：Dispositions relatives aux servitudes constituées avant le 1er janvier 1990.,Art. 14-1,

Sct. Chapitre II : Dispositions relatives à l'inscription d'un droit acquis par prescription ou par accession, Art.18-1, Art. 18-2, Art.18-3,

Sct. Titre IV : Délivrance des extraits et des certificats., Art.25, Art.26,

Sct. Titre V : Dispositions transitoires., Art.27,

—Code de commerce. Art.R.670-6,

—Décret du 18 novembre 1924

Sct. Chapitre Ier : Des livres fonciers des immeubles,

Sct. Section I : Bureaux fonciers - Circonscriptions foncières - Livres fonciers., Art.1, Art.2, Art.3, Art.4,

Sct. Section II : Inscription des immeubles., Art.5,

Sct. Section III : Requêtes et inscriptions., Art.6, Art.6-1, Art.6-2, Art.7, Art.8, Art.9, Art.10, Art.11, Art.12, Art.13, Art.14, Art.15, Art.16, Art.17, Art.18, Art.19, Art.20, Art.21, Art.22, Art.23, Art.25, Art.26, Art.27, Art.31, Art.32, Art.33, Art.34, Art.35,

Sct. Section IV : Forme des actes -Indication de l'origine de propriété., Art.36, Art.37, Art.38, Art.39,

Sct. Section V : Régime matrimonial - Droit successorial - Envoi en possession des biens d'un absent., Art.41, Art.42, Art.43,

Sct. Section VI : Dispense de renouvellement - Radiation des droits inscrits., Art.45, Art.46, Art.47, Art.48, Art.48-1,

Sct. Section VII : Notification des inscriptions - Consultation et copies des livres fonciers, des annexes et des requêtes., Art.49, Art.50, Art.51,

Sct. Section VIII : Pourvoi.,Art.52, Art.55, Art.56, Art.57,

Sct. Section IX : Mutation au cadastre., Art.58,

Sct. Chapitre II : De la forme des livres fonciers,

Sct. Section I : Généralités., Art.69, Art.70, Art.71, Art.72,

Sct. Section II : Des feuillets du livre foncier., Art.73, Art.74, Art.75, Art. 76, Art.77, Art.78,

Sct. Section III : Des registres accessoires., Art.79,

Sct. Titre IV：Rétablissement des inscriptions détruites ou disparues., Art.88, Art.89, Art.90

〔逐語訳〕

第101条　Article 101

［本デクレの施行により］以下の法令は廃止される Sont abrogés。

1°前記の1924年11月18日のデクレ du décret du 18 novembre 1924 susvisé 第1篇第1章 Le chapitre 1er du titre Ⅰ、地下資源土地登記簿への適用を除く sauf pour son application aux livres fonciers des mines 第2篇第2章 le chapitre 2 du titre Ⅱ および第4篇 et le titre Ⅳ。

2°前記の1927年1月14日のデクレ du décret du 14 janvier 1927 susvisé 第1篇、第2篇、第4篇および第5篇 Les titres Ⅰ，Ⅱ，Ⅳ et Ⅴ。

3°商法典第R.670-6条 L'article R.670-6 du code de commerce。

［本デクレの施行により］以下の法令は廃止された A abrogé les dispositions suivantes。

—1927年1月14日のデクレ Décret du 14 janvier 1927。

その範囲、第Ⅰ篇　土地登記簿の［登記事項記載］用紙に関する規定、第1条 Sct. Titre Ier：Dispositions relatives aux feuillets du livre foncier, Art.1。

その範囲、第Ⅱ篇　抹消登記およびその申請、第2条、第3条、第4条、第5条、第6条、第7条、第8条、第9条、第10条、第11条、第12条、第13条、第14条、第15条、第16条、第17条、第18条、第19条、第20条 Sct. TitreⅡ：Des requêtes et inscriptions des radiations, Art.2, Art.3, Art.4, Art.5, Art.6, Art.7, Art.8, Art.9, Art.10, Art.11, Art.12, Art.13, Art.14, Art.15, Art.16, Art.17, Art.18, Art.19, Art.20。

その範囲、第1章　1990年1月1日以前に設定された地役権に関する規定、第14-1条　Sct.Chapitre Ier：Dispositions relatives aux servitudes constituées avant le 1er janvier 1990, Art.14-1。

その範囲、第2章　附合または時効取得による権利の登記に関する規定、第18-1条、第18-2条、第18-3条　Sct. ChapitreⅡ：Dispositions relatives à l'inscription d'un droit acquis par prescription ou par accession, Art.18-1, Art.18-2, Art. 18-3。

その範囲、第Ⅳ篇 抄本および証明書の交付、第25条、第26条 Sct. Titre Ⅳ：Délivrance des extraits et des certificats, Art.25, Art.26。

その範囲、第Ⅴ篇 経過規定、第27条 Sct.Titre Ⅴ：Dispositions transitoires, Art.27。

――商法典、第 R.670-6 条 Code de commerce, Art.R.670-6。

――1924年11月18日のデクレ Décret du 18 novembre 1924。

その範囲、第1章 土地登記簿について Sct.Chapitre Ier：Des livres fonciers des immeubles。

その範囲、第1節 登記所‐登記管轄‐土地登記簿、第1条、第2条、第3条、第4条 Sct.Section Ⅰ：Bureaux fonciers ‐Circonscriptions foncières ‐ Livres fonciers, Art.1, Art.2, Art.3, Art.4。

その範囲、第2節 不動産の登記、第5条 Sct.Section Ⅱ：inscription des immeubles, Art.5。

その範囲、第3節 申請書および登記、第6条、第6-1条、第6-2条、第7条、第8条、第9条、第10条、第11条、第12条、第13条、第14条、第15条、第16条、第17条、第18条、第19条、第20条、第21条、第22条、第23条、第25条、第26条、第27条、第31条、第32条、第33条、第34条、第35条 Sct.Section Ⅲ：Requêtes et inscriptions, Art.6, Art.6-1, Art.6-2, Art.7, Art.8, Art.9, Art.10, Art.11, Art.12, Art.13, Art.14, Art.15, Art.16, Art.17, Art.18, Art.19, Art.20, Art.21, Art.22, Art.23, Art.25, Art.26, Art.27, Art.31, Art.32, Art.33, Art.34, Art.35。

その範囲、第4節 証書の形式‐所有権の［取得］の原因の表示、第35条、第36条、第37条、第38条、第39条 Sct.Section Ⅳ：Forme des actes ‐ indication de l'origine de propriété, Art.35, Art.36, Art.37, Art.38, Art.39。

その範囲、第5節 夫婦財産制‐相続権‐不在者の財産への占有付与、

第41条、第42条、第43条　Sct.Section Ⅴ：Régime matrimonial - Droit successorial - Envoi en possession des biens d'un absent, Art.41, Art.42, Art.43。

その範囲、第6節　更新の免除 - 登記された権利の抹消、第45条、第46条、第47条、第48条、第48-1条　Sct.Section Ⅵ：Dispense de renouvellement - Radiation des droits inscrits, Art.45, Art.46, Art.47, Art.48, Art.48-1。

その範囲、第7節　登記の通知 - 土地登記簿、申請書および附属書類の閲覧ならびにその写し、第49条、第50条、第51条　Sct.Section Ⅶ：Notification des inscriptions - Consultation et copies des livres fonciers, des annexes et des requêtes, Art.49, Art.50, Art.51。

その範囲、第8節　抗告、第52条、第55条、第56条、第57条　Sct.Section Ⅷ：Pourvoi, Art.52, Art.55, Art.56, Art.57。

その範囲、第9節　キャダストルにおける所有権移転、第58条　Sct.Section Ⅸ：Mutation au cadastre, Art.58。

その範囲、第2章　土地登記簿の形式　Sct.Chapitre Ⅱ：De la forme des livres fonciers。

その範囲、第1節　総論、第69条、第70条、第71条、第72条　Sct.Section Ⅰ：Généralités, Art.69, Art.70, Art.71, Art.72。

その範囲、第2節　土地登記簿の用紙について、第73条、第74条、第75条、第76条、第77条、第78条　Sct.Section Ⅱ：Des feuillets du livre foncier, Art.73, Art.74, Art.75, Art.76, Art.77, Art.78。

その範囲、第3節　附属登録簿について、第79条　Sct.Section Ⅲ：Des registres accessoires, Art.79。

その範囲、第4節　破損または消失した登記の回復、第88条、第89条、第90条　Sct.Section Ⅳ：Rétablissement des inscriptions détruites ou disparues, Art.88, Art.89, Art.90。

【私　訳】

第101条

［本デクレの施行により］以下の法令は廃止される。

1° 前記の1924年11月18日のデクレ第1篇第1章、地下資源土地登記簿への適用を除く第2篇第2章および第4篇。

2° 前記の1927年1月14日のデクレ第1篇、第2篇、第4篇および第5篇。

3° 商法典第R.670-6条。

［本デクレの施行により］以下の法令は廃止された。

—1927年1月14日のデクレ。

その範囲、第Ⅰ篇　土地登記簿の［登記事項記載］用紙に関する規定、第1条。

その範囲、第Ⅱ篇　抹消登記およびその申請、第2条、第3条、第4条、第5条、第6条、第7条、第8条、第9条、第10条、第11条、第12条、第13条、第14条、第15条、第16条、第17条、第18条、第19条、第20条。

その範囲、第1章　1990年1月1日以前に設定された地役権に関する規定、第14-1条。

その範囲、第2章　附合または時効取得による権利の登記に関する規定、第18-1条、第18-2条、第18-3条。

その範囲、第Ⅳ篇　抄本および証明書の交付、第25条、第26条。

その範囲、第Ⅴ篇　経過規定、第27条。

—商法典、第R.670-6条。

—1924年11月18日のデクレ。

その範囲、第1章　土地登記簿について。

その範囲、第1節　登記所−登記管轄−土地登記簿、第1条、第2条、第3条、第4条。

その範囲、第2節　不動産の登記、第5条。

その範囲、第3節　申請書および登記、第6条、第6-1条、第6-2条、第7条、第8条、第9条、第10条、第11条、第12条、第13条、第14条、第15条、第16条、第17条、第18条、第19条、第20条、第

21条、第22条、第23条、第25条、第26条、第27条、第31条、第32条、第33条、第34条、第35条。

その範囲、第4節　証書の形式－所有権の［取得］の原因の表示、第35条、第36条、第37条、第38条、第39条。

その範囲、第5節　夫婦財産制－相続権－不在者の財産への占有付与、第41条、第42条、第43条。

その範囲、第6節　更新の免除－登記された権利の抹消、第45条、第46条、第47条、第48条、第48-1条。

その範囲、第7節　登記の通知－土地登記簿、申請書および附属書類の閲覧ならびにその写し、第49条、第50条、第51条。

その範囲、第8節　抗告、第52条、第55条、第56条、第57条。

その範囲、第9節　キャダストルにおける所有権移転、第58条。

その範囲、第2章　土地登記簿の形式。

その範囲、第1節　総論、第69条、第70条、第71条、第72条。

その範囲、第2節　土地登記簿の用紙について、第73条、第74条、第75条、第76条、第77条、第78条。

その範囲、第3節　附属登録簿について、第79条。

その範囲、第4節　破損または消失した登記の回復、第88条、第89条、第90条。

〔原文〕

Article 102

La ministre d'État, garde des sceaux, ministre de la justice et des libertés, est chargée de l'exécution du présent décret, qui sera publié au Journal officiel de la République française.

〔逐語訳〕

第102条　Article 102

国璽尚書国務大臣たる司法自由大臣 La ministre d'État, garde des sceaux, ministre de la justice et des libertés は、本デクレの執行について

責任を負う est chargée de l'exécution du présent décret。本デクレはフランス共和国官報において公示される qui sera publié au Journal officiel de la République française。

　【私訳】
第102条
　　国璽尚書国務大臣たる司法自由大臣は、本デクレの執行について責任を負う。本デクレはフランス共和国官報において公示される。

　〔原文〕
Annexes
　〔逐語訳〕
附則 Annexes
　【私訳】
附則

　〔原文〕
Article Annexe 1
　Les données du livre foncier sont, outre le numéro Amalfi, la date de dépôt de la requête et la date de signature de l'ordonnance et de l'inscription：
1° Les immeubles objets de droits：
a) La parcelle：
—la commune et son préfixe；
—le numéro de section；
—le numéro de plan；
—la contenance；
—l'affectation du sol（nature des cultures）；
—l'adresse；
—l'indicateur bâti；

—l'indicateur éliminée ;

—l'indicateur remembrée ;

—le numéro du procès-verbal d'arpentage d'origine ;

—les compléments d'information, notamment le lieudit.

b) La copropriété :

—le nom ;

—l'adresse ;

—le nombre de lots ;

—la somme des tantièmes ;

—la ou les dates du ou des règlements de copropriété ;

—le ou les numéros d'esquisses d'étage ;

—le ou les immeubles d'assise ;

—les compléments d'information, notamment la situation géographique des bâtiments en cas de pluralité d'immeubles.

c) Le lot de copropriété :

—le numéro de lot ;

—les tantièmes de parties communes ;

—la description du lot ;

—les compléments d'information, notamment la teneur du lot de copropriété.

d) l'ensemble immobilier hors du régime de la copropriété :

—le nombre de parties de l'ensemble immobilier ;

—la ou les dates du ou des états descriptifs ;

—le ou les numéros d'esquisses de division ;

—la ou les parcelles d'assise ;

—les compléments d'information, notamment la situation géographique des bâtiments en cas de pluralité des bâtiments.

e) La partie d'un ensemble immobilier hors du régime de la copropriété :

—le nom de la partie de l'ensemble immobilier ;
—la cotation de la partie de l'ensemble immobilier ;
—la description de la partie de l'ensemble immobilier ;
—les compléments d'information, notamment la concordance avec certaines inscriptions issues de la reprise des données manuelles.

2° Les personnes titulaires de droits :

a) La personne physique :
—le nom de famille ;
—les prénoms dans l'ordre de l'état civil ;
—le prénom d'usage ;
—les date et lieu de naissance ;
—à défaut de date et de lieu de naissance connus, le nom de famille du conjoint ;
—le domicile ;
—les liens avec toute autre personne titulaire d'un droit (communauté de biens, société d'acquêts, tontine, co-titulaires d'un droit, autres [par exemple, la fiducie]) ;
—les compléments d'information, notamment le nom d'usage, le pseudonyme de la personne ou la situation matrimoniale si nécessaire.

b) La personne morale :
—la forme juridique ;
—la dénomination sociale ;
—le sigle ;
—l'adresse du siège ;
—le nom du représentant légal ;
—pour les personnes immatriculées au registre du commerce et des sociétés, les renseignements mentionnés au 1° de l'article R.123-237 du code de commerce ;
—le numéro d'immatriculation, d'inscription ou de déclaration des

associations ;

—les liens avec toute autre personne titulaire d'un droit (tontine, cotitulaires d'un droit, autres [par exemple, la fiducie]) ;

—les compléments d'information, notamment pour les personnes morales non immatriculées au registre du commerce et des sociétés.

3° Les droits :

—le type ;

—la quote-part en cas d'indivision ;

—la durée ou les dates de début et de fin d'un droit à durée déterminée ;

—le mode d'acquisition ;

—le prix ou l'évaluation ;

—les compléments d'information, notamment la quote-part de propriété démembrée.

4° Les charges sur un immeuble :

a) Les servitudes foncières établies par le fait de l'homme et toute servitude dont la publicité foncière est prévue par la loi à peine d'inopposabilité :

—le libellé ;

—les compléments d'information, notamment le cantonnement de la servitude ;

—le (s) fonds servant (s) ;

—le (s) fonds dominant (s).

b) L'indivision forcée résultant d'un acte entre vifs ou à cause de mort ou d'une décision judiciaire :

—les compléments d'information ;

—l'immeuble rattaché ;

—le ou les immeubles principaux.

5° Les charges sur un droit :

a) Les hypothèques et les privilèges, y compris la séparation de patrimoine :
—le type (conventionnelle, judiciaire...) ;
—la nature de l'inscription (définitive, provisoire ou prénotée) ;
—la cause (prêt, cautionnement...) ;
—le motif de modification (subrogation, renouvellement...) ;
—le montant principal ;
—le montant comprenant les frais et accessoires ;
—le montant pour risque de change ;
—autre montant ;
—le total des montants ;
—la date extrême d'effet ;
—le ou les bénéficiaires ;
—les compléments d'information (taux d'intérêt, clause de réévaluation, montant du rechargement de l'hypothèque si ce montant est inférieur au montant maximal, pacte commissoire...) ;
—le ou les droits grevés ;
—l'indicateur d'existence d'une copie exécutoire à ordre ;
—l'indicateur d'existence d'une hypothèque rechargeable.
b) Les autres charges :
—le type (autre charge ou prénotation de droit) ;
—la nature de l'inscription (définitive ou prénotée) ;
—le libellé ;
—le motif de modification (renouvellement...) ;
—le ou les bénéficiaires ;
—la durée ;
—la date de début ;
—la date de fin ;
—la date extrême d'effet ;

—les compléments d'information, notamment le cantonnement de la charge ;

—le ou les droits grevés.

6° Le rang :

—le type（cession, égalité）;

—les compléments d'information, notamment les cessions et égalités multiples de rang par rapport au droit ou à la charge bénéficiaire ;

—la charge ou le droit bénéficiaire ;

—la（les）charge（s）ou le（s）droit（s）cédant（s）.

7° Les mentions dont la publicité est prévue à peine d'irrecevabilité :

—les demandes en justice tendant à obtenir la résolution, la révocation, l'annulation ou la rescision d'une convention ou d'une disposition à cause de mort :

—le type ;

—précision sur le type ;

—les compléments d'information, notamment les références des décisions de justice à l'origine de la mention ;

—le droit concerné.

8° Les mentions informatives :

—sur un immeuble : les limitations administratives au droit de propriété et les dérogations à ces limitations prévues par l'article 73 du décret du 14 octobre 1955 ainsi que toute autre limitation administrative dont la publicité foncière est prévue par la loi ou les règlements aux fins d'information des usagers :

—le type ;

—précision sur le type ;

—les compléments d'information, notamment les références des décisions administratives à l'origine de l'inscription de la mention informative ;

—l'immeuble concerné.

〔逐語訳〕

附則第1条　Article Annexe 1

　土地登記簿の情報 Les données du livre foncier には、アマルフィ番号 le numéro Amalfi、申請書の提出年月日 la date de dépôt de la requête および命令ならびに登記の署名年月日 et la date de signature de l'ordonnance et de l'inscription のほか下記事項を含む sont outre。

1° 権利の目的たる不動産 Les immeubles objets de droits。

a) 一筆地 La parcelle。

—地方自治体およびその地域番号 la commune et son préfixe。

—区の番号 le numéro de section。

—地籍図番号 le numéro de plan。

—面積 la contenance。

—土地の用途（作目）l'affectation du sol（nature des cultures）。

—所在地 l'adresse。

—建物の表示 l'indicateur bâti。

—抹消した表示 l'indicateur éliminée。

—整理統合した表示 l'indicateur remembrée。

—基本測量の調書番号 le numéro du procès-verbal d'arpentage d'origine。

—情報の補完、とりわけリゥディ les compléments d'information, notamment le lieudit。

b) 共有 La copropriété。

—名称 le nom。

—所在地 l'adresse。

—持分の数 le nombre de lots。

—共有持分の合計 la somme des tantièmes。

—共有規約の［制定］年月日 la ou les dates du ou des règlements de copropriété。

—上層階の概略番号 le ou les numéros d'esquisses d'étage。

—基礎となる不動産 le ou les immeubles d'assise。

―情報の補完、とりわけ不動産が複数存在する場合の建物の地理的位置 les compléments d'information, notamment la situation géographique des bâtiments en cas de pluralité d'immeubles。
c）共有持分 Le lot de copropriété。
―持分の番号 le numéro de lot。
―共有部分の持分 les tantièmes de parties communes。
―持分の明細 la description du lot。
―情報の補完、とりわけ共有持分の内容 les compléments d'information, notamment la teneur du lot de copropriété。
d）共有制度に含まれない不動産の全体 l'ensemble immobilier hors du régime de la copropriété。
―不動産全体の［ある］部分の数 le nombre de parties de l'ensemble immobilier。
―記述明細書の［作成］年月日 la ou les dates du ou des états descriptifs。
―分割概要書番号 le ou les numéros d'esquisses de division。
―敷地たる一筆地 la ou les parcelles d'assise。
―情報の補完、とりわけ建物が複数存在する場合の建物の地理的位置 les compléments d'information, notamment la situation géographique des bâtiments en cas de pluralité des bâtiments。
e）共有制度に含まれない不動産全体の［ある］部分 La partie d'un ensemble immobilier hors du régime de la copropriété。
―不動産全体の［ある］部分の名称 le nom de la partie de l'ensemble immobilier。
―不動産全体の［ある］部分の評価 la cotation de la partie de l'ensemble immobilier。
―不動産全体の［ある］部分の明細目録 la description de la partie de l'ensemble immobilier。
―情報の補完、とりわけ手記データの再入力による一部の登記［事項］と

の符合 les compléments d'information, notamment la concordance avec certaines inscriptions issues de la reprise des données manuelles。

2° 権利名義人 Les personnes titulaires de droits。

a）自然人 La personne physique。

—姓 le nom de famille。

—戸籍上の［記載］順序の名前 les prénoms dans l'ordre de l'état civil。

—通称名 le prénom d'usage。

—出生年月日および場所 les date et lieu de naissance。

—出生年月日および出生地が不明の場合は配偶者の姓 à défaut de date et de lieu de naissance connus, le nom de famille du conjoint。

—住所 le domicile。

—他のすべての権利名義人との関係（資産の共有、後得財産組合契約、トンチン年金組合契約、権利の共有名義人、その他〈例えば信託契約〉）les liens avec toute autre personne titulaire d'un droit (communauté de biens, société d'acquêts, tontine, co-titulaires d'un droit, autres [par exemple, la fiducie])。

—情報の補完、とりわけ必要であれば通称名、ペンネームまたは婚姻状態 les compléments d'information, notamment le nom d'usage, le pseudonyme de la personne ou la situation matrimoniale si nécessaire。

b）法人 La personne morale。

—法的形態 la forme juridique。

—商号（名称）la dénomination sociale。

—略称 le sigle。

—本店の所在地（主たる事務所の所在地）l'adresse du siège。

—法定の代表者の氏名 le nom du représentant légal。

—商業および法人登記簿に登録された法人については、商法典第R.123-237条の1°に記載されている情報 pour les personnes immatriculées au registre du commerce et des sociétés, les renseignements mentionnés au 1° de l'article R.123-237 du code de commerce。

—協会・組合の登録、登記または申告の番号 le numéro d'immatriculation, d'inscription ou de déclaration des associations。
—他のすべての権利名義人との関係（トンチン年金組合契約、権利の共有その他〈例えば信託契約〉）les liens avec toute autre personne titulaire d'un droit (tontine, cotitulaires d'un droit, autres [par exemple, la fiducie])。
—情報の補完、とりわけ商業および法人登記簿へ登録されていない法人について les compléments d'information, notamment pour les personnes morales non immatriculées au registre du commerce et des sociétés。

3° 権利 Les droits。
—類型 le type。
—共有物の場合の持分 la quote-part en cas d'indivision。
—期限付権利の有効期間またはその開始日および終了日 la durée ou les dates de début et de fin d'un droit à durée déterminée。
—取得方法 le mode d'acquisition。
—価格あるいは評価 le prix ou l'évaluation。
—情報の補完、とりわけ分割された所有権の持分 les compléments d'information, notamment la quote-part de propriété démembrée。

4° 不動産に関する負担 Les charges sur un immeuble。
a) 人の所為によって設定された土地地役権および法律に規定されている土地公示をしなければ対抗不能となるすべての地役権 Les servitudes foncières établies par le fait de l'homme et toute servitude dont la publicité foncière est prévue par la loi à peine d'inopposabilité。
—公の文書 le libellé。
—情報の補完、とりわけ地役権の制限 les compléments d'information, notamment le cantonnement de la servitude。
—承役地 le (s) fonds servant (s)。
—要役地 le (s) fonds dominant (s)。
b) 生存者間の証書に起因するか、あるいは死亡または司法上の決定を原

因とする強制的不分割 L'indivision forcée résultant d'un acte entre vifs ou à cause de mort ou d'une décision judiciaire。
—情報の補完 les compléments d'information。
—牽連する不動産 l'immeuble rattaché。
—主たる不動産 le ou les immeubles principaux。
5° 権利に関する負担 Les charges sur un droit。
a）家産の分割を含む抵当権および先取特権 Les hypothèques et les privilèges, y compris la séparation de patrimoine。
—類型（合意上の、法律上の、その他の）le type（conventionnelle, judiciaire…）。
—登記の法的性質（確定的な、暫定的なあるいは仮登記的な）la nature de l'inscription（définitive, provisoire ou prénotée）。
—原因（貸借、保証その他）la cause（prêt, cautionnement…）。
—変更の理由（代位、更新、その他）le motif de modification（subrogation, renouvellement…）。
—主物の総額 le montant principal。
—費用および副次費用を含んだ総額 le montant comprenant les frais et accessoires。
—為替リスクについての総額 le montant pour risque de change。
—その他の総額 autre montant。
—総合計 le total des montants。
—効力の最終期限 la date extrême d'effet。
—各受益者 le ou les bénéficiaires。
—情報の補完（利率、再評価条項、抵当権の再設定［債権］額が限度額未満である場合のその額、流担保条項、その他）les compléments d'information（taux d'intérêt, clause de réévaluation, montant du rechargement de l'hypothèque si ce montant est inférieur au montant maximal, pacte commissoire…）。
—設定された各権利 le ou les droits grevés。

—指図式の執行力ある謄本の存在を示す事項 l'indicateur d'existence d'une copie exécutoire à ordre。
—再設定抵当権の存在を示す事項 l'indicateur d'existence d'une hypothèque rechargeable。
b）その他の負担 Les autres charges。
—類型（その他の負担または権利の仮登記）le type（autre charge ou prénotation de droit）。
—登記の性質（本登記され、または仮登記された）la nature de l'inscription（définitive ou prénotée）。
—公式文書の様式 le libellé。
—変更の理由（更新、その他）le motif de modification（renouvellement…）。
—各受益者 le ou les bénéficiaires。
—存続期間 la durée。
—始期 la date de début。
—終期 la date de fin。
—効力の最終期限 la date extrême d'effet。
—情報の補完、とりわけ負担の制限 les compléments d'information, notamment le cantonnement de la charge。
—設定された各権利 le ou les droits grevés。
6°順位 Le rang。
—類型（譲渡、同列）le type（cession, égalité）。
—情報の補完、とりわけ受益者の権利または負担に関する複数の順位の譲渡および同列 les compléments d'information, notamment les cessions et égalités multiples de rang par rapport au droit ou à la charge bénéficiaire。
—受益者の負担または権利 la charge ou le droit bénéficiaire。
—譲渡する各負担または権利 la (les) charge (s) ou le (s) droit (s) cédant (s)。
7°公示が予定された記載事項なき場合に不受理となる［事項］Les

mentions dont la publicité est prévue à peine d'irrecevabilité。
—死亡を原因とする約定または規定の無効または取消、撤回もしくは解除を求める裁判上の請求 les demandes en justice tendant à obtenir la résolution, la révocation, l'annulation ou la rescision d'une convention ou d'une disposition à cause de mort。
—類型 le type。
—類型に関する詳細 précision sur le type。
—情報の補完、とりわけ登記事項の原因となる司法上の決定の根拠 les compléments d'information, notamment les références des décisions de justice à l'origine de la mention。
—関係する権利 le droit concerné。
8°情報としての記載事項 Les mentions informatives。
—不動産に関して sur un immeuble：所有権に関する行政上の制限 les limitations administratives au droit de propriété および1955年10月14日のデクレ第73条に定められたこれらの制限への例外措置 et les dérogations à ces limitations prévues par l'article 73 du décret du 14 octobre 1955 ならびに ainsi que 土地公示により dont la publicité foncière 利用者への情報［開示］を目的として aux fins d'information des usagers 法律または規則により定められた est prévue par la loi ou les règlements その他のあらゆる行政上の制限 toute autre limitation administrative。
—類型 le type。
—類型の詳細 précision sur le type。
—情報の補完、とりわけ情報記載の登記の原因となる行政上の決定の根拠 les compléments d'information, notamment les références des décisions administratives à l'origine de l'inscription de la mention informative。
—関連する不動産 l'immeuble concerné。

【私 訳】
附則第1条

土地登記簿の情報には、アマルフィ番号、申請書の提出年月日および命令ならびに登記の署名年月日のほか下記事項を含む。
1°権利の目的たる不動産。
a）一筆地。
—地方自治体およびその地域番号。
—区の番号。
—地籍図番号。
—面積。
—土地の用途（作目）。
—所在地。
—建物の表示。
—抹消した表示。
—整理統合した表示。
—基本測量の調書番号。
—情報の補完、とりわけリゥディ。
b）共有。
—名称。
—所在地。
—持分の数。
—共有持分の合計。
—共有規約の［制定］年月日。
—上層階の概略番号。
—基礎となる不動産。
—情報の補完、とりわけ不動産が複数存在する場合の建物の地理的位置。
c）共有持分。
—持分の番号。
—共有部分の持分。
—持分の明細。
—情報の補完、とりわけ共有持分の内容。

d）共有制度に含まれない不動産の全体。
—不動産全体の［ある］部分の数。
—記述明細書の［作成］年月日。
—分割概要書番号。
—敷地たる一筆地。
—情報の補完、とりわけ建物が複数存在する場合の建物の地理的位置。
e）共有制度に含まれない不動産全体の［ある］部分。
—不動産全体の［ある］部分の名称。
—不動産全体の［ある］部分の評価。
—不動産全体の［ある］部分の明細目録。
—情報の補完、とりわけ手記データの再入力による一部の登記［事項］との符合。
2° 権利名義人。
a）自然人。
—姓。
—戸籍上の［記載］順序の名前。
—通称名。
—出生年月日および場所。
—出生年月日および出生地が不明の場合は配偶者の姓。
—住所。
—他のすべての権利名義人との関係（資産の共有、後得財産組合契約、トンチン年金組合契約、権利の共有名義人、その他〈例えば信託契約〉）。
—情報の補完、とりわけ必要であれば通称名、ペンネームまたは婚姻状態。
b）法人。
—法的形態。
—商号（名称）。
—略称。
—本店の所在地（主たる事務所の所在地）。

―法定の代表者の氏名。
―商業および法人登記簿に登録された法人については、商法典第R.123-237条の1°に記載されている情報。
―協会・組合の登録、登記または申告の番号。
―他のすべての権利名義人との関係（トンチン年金組合契約、権利の共有その他〈例えば信託契約〉）。
―情報の補完、とりわけ商業および法人登記簿へ登録されていない法人について。
3° 権利。
―類型。
―共有物の場合の持分。
―期限付権利の有効期間またはその開始日および終了日。
―取得方法。
―価格あるいは評価。
―情報の補完、とりわけ分割された所有権の持分。
4° 不動産に関する負担。
a) 人の所為によって設定された土地地役権および法律に規定されている土地公示をしなければ対抗不能となるすべての地役権。
―公の文書。
―情報の補完、とりわけ地役権の制限。
―承役地。
―要役地。
b) 生存者間の証書に起因するか、あるいは死亡または司法上の決定を原因とする強制的不分割。
―情報の補完。
―牽連する不動産。
―主たる不動産。
5° 権利に関する負担。
a) 家産の分割を含む抵当権および先取特権。

—類型（合意上の、法律上の、その他の）。
—登記の法的性質（確定的な、暫定的なあるいは仮登記的な）。
—原因（貸借、保証その他）。
—変更の理由（代位、更新、その他）。
—主物の総額。
—費用および副次費用を含んだ総額。
—為替リスクについての総額。
—その他の総額。
—総合計。
—効力の最終期限。
—各受益者。
—情報の補完（利率、再評価条項、抵当権の再設定［債権］額が限度額未満である場合のその額、流担保条項、その他）。
—設定された各権利。
—指図式の執行力ある謄本の存在を示す事項。
—再設定抵当権の存在を示す事項。

b) その他の負担。

—類型（その他の負担または権利の仮登記）。
—登記の性質（本登記され、または仮登記された）。
—公式文書の様式。
—変更の理由（更新、その他）。
—各受益者。
—存続期間。
—始期。
—終期。
—効力の最終期限。
—情報の補完、とりわけ負担の制限。
—設定された各権利。

6° 順位。

—類型（譲渡、同列）。
—情報の補完、とりわけ受益者の権利または負担に関する複数の順位の譲渡および同列。
—受益者の負担または権利。
—譲渡する各負担または権利。
7° 公示が予定された記載事項なき場合に不受理となる［事項］。
—死亡を原因とする約定または規定の無効または取消、撤回もしくは解除を求める裁判上の請求。
—類型。
—類型に関する詳細。
—情報の補完、とりわけ登記事項の原因となる司法上の決定の根拠。
—関係する権利。
8° 情報としての記載事項。
—不動産に関して：所有権に関する行政上の制限および1955年10月14日のデクレ第73条に定められたこれらの制限への例外措置ならびに土地公示により利用者への情報［開示］を目的として法律または規則により定められたその他のあらゆる行政上の制限。
—類型。
—類型の詳細。
—情報の補完、とりわけ情報記載の登記の原因となる行政上の決定の根拠。
—関連する不動産。

〔原 文〕
Article Annexe 2
　Les données du registre des dépôts concernant la requête sont：
—le numéro d'identification appelé «numéro J»；
—la référence de la requête électronique；
—le type de requête（par exemple, en inscription, réponse à ordonnance

intermédiaire...）;

—le sous-type（par exemple, mutation, hypothèque...）;

—l'état d'avancement de la requête;

—l'action à l'origine de l'état d'avancement;

—la date de dépôt;

—les nom et prénoms du requérant;

—la référence du dossier;

—le nom des parties;

—la commune principale（sur laquelle porte l'acte）;

—le cas échéant, le lien avec toute autre requête（par exemple, suite à jonction）.

〔逐語訳〕

附則第2条　Article Annexe 2

　申請に関する寄託登録簿の情報は［以下のとおり］Les données du registre des dépôts concernant la requête sont。

—「J番号」と呼ばれる識別番号 le numéro d'identification appelé «numéro J»。

—電子申請の受付番号 la référence de la requête électronique。

—申請の類型（例えば、登記申請、補正命令への回答など）le type de requête（par exemple, en inscription, réponse à ordonnance intermédiaire...）。

—類型の内訳（例えば、相続、抵当権など）le sous-type（par exemple, mutation, hypothèque...）。

—申請の進行状態 l'état d'avancement de la requête。

—進行状態の原因となる行為 l'action à l'origine de l'état d'avancement。

—寄託年月日 la date de dépôt。

—申請人の氏名 les nom et prénoms du requérant。

—書類の整理番号 la référence du dossier。

—当事者らの氏名 le nom des parties。

―主たる地方自治体（証書の管轄についての地方自治体）la commune principale（sur laquelle porte l'acte）。
―他のすべての申請との牽連関係（例えば、［他の申請との］併合の結果）le cas échéant, le lien avec toute autre requête（par exemple, suite à jonction）。

【私 訳】
附則第2条
　申請に関する寄託登録簿の情報は［以下のとおり］。
―「J番号」と呼ばれる識別番号。
―電子申請の受付番号。
―申請の類型（例えば、登記申請、補正命令への回答など）。
―類型の内訳（例えば、相続、抵当権など）。
―申請の進行状態。
―進行状態の原因となる行為。
―寄託年月日。
―申請人の氏名。
―書類の整理番号。
―当事者らの氏名。
―主たる地方自治体（証書の管轄についての地方自治体）。
―他のすべての申請との牽連関係（例えば、［他の申請との］併合の結果）。

〔原　文〕
Fait à Paris, le 7 octobre 2009
François Fillon
Par le Premier ministre
La ministre d'État, garde des sceaux, ministre de la justice et des libertés, Michèle Alliot‐Marie

〔逐語訳〕
2009年10月7日、パリにおいてこれを作成 Fait à Paris, le 7 octobre 2009。
［内閣総理大臣］フランソワ・フィヨン François Fillon
内閣総理大臣の指名による Par le Premier ministre
国務大臣、国璽尚書司法自由大臣ミシェル・アリオ－マリー La ministre d'État, garde des sceaux, ministre de la justice et des libertés, Michèle Alliot‐Marie

【私 訳】
2009年10月7日、パリにおいてこれを作成。
［内閣総理大臣］フランソワ・フィヨン
内閣総理大臣の指名による
国務大臣、国璽尚書司法自由大臣ミシェル・アリオ－マリー

第Ⅱ部

フランスの地籍制度
Le système du cadastre de France

国立キャダストル情報資料局 Service de la Documentation Nationale du Cadastre
(パリ西部イヴリーヌ県のサン－ジェルマン－アン－レイに所在する。)

第1章　キャダストル、その起源から今日まで
（フランス共和国国税庁）
LE CADASTRE de l'origine à nos jours
（Direction Générale des Impôts）

〔原　文〕

1. LES ORIGINES DU CADASTRE（キャダストルの起源）

　Dès l'origine des sociétés, la terre constitue la base essentielle de la richesse individuelle. Pour subvenir à leurs besoins, les collectivités nouvelles créent un prélèvement sur les produits de cette richesse naturelle donnant ainsi naissance à la contribution foncière.

　Connaître l'étendue et la nature des biens de chacun, en faire l'évaluation, se révèle très vite nécessaire afin de répartir équitablement cette contribution.

　C'est l'origine du cadastre, institution remontant à la plus haute antiquité.

　Une tablette d'argile datant de 2300 ans av.J.- C. et donnant le plan coté, la superficie, la description d'un groupe de parcelles, a été retrouvée à Telloh dans le désert d'Arabie.

　Les Egyptiens, les Grecs, les Romains connaissent le cadastre（le cens est utilisé pour l'assiette de l'impôt dont les livres de répartition s'appellent capitastra）.

　Au Moyen Age, le cadastre a pour objet l'établissement de la taille dans les provinces où celle-ci est réelle.

　Des registres descriptifs et évaluatifs de la propriété appelés polyptyques, pouillés, livres terriers…accompagnés parfois de plans de valeur très variable suivant les contrées, constituent une présentation grossière de l'état parcellaire.

Jusqu'à la Révolution de 1789, le cadastre conserve dans notre pays un caractère essentiellement local en dépit de diverses tentatives. Des rois, Charles Ⅶ, Louis ⅩⅣ, Louis ⅩⅤ, envisagent tour à tour le projet d'un cadastre régulier, base d'un système fiscal cohérent et applicable à tout le royaume.

La pénurie des finances, le défaut d'instruments et de méthodes perfectionnées, la résistance des grands vassaux, la disparité des provinces (coutumes, langages, mesures...) font échouer ces tentatives.

Seules certaines provinces vont se doter d'une institution dont les avantages paraissent évidents.

À la veille de la Révolution, l'assiette de l'impôt repose sur le même mode que celui prescrit par le droit romain : déclaration des

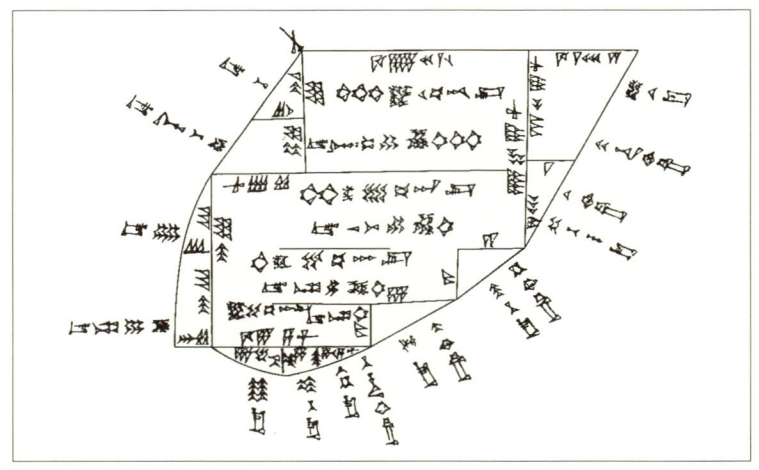

〔図 1-1〕 Le cadastre chaldéen, environ 2300 ans avant J.- C. (D'après «La Nature» du 3 juillet 1920). 紀元前2300年のカルデアのキャダストル（1920年7月3日発行の『自然』による）。

〔図1-2〕Le cadastre au Moyen Age（Docs extraits du «Traité d'arpentage» rédigé en Provençal Par Bertrand Boysset, 1350-1415）.
中世のキャダストル（プロヴァンス地方で書かれた『測地学概論』収録の資料の写し。ベルトラン・ボイセ〈1350年〜1415年〉による）。

propriétaires sur la contenance et le revenu de leurs biens, sous la surveillance de commissaires.

　〔逐語訳〕
1. キャダストルの起源 LES ORIGINES DU CADASTRE

　社会の原初から Dès l'origine des sociétés、土地 la terre は個人の財産の重要な基礎 la base essentielle de la richesse individuelle を構成する constitue。新たな自治体 les collectivités nouvelles は、その財源をまかなうために Pour subvenir à leurs besoins、この自然の富 de cette richesse naturelle すなわち土地の収益に対して徴収を創定する créent un prélèvement sur les produits。そのようにして地租は誕生した donnant ainsi naissance à la contribution foncière。

　各人の財産の大きさとその性質を知ること Connaître l'étendue et la nature des biens de chacun、〔そして〕各人の財産の価値を推し量ること en faire l'évaluation、その必要性は、この税を公平に課するために直ちに明らかとなる se révèle très vite nécessaire afin de répartir équitablement cette contribution。これがキャダストルの起源である C'est l'origine du cadastre。その制度は太古の昔にさかのぼる institution remontant à la plus haute antiquité。

　紀元前2300年にさかのぼる datant de 2300 ans av.J.-C、寸法・面積・一筆地群の区画が刻まれた粘土板の図面 Une tablette d'argile … et donnant le plan coté, la superficie, la description d'un groupe de parcelles が、アラビヤ砂漠のテロォで発見された a été retrouvée à Telloh dans le désert d'Arabie。

　エジプト人、ギリシャ人、ローマ人ら Les Egyptiens, les Grecs, les Romains はキャダストルを知っている connaissent le cadastre。〔古代ローマ時代に５年ごとに行われた人口調査〕サンは課税の基礎に用いられ、〔その結果生まれた〕課税台帳はカピタストラと呼ばれた（le cens est utilisé pour l'assiette de l'impôt dont les livres de répartition s'appellent capitastra）。

中世において Au Moyen Age、キャダストルは各地方におけるタイユ税の確立のための用具であり、それらの地方ではその税は［人頭税ではなく］財産税であった le cadastre a pour objet l'établissement de la taille dans les provinces où celle-ci est réelle。

　土地の明細を記録しかつ評価している帳簿 Des registres descriptifs et évaluatifs de la propriété は、大修道院財産目録帳、聖職禄目録帳、領地所有台帳などと呼ばれる appelés polyptyques, pouillés, livres terriers …。時として parfois、それらはその地方にとって極めてさまざまな価値をもつ図面をともない accompagnés (parfois) de plans de valeur très variable suivant les contrées、筆分けされた土地の状態を大まかに示し定めるものである constituent une présentation grossière de l'état parcellaire。

　1789 年の大革命まで Jusqu'à la Révolution de 1789、キャダストルはフランス各地においてその地方［特有］の性格を本質的に保持していた le cadastre conserve dans notre pays un caractère essentiellement local en dépit de diverses tentatives。シャルル7世、ルイ14世、ルイ15世 Des rois, Charles Ⅶ, Louis ⅩⅣ, Louis ⅩⅤは、理路整然とした税の基本構造［を有し］かつ王国の全域に適用しうる base d'un système fiscal cohérent et applicable à tout le royaume キャダストルの適正化計画を代々にわたって試みた envisagent tour à tour le projet d'un cadastre régulier。

　財政の欠乏 La pénurie des finances、改良された方策と手段の不十分 le défaut d'instruments et de méthodes perfectionnées、主要な家臣の抵抗 la résistance des grands vassaux、各地方における差異（慣習、言語、度量衡などの）la disparité des provinces（coutumes, langages, mesures…）が、その試みを挫折させた font échouer ces tentatives。

　［しかし、］ある幾つかの地方だけが Seules certaines provinces、その長所を明らかに認めうる dont les avantages paraissent évidents 制度を備えていた vont se doter d'une institution。

　フランス大革命の直前まで À la veille de la Révolution、課税の基礎

はローマ法によって定められたそれと同じ方法に拠っていた l'assiette de l'impôt repose sur le même mode que celui prescrit par le droit romain。すなわち官吏の監督下における：… sous la surveillance de commissaires、土地の面積とそれらの土地の収益にもとづく土地所有者の申告［という方法である］déclaration des propriétaires sur la contenance et le revenue de leurs biens。

【私 訳】

1. キャダストルの起源

　社会の原初から、土地は個人の財産の重要な基礎を構成する。新たな自治体は、その財源をまかなうために、この自然の富すなわち土地の収益に対して徴収を創定する。そのようにして地租は誕生した。

　各人の財産の大きさとその性質を知ること、［そして］各人の財産の価値を推し量ること、その必要性は、この税を公平に課するために直ちに明らかとなる。これがキャダストルの起源である。その制度は太古の昔にさかのぼる。

　紀元前2300年にさかのぼる、寸法・面積・一筆地群の区画が刻まれた粘土板の図面が、アラビヤ砂漠のテロォで発見された。

　エジプト人、ギリシャ人、ローマ人らは、キャダストルを知っている。［古代ローマ時代に5年ごとに行われた人口調査］サンは課税の基礎に用いられ、［その結果生まれた］課税台帳はカピタストラと呼ばれた。

　中世において、キャダストルは各地方におけるタイユ税の確立のための用具であり、それらの地方ではその税は［人頭税ではなく］財産税であった。

　土地の明細を記録しかつ評価している帳簿は、大修道院財産目録帳、聖職禄目録帳、領地所有台帳などと呼ばれる。時として、それらはその地方にとって極めてさまざまな価値をもつ図面をともない、筆分けされた土地の状態を大まかに示し定めるものである。

　1789年の大革命まで、キャダストルはフランス各地においてその地方［特有］の性格を本質的に保持していた。シャルル7世、ルイ14世、ルイ15世は、理路整然とした税の基本構造［を有し］かつ王国の全域に適用

しうるキャダストルの適正化計画を代々にわたって試みた。

　財政の欠乏、改良された方策と手段の不十分、主要な家臣の抵抗、各地方における差異（慣習、言語、度量衡などの）が、その試みを挫折させた。

　［しかし、］ある幾つかの地方だけが、その長所を明らかに認めうる制度を備えていた。

　フランス大革命の直前まで、課税の基礎はローマ法によって定められたそれと同じ方法に拠っていた。すなわち官吏の監督下における、土地の面積とそれらの土地の収益にもとづく土地所有者の申告［という方法である］。

〔原　文〕
2. LE CADASTRE SOUS LA RÉVOLUTION（大革命下のキャダストル）

　Dès l'ouverture des États Généraux de 1789, 73 assemblées électorales de la Noblesse et 58 du Tiers État, réclament l'exécution d'un cadastre général, seul système capable de mettre fin à l'arbitraire existant.

　L'assemblée Constituante, par la loi du 1er décembre 1790, supprime les anciens impôts, taille, vingtième, capitation, dîme, et les remplace par une contribution unique.

　Toutefois, cette loi n'ordonne pas l'établissement des plans.

　Les décrets des 21 août et 23 septembre 1791 autorisent enfin les directoires des départements à prescrire le levé du plan parcellaire des territoires. Cependant, l'application de ce levé, à la charge des communes, restera limitée.

　La loi du 22 brumaire an VI (12 novembre 1797), complétée et étendue par la loi organique du 3 frimaire an VII (23 novembre 1798) crée l'administration des contributions directes chargée d'assurer la juste répartition de l'impôt.

　Toutefois, un cadastre parcellaire général n'est pas encore envisagé.

　Le système est toujours basé sur la déclaration des propriétaires.

　L'Administration reconnaît enfin la nécessité d'une opération générale pour déterminer la contenance de chaque propriété et son revenu, mais le coût de l'opération et ses délais font reculer les pouvoirs publics.

Un arrêté des consuls du 12 brumaire an XI (3 novembre 1802) décide un «cadastre général par masses de cultures» dans 1915 communes. Un plan établi à l'échelle de 1/5000e présente la situation du territoire de ces communes en masses circonscrites par des limites naturelles. Dans chacune de ces masses, les propriétaires déclarent la contenance des parcelles possédées.

L'opération, ayant suscité des plaintes des maires, des conseils généraux et des propriétaires, est suspendue après cinq ans de travaux.

L'arpentage général de toutes les parcelles du territoire devient donc indispensable.

〔逐語訳〕
2. 大革命下のキャダストル LE CADASTRE SOUS LA RÉVOLUTION

1789年の三部会の開始直後から Dès l'ouverture des États Généraux de 1789、73名の貴族による選挙人集会と58名の第三身分（ブルジョワ

〔図2-1〕 Symbole de la Liberté (Eau‐forte anonyme du XVIIIe siècle).
自由の象徴（18世紀の作者不明のエッチング）。

〔図2-2〕Théodolite à pinnules —instrument mixte de mesures linéaires angulaires et altimétriques — du début du XVIIIe siècle. (Doc.coll. et cl Musée National des Techniques C.N.A.M.). 18世紀初頭の視準板付テオドライト—長さ、角度、高低を同時に測る測量器—（国立工芸院の博物館所蔵）。

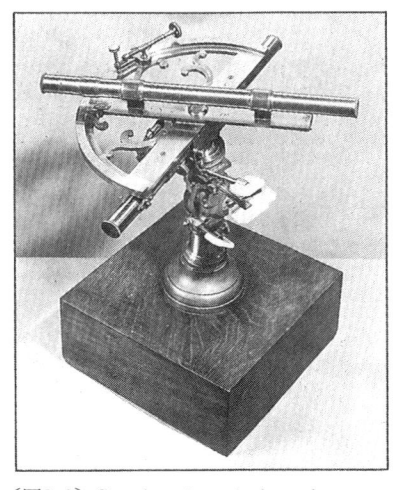

〔図2-3〕Graphomètre à deux lunettes et niveau à bulle d'air de GOURDIN, 1785, (Doc.coll.et cl Musée National des Techniques C.N.A.M.). グゥルドン社製の望遠鏡と気泡水準器の付いた測角器、1785年（国立工芸院の博物館所蔵）。

ジー）73 assemblées électorales de la Noblesse et 58 du Tiers État は、全国規模のキャダストルの実施を要求した réclament l'exécution d'un cadastre général。それが自由裁量的な［課税の］実行［の制度］を終らせることができる唯一の方法であった seul système capable de mettre fin à l'arbitraire existant。

　［1789年の］憲法制定議会 L'assemblée Constituante は、1790年12月1日の法律により par la loi du 1er décembre 1790、タイユ税、20分の1税、人頭税、10分の1税などの、古くから存在する諸税を廃止し supprime

第1章　キャダストル、その起源から今日まで（フランス共和国国税庁）　233

〔図 2-4〕L'ouverture des États Généraux en 1789 (gravure ancienne - Bibliothèque Nationale) 1789 年の三部会（当時制作された版画、国立図書館所蔵）

〔図 2-5〕Les trios Consuls (gravure ancienne - Bibliothèque Nationale) 3 名の執政官（当時制作された版画、国立図書館所蔵）

les anciens impôts, taille, vingtième, capitation, dîme、そしてそれらを均一の租税［の制度］に代えた et les remplace par une contribution unique。しかしながらこの法律は Toutefois, cette loi、地籍図の制度の創設を定めなかった n'ordonne pas l'établissement des plans。

1791年8月21日および同年9月23日のデクレ Les décrets des 21 août et 23 septembre 1791 は、ようやく各県の県会に各管轄区域内の地籍測量図の作製を命じることを許可した autorisent enfin les directoires des départements à prescrire le levé du plan parcellaire des territoires。しかしながら Cependant、その測量作業の実施は市町村の任務とされたため［その実現は］限られたものにとどまった l'application de ce levé, à la charge des communes, restera limitée。

革命暦第6年霧月22日（1797年11月12日）の法律 La loi du 22 brumaire an Ⅵ (12 novembre 1797)、そしてそれを補完し発展させる革命暦第7年霜月3日（1798年11月23日）の憲法付属法 complétée et étendue par la loi organique du 3 frimaire an Ⅶ (23 novembre 1798) は、公正な課税を保障するところの直接税［の徴収］を実施する官庁を創設した crée l'administration des contributions directes chargée d'assurer la juste répartition de l'impôt。

しかしながら Toutefois、全国的な各筆ごとのキャダストルについては未だ検討がなされなかった un cadastre parcellaire général n'est pas encore envisagé。その制度［の運用］は依然として土地所有者の申告にもとづいていた Le système est toujours basé sur la déclaration des propriétaires。

行政官庁 L'Administration は、各々の土地の面積とその収益を確定するため pour déterminer la contenance de chaque propriété et son revenu、全国的な実地調査の必要性をようやく認めるにいたった reconnaît enfin la nécessité d'une opération générale。しかし実地調査の費用とその所要期間が行政官庁に［その実施を］ためらわせた mais le coût de l'opération et ses délais font reculer les pouvoirs publics。

革命暦第11年霧月12日（1802年11月3日）の執政官によるアレテ Un arrêté des consuls du 12 brumaire an XI (3 novembre 1802) は、1915の市町村における「農地の所有者ごとの全国規模のキャダストル」［の作製を］決定した décide un «cadastre général par masses de cultures» dans 1915 communes。縮尺5,000分の1で調製された地籍図 Un plan établi à l'échelle de 1/5000e は、天然の地形によって画された境界を有する多数の市町村の管轄区域の［土地の］状況を現した présente la situation du territoire de ces communes en masses circonscrites par des limites naturelles。多数の市町村のそれぞれにおいて Dans chacune de ces masses、土地の所有者らはその所有する一筆地の面積を申告した les propriétaires déclarent la contenance des parcelles possédées。

地籍調査事業 L'opération は、各市町村に不満の念を抱かせることとなった ayant suscité des plaintes des maires。［それゆえ］各県会と所有者は des conseils généraux et des propriétaires、5年にわたる作業の後これを中断した est suspendue après cinq ans de travaux。

それゆえ donc、国土のすべての一筆地に関する全国的な測量 L'arpentage général de toutes les parcelles du territoire は、必要不可欠なものとなった devient（donc）indispensable。

【私 訳】

2. 大革命下のキャダストル

1789年の三部会の開始直後から、73名の貴族による選挙人集会と58名の第三身分（ブルジョワジー）は、全国規模のキャダストルの実施を要求した。それが自由裁量的な［課税の］実行［の制度］を終らせることができる唯一の方法であった。

［1789年の］憲法制定議会は、1790年12月1日の法律により、タイユ税、20分の1税、人頭税、10分の1税などの、古くから存在する諸税を廃止し、そしてそれらを均一の租税［制度］に代えた。しかしながらこの法律は、地籍図の制度の創設を定めなかった。

1791年8月21日および同年9月23日のデクレは、ようやく各県の県

会に各管轄区域内の地籍測量図の作製を命じることを許可した。しかしながら、その測量作業の実施は市町村の任務とされたため［その実現は］限られたものにとどまった。

革命暦第6年霧月22日（1797年11月12日）の法律、そしてそれを補完し発展させる革命暦第7年霜月3日（1798年11月23日）の憲法付属法は、公正な課税を保障するところの直接税［の徴収］を実施する官庁を創設した。

しかしながら、全国的な各筆ごとのキャダストルについては未だ検討がなされなかった。その制度［の運用］は依然として土地所有者の申告にもとづいていた。

行政官庁は、各々の土地の面積とその収益を確定するため、全国的な実地調査の必要性をようやく認めるにいたった。しかし実地調査の費用とその所要期間が行政官庁に［その実施を］ためらわせた。

革命暦第11年霧月12日（1802年11月3日）の執政官によるアレテは、1915の市町村における「農地の所有者ごとの全国規模のキャダストル」［の作製を］決定した。縮尺5,000分の1で調製された地籍図は、天然の地形によって画された境界を有する多数の市町村の管轄区域の［土地の］状況を現した。多数の市町村のそれぞれにおいて、土地の所有者らはその所有する一筆地の面積を申告した。

地籍調査事業は、各市町村に不満の念を抱かせることとなった。［それゆえ］各県会と所有者は、5年にわたる作業の後これを中断した。

それゆえ、国土のすべての一筆地に関する全国的な測量は、必要不可欠なものとなった。

〔原 文〕

3. L'ÉPOQUE NAPOLEONIENNE（ナポレオン一世の時代）

La loi du 15 septembre 1807 est à l'origine du cadastre parcellaire français.

Les travaux commencés en 1808 progressent rapidement jusqu'en

1814 puis plus lentement de 1814 à 1821. À partir de 1822, ils se développent à un rythme accéléré et s'achèvent en 1850 dans la France continentale. Ile se poursuivent en Corse et dans les territoires annexes (Comté de Nice et de Savoie) après cette date.

Ce cadastre parcellaire, appelé «ancien cadastre», reste cependant figé, aucune mise à jour du plan n'étant prévue.

La situation parcellaire va se transformer avec l'évolution générale de l'économie rurale, le développement de l'urbanisme, des voies de communication. La mise à jour du plan (la conservation du cadastre) devient indispensable.

Une commission extra - parlementaire chargée de l'étude des questions soulevées par la réforme du cadastre est créée en 1891. Ses travaux s'achèveront en 1905 sans avoir reçu la sanction législative.

Néanmoins, leur utilité est incontestable car ils ont inspiré les travaux

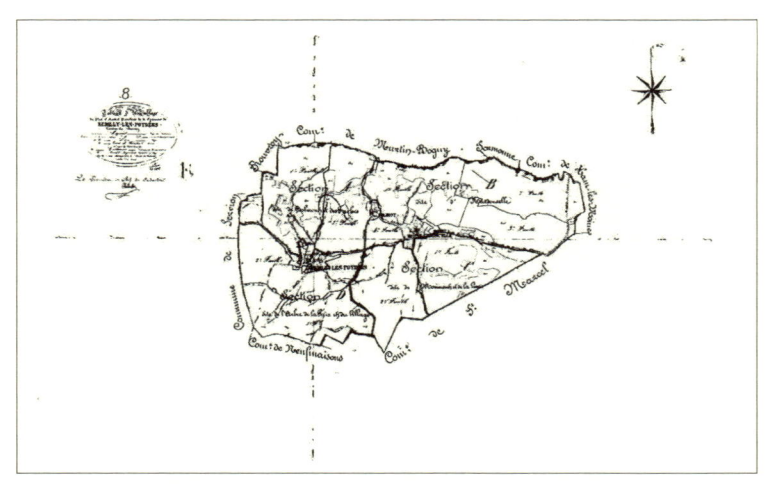

〔図3-1〕 Un plan cadastral napoléonien (1842): Rémilly-les-Pothées-Ardennes. ナポレオン一世時代のキャダストル（1842年）：レミリー－レ－ポテー－アルデンヌ。

〔図 3-2〕Cartouche du plan cadastral de Bouligneux, dans l'Ain (1832). アン県における、ブゥリニュウの地籍図の箱（1832年）。

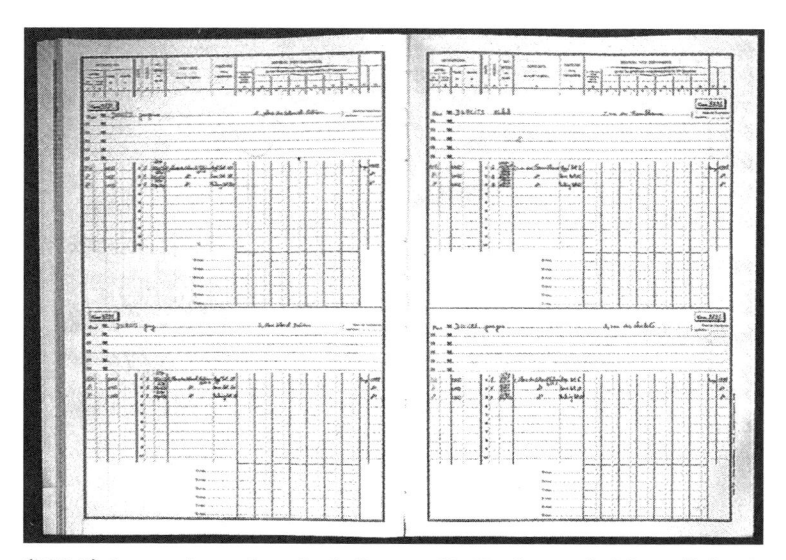

〔図 3-3〕La matrice cadastrale de Sartrouville-Yvelines. イヴリーヌ県サルトロゥヴィユのキャダストルの原簿。

第1章　キャダストル、その起源から今日まで（フランス共和国国税庁）　239

qui ont abouti en 1955 à la réforme de la publicité foncière et aux nouvelles règles applicables à la rénovation et à la conservation du cadastre.

Enfin, la loi du 16 avril 1930 prescrit une révision exceptionnelle des évaluations servant de base à la contribution foncière des propriétés non bâties. Elle pose le préalable d'une rénovation générale, à la charge de l'État, des anciens plans cadastraux et de leur tenue à jour permanente.

〔逐語訳〕

3. ナポレオン一世の時代 L'ÉPOQUE NAPOLEONIENNE

1807年9月15日の法律 La loi du 15 septembre 1807 はフランスにおける各筆別キャダストルの原点である est à l'origine du cadastre parcellaire français。1808年に始められた［全国の土地に関する］地籍調査事業は1814年まで急速に Les travaux commencés en 1808 progressent rapidement jusqu'en 1814、ついで1815年から1821年まではゆっくりと進展した progressent…puis plus lentement de 1814 à 1821。1822年から À partir de 1822 ［ふたたび］事業の展開の速度は速められ ils se développent à un rythme accéléré、結果、フランス本国においては1850年に完了した et s'achèvent en 1850 dans la France continentale。地籍調査事業 Ile はそれ以後においても après cette date、コルシカ島や他の自治領（ニース伯爵領やサヴォア）において続けられた se poursuivent en Corse et dans les territories annexes (Comté de Nice et de Savoie)。

しかしながら cependant、この各筆ごとのキャダストル Ce cadastre parcellaire は［その後］なんらの改訂も予定されず未整備のままにとどまった reste (cependant) figé, aucune mise à jour du plan n'étant prévue。［それゆえ］「アンシァンキャダストル」と呼ばれた appelé «ancien cadastre»。

各筆の状況 La situation parcellaire は、農村経済・都市開発・交通手段などの総合的発展とともに avec l'évolution générale de l'économie rurale, le développement de l'urbanisme, des voies de communication 変化し

てゆくものである va se transformer。［それゆえ］地籍図の改訂（キャダストルの保全）は必要不可欠なものとなる La mise à jour du plan (la conservation du cadastre) devient indispensable。

キャダストルの改革により提起された諸問題の検討のための任務を負った院外の委員会 Une commission extra‐parlementaire chargée de l'étude des questions soulevées par la réforme du cadastre が、1891年に創設された est créée en 1891。それらの審議 Ses travaux は、立法府の承認を受けることなく sans avoir reçu la sanction législative 1905年に終了した s'achéveront en 1905。

にもかかわらず Néanmoins、院外委員会の有用性は明白である leur utilité est incontestable。なぜなら car、それらの議論は人を動かし ils ont inspiré、その活動 les travaux は1955年の不動産登記制度の改革とキャダストルの改製ならびに保全のための新しい諸規定の適用に実を結んだからである qui ont abouti en 1955 à la réforme de la publicité foncière et aux nouvelles règles applicables à la rénovation et à la conservation du cadastre。

ついに1930年4月16日の法律は Enfin, la loi du 16 avril 1930、更地の地租の基礎をなしている評価の例外的な改訂を命じた prescrit une révision exceptionnelle des évaluations servant de base à la contribution foncière des propriétés non bâties。その法律 Elle は、国の負担のもとでの à la charge de l'État、古い地籍図の全国的な改製と d'une rénovation générale (, à la charge de l'État,) des anciens plans cadastraux それらのその恒常的な保全・管理のための et de leur tenue à jour permanente 前提条件を整えた pose le préalable。

【私 訳】

3. ナポレオン一世の時代

　1807年9月15日の法律はフランスにおける各筆別キャダストルの原点である。1808年に始められた［全国の土地に関する］地籍調査事業は1814年まで急速に、ついで1815年から1821年まではゆっくりと進展し

た。1822年から［ふたたび］事業の展開の速度は速められ、結果、フランス本国においては1850年に完了した。地籍調査事業はそれ以後においても、コルシカ島や他の自治領（ニース伯爵領やサヴォア）において続けられた。

しかしながら、この各筆ごとのキャダストルは［その後］なんらの改訂も予定されず未整備のままにとどまった。［それゆえ］「アンシァンキャダストル」と呼ばれた。

各筆の状況は、農村経済・都市開発・交通手段などの総合的発展とともに変化してゆくものである。［それゆえ］地籍図の改訂（キャダストルの保全）は必要不可欠なものとなる。

キャダストルの改革により提起された諸問題の検討のための任務を負った院外の委員会が、1891年に創設された。それらの審議は、立法府の承認を受けることなく1905年に終了した。

にもかかわらず、院外委員会の有用性は明白である。なぜなら、それらの議論は人を動かし、その活動は1955年の不動産登記制度の改革とキャダストルの改製ならびに保全のための新しい諸規定の適用に実を結んだからである。

ついに1930年4月16日の法律は、更地の地租の基礎をなしている評価の例外的な改訂を命じた。その法律は、国の負担のもとでの、古い地籍図の全国的な改製とそれらのその恒常的な保全・管理のための前提条件を整えた。

〔原文〕

4. LA RÉNOVATION DU CADASTRE（キャダストルの改製）

La loi de 1930 limite la réfection complète du cadastre aux seules communes où elle s'avère indispensable pour l'assiette de l'impôt foncier.

Une simple mise à jour du plan est prévue dans les autres communes lorsque la valeur de la charpente de l'ancien plan cadastral est reconnue suffisante et que le parcellaire n'a pas subi trop de modifications depuis l'origine. La rénovation prescrite par cette loi est aujourd'hui terminée. Tel n'est pas encore le cas dans les départements d'Alsace et de Moselle où la rénovation du cadastre napoléonien a été entreprise en application d'une loi allemande du 31 mars 1884.

Le principe de la rénovation a été repris dans le cadre de la réforme de la publicité foncière intervenue au 1er janvier 1956 rendant obligatoire la désignation des biens par leurs identifiants cadastraux dans tout acte soumis aux formalités de publicité foncière (c'est le cas notamment des actes notariés).

Des liaisons étroites sont désormais instaurées entre le cadastre et le fichier immobilier tenu dans les conservations des hypothèques, qui retrace les évènements juridiques de la propriété (en Alsace - Moselle c'est le système du livre foncier tenu par un magistrat, hérité du droit allemand, qui est en vigueur).

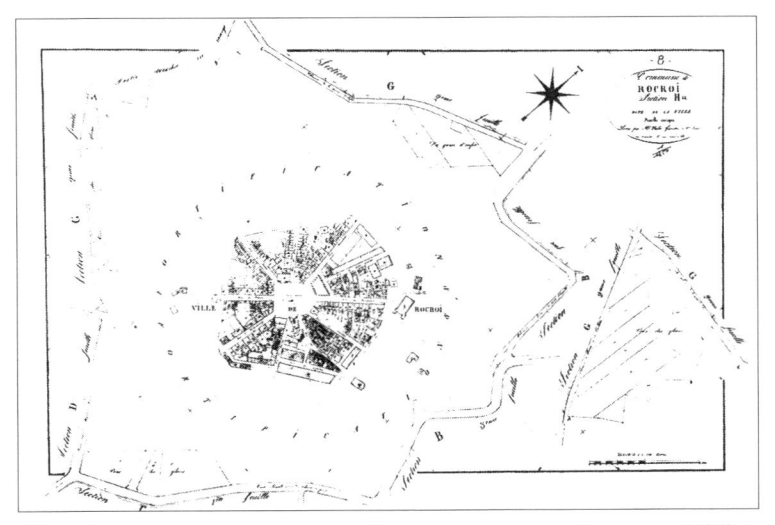

〔図 4-1〕Rocroi, plan cadastral napoléonien. ロクロワのナポレオン一世時代の地籍図。

〔図 4-2〕Rocroi, vue aérienne. ロクロワの航空写真。

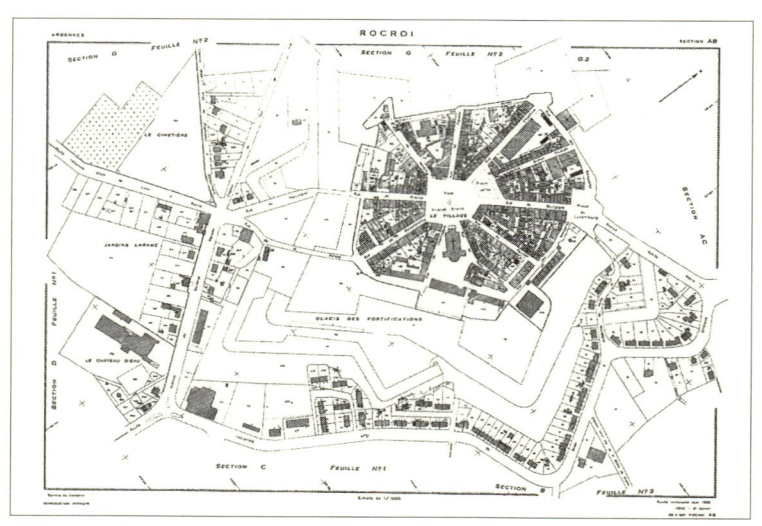

〔図 4-3〕Rocroi, plan cadastral rénové. ロクロワの改製された地籍図。

Enfin, une loi de 1974 autorise une nouvelle rénovation du cadastre, appelée «remaniement,» chaque fois que l'inadaptation du plan à l'évolution du tissue parcellaire le nécessite.

〔逐語訳〕
4. キャダストルの改製 LA RÉNOVATION DU CADASTRE

1930年の法律 La loi de 1930 は、キャダストルの完全な修復 la réfection complète du cadastre を、地租に関する［課税の］基礎のために必要不可欠であることが明らかとなったいくつかの市町村に aux seules communes où elle s'avère indispensable pour l'assiette de l'impôt foncier 限定した limite。

古い地籍図の骨格の精度がなお使用に耐えうると認められるとき lorsque la valeur de la charpente de l'ancien plan cadastral est reconnue suffisante、また地籍図の創設以来、一筆地に大きな変化がみられないときは lorsque … et que le parcellaire n'a pas subi trop de modifications depuis l'origine、［上記以外の］他の市町村においては dans les autres communes、地籍図の簡易な改訂 Une simple mise à jour du plan ［だけ］が予定された est prévue。

この法律により定められた［キャダストルの］改製は今日完了している La rénovation prescrite par cette loi est aujourd'hui terminée。如上のとおりであるが Tel、いまだこの法律の適用がなされなかったアルザス地方とモゼル県におけるナポレオン一世時代のキャダストルの改製については n'est pas encore le cas dans les départements d'Alsace et de Moselle où la rénovation du cadastre napoléonien、1884年3月31日のドイツ法の適用が試みられた a été entreprise en application d'une loi allemande du 31 mars 1884。

［キャダストルの］改製の原則 Le principe de la rénovation は、1956年1月1日に行われた不動産登記制度の改革の範囲内において再び採り上げられた a été repris dans le cadre de la réforme de la publicité foncière intervenue au ler janvier 1956。土地登記の手続に従う［べき］

すべての証書について dans tout acte soumis aux formalités de publicité foncière、キャダストル上の土地の特定におけるその表示を義務付けたのである rendant obligatoire la désignation des biens par leurs identifiants cadastraux（とりわけそれは公証証書の場合［に該当する］（c'est le cas notamment des actes notariés））。

キャダストル le cadastre と、不動産に関する法律上の諸事を記録する qui retrace les évènements juridiques de la propriété 抵当権保存所において保持される不動産カードボックスとの間の entre（le cadastre）et le fichier immobilier tenu dans les conservations des hypothèques 緊密な連繋は Des liaisons étroites、それ以来確立された sont désormais instaurées（［ただし、］アルザス地方とモゼル県においては、司法官を責任者とするドイツの法律を継受した土地登記簿の制度が実施されている）（en Alsace - Moselle c'est le système du livre foncier tenu par un magistrat, hérité du droit allemand, qui est en vigueur）。

ついに1974年の法律は Enfin, une loi de 1974、土地の様相の変化により現況と地籍図とが不一致を来たした場合に、そのつど、地籍図の新たな作製を必要的なものとする chaque fois que l'inadaptation du plan à l'évolution du tissue parcellaire le nécessite「ルマニマン」と呼ばれるキャダストルの新しい改製を許可した autorise une nouvelle rénovation du cadastre, appelée «remaniement,»。

【私 訳】

4. キャダストルの改製

　1930年の法律は、キャダストルの完全な修復を、地租に関する［課税の］基礎のために必要不可欠であることが明らかとなったいくつかの市町村に限定した。

　古い地籍図の骨格の精度がなお使用に耐えうると認められるとき、また地籍図の創設以来、一筆地に大きな変化がみられないときは、［上記以外の］他の市町村においては、地籍図の簡易な改訂［だけ］が予定された。

　この法律により定められた［キャダストルの］改製は今日完了してい

る。如上のとおりであるが、いまだこの法律の適用がなされなかったアルザス地方とモゼル県におけるナポレオン一世時代のキャダストルの改製については、1884 年 3 月 31 日のドイツ法の適用が試みられた。

　［キャダストルの］改製の原則は、1956 年 1 月 1 日に行われた不動産登記制度の改革の範囲内において再び採り上げられた。土地登記の手続に従う［べき］すべての証書について、キャダストル上の土地の特定におけるその表示を義務付けたのである（とりわけそれは公証証書の場合［に該当する］）。

　キャダストルと、不動産に関する法律上の諸事を記録する抵当権保存所において保持される不動産カードボックスとの間の緊密な連繫は、それ以来確立された（［ただし、］アルザス地方とモゼル県においては、司法官を責任者とするドイツの法律を継受した土地登記簿の制度が実施されている）。

　ついに 1974 年の法律は、土地の様相の変化により現況と地籍図とが不一致を来たした場合に、そのつど、地籍図の新たな作製を必要的なものとする「ルマニマン」と呼ばれるキャダストルの新しい改製を許可した。

〔原 文〕
5. LE CADASTRE AUJOURD'HUI（現代のキャダストル）

　Inventaire EXHAUSTIF et PERMANENT, DESCRIPTIF et ÉVALUATIF de la propriété foncière, le cadastre est le reflet de l'état civil de la propriété bâtie et non bâtie.

　Ses missions principales sont :
—fiscales（évaluation des biens fonciers, détermination des bases des taxes foncières, identification des propriétaires redevables）;
—juridiques et foncières（identification et description physique des propriétés）;
—techniques（établissement et tenue à jour du plan cadastral, image topographique indispensable à l'identification et à la description

physique de ces mêmes propriétés).

Le cadastre c'est :

—7 500 agents dont 1 500 géomètres ;
—313 bureaux ou centres des impôts fonciers répartis sur toute la France ;
—4 centres régionaux d'informatique à vocation foncière qui traitent les mises à jour de la documentation ;
—4 ateliers de photogrammétrie : Saint-Germain-en-Laye, Rennes, Marseille et Toulouse pour la production de plans cadastraux à partir de photographies aéreinnes ;
—le Service de la Documentation Nationale du Cadastre installé à Saint-Germain-en-Laye qui assure notamment la reproduction industrielle des plans cadastraux, l'archivage des calques clichés, et l'édition sur microfiches de la matrice cadastrale ;
—l'École Nationale du Cadastre à Toulouse qui assure la formation professionnelle de base des agents.

C'est aussi la gestion de :

—590 000 feuilles de plans ;
—34,5 millions de comptes communaux de propriétaires ;
—96,7 millions de parcelles ;
—35,5 millions de locaux ;
—5,7 millions de libellés de lieux-dits ;
—680 000 libellés de voies.

〔逐語訳〕

5. 現代のキャダストル LE CADASTRE AUJOURD'HUI

網羅的で恒久的、明細的で評価をなすところの土地に関する登録簿 Inventaire EXHAUSTIF et PERMANENT,DESCRIPTIF et ÉVALUATIF de la propriété foncière [である] キャダストルは、更地や建付地の戸籍簿ということができる le cadastre est le reflet de l'état

〔図5-1〕Géomètre du cadastre effectuant un relevé avec un théodolite équipé d'un télémètre électro-magnétique. 電磁式測距儀を備えたテオドライトにより観測中のキャダストルの測量技師。

〔図5-2〕Vue aérienne de Villemursur-Tarn (Mme G). タルヌ県ヴィユミュルシュルータルヌ県の航空写真 (Mme G)。

〔図5-3〕Appareil de restitution des photos aériennes. 航空写真の図化機。

〔図5-4〕Lecteur de microfiches et classeur de rangement sur tourniquet.
マイクロフィッシュフィルムの再生装置と回転式整理用キャビネット。

civil de la propriété bâtie et non bâtie。

　その主要な任務は Ses missions principales sont、すなわち、
—税務上のことに関して fiscales（財産としての土地の評価 évaluation des biens fonciers、地租の基準の決定 détermination des bases des taxes foncières、地租の納税義務者の特定 identification des propriétaires redevables）。
—法律上および土地上のことに関して juridiques et foncières（土地に関する所有権の同定と物理的現況の記載 identification et description physique des propriétés）。
—技術上のことに関して techniques（最新の地籍図の作製と更新 établissement et tenue à jour du plan cadastral、これらの土地に関する所有権の同定と物理的現況の表示のために必要不可欠な地形写真の撮影 image topographique indispensable à l'identification et à la description physique de ces mêmes propriétés）。

　キャダストルそれは Le cadastre c'est：、
—7,500人の職員を擁し、うち1,500人は測量技師 7 500 agents dont 1 500 géomètres。
—313か所の事務所。すなわち、全フランスにわたって配置された地租センター 313 bureaux ou centres des impôts fonciers répartis sur toute la France。
—土地に関する用途の把握のため、資料・文献の改訂増補を所管する4か所の情報処理地域センター 4 centres régionaux d'informatique à vocation foncière qui traitent les mises à jour de la documentation。
—航空写真にもとづく地籍図の調製のための4か所の写真測量の工場すなわちサン-ジェルマン-アン-レイ、レンヌ、マルセイユそしてトゥルーズ 4 ateliers de photogrammétrie：Saint- Germain-en-Laye, Rennes, Marseille et Toulouse pour la production de plans cadastraux à partir de photographies aéreinnes。
—サン-ジェルマン-アン-レイに設置された国立キャダストル情報資

料局 le Service de la Documentation Nationale du Cadastre installé à Saint-Germain-en-Laye は、とりわけ地籍図の再調製、ネガの複写・保存、キャダストルの原簿のマイクロフィッシュ編集を行っている qui assure notamment la reproduction industrielle des plans cadastraux, l'archivage des calques clichés, et l'édition sur microfiches de la matrice cadastrale。

—職員の基礎職業教育を行うトゥルーズの国立キャダストル学校 l'École Nationale du Cadastre à Toulouse qui assure la formation professionnelle de base des agents。

さらにまた、キャダストルの所管事項について述べると C'est aussi la gestion de、

—［フランス全土の約1億筆の土地を網羅する］59万葉の地籍図 590 000 feuilles de plans。
—3,450万か所の公有地に関する［地籍情報の］管理 34,5 millions de comptes communaux de propriétaires。
—9,670万筆の土地 96,7 millions de parcelles［に関する情報］。
—3,550万個の建物 35,5 millions de locaux［に関する情報］。
—570万件の［フランス全土の］リゥディ 5,7 millions de libellés de lieux-dits［の地図の作成］。
—68万件の道路 680 000 libellés de voies［の地図の作成］。

【私 訳】

5. 現代のキャダストル

網羅的で恒久的、明細的で評価をなすところの土地に関する登録簿［である］キャダストルは、更地や建付地の戸籍簿ということができる。

その主要な任務は、すなわち、

—税務上のことに関して（財産としての土地の評価、地租の基準の決定、地租の納税義務者の特定）。
—法律上および土地上のことに関して（土地に関する所有権の同定と物理的現況の記載）。

―技術上のことに関して（最新の地籍図の作製と更新、これらの土地に関する所有権の同定と物理的現況の表示のために必要不可欠な地形写真の撮影）。

　キャダストルそれは、
―7,500人の職員を擁し、うち1,500人は測量技師。
―313か所の事務所。すなわち、全フランスにわたって配置された地租センター。
―土地に関する用途の把握のため、資料・文献の改訂増補を所管する4か所の情報処理地域センター。
―航空写真にもとづく地籍図の調製のための4か所の写真測量の工場すなわちサン-ジェルマン-アン-レイ、レンヌ、マルセイユそしてトゥルーズ。
―サン-ジェルマン-アン-レイに設置された国立キャダストル情報資料局は、とりわけ地籍図の再調製、ネガの複写・保存、キャダストルの原簿のマイクロフィッシュ編集を行っている。
―職員の基礎職業教育を行うトゥルーズの国立キャダストル学校。

　さらにまた、キャダストルの所管事項について述べると、
―［フランス全土の1億筆の土地を網羅する］59万葉の地籍図。
―3,450万か所の公有地に関する［地籍情報の］管理。
―9,670万筆の土地［に関する情報］。
―3,550万個の建物［に関する情報］。
―570万件の［フランス全土の］リゥディ［の地図の作成］。
―68万件の道路［の地図の作成］。

　〔原　文〕

6. LE CADASTRE AU SERVICE DES USAGERS（キャダストルの利用者への役務）

　L'accès des usagers à la documentation cadastrale a existé dès l'origine.

C'est ainsi que toute personne peut consulter cette documentation et en obtenir des copies dans les bureaux du Cadastre.

Un double des registres cadastraux est également consultable dans les mairies.

La délivrance des reproductions et extraits de la matrice et du plan répond à des besoins divers :

— recherche d'informations fiscales (assiette des impôts locaux...) ou foncières (situation et consistance des biens...)

— accomplissement des formalités de publicité foncière qui accompagnent les mutations de propriété.

En outre, certains utilisateurs ont accès aux informations «de masse» sur microfiches et sur supports magnétiques. Cette diffusion, sélective et encadrée, ne concerne que les collectivités territoriales, administrations et organismes sous contrôle public.

〔逐語訳〕

6. キャダストルの利用者への役務 LE CADASTRE AU SERVICE DES USAGERS

キャダストルの情報・資料への利用者のアクセス L'accès des usagers à la documentation cadastrale は、制度の始めから存在した a existé dès l'origine。かくしてすべての人々は C'est ainsi que toute personne、キャダストル局の事務所においてその情報を調査することができ、それらの写しを入手することができる peut consulter cette documentation et en obtenir des copies dans les bureaux du Cadastre。

キャダストルの登録簿の写しは Un double des registres cadastraux est、市町村役場においても同様に参照することができる également consultable dans les mairies。

［このようにして、キャダストルの］登録簿の抄本と地籍図の写しの発行 La délivrance des reproductions et extraits de la matrice et du plan は、さまざまな方面の需要に応えている。すなわち répond à des besoins

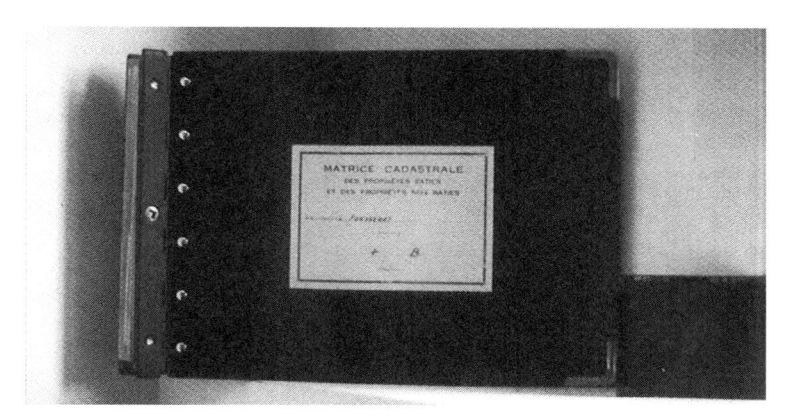

〔図 6-1〕Microfiche et registre cadastral contenant chacun la même quantité d'informations.（Dans les bureaux du cadastre toutes les informations se trouvent déjà sur microfiches. Les mairies en sont équipées à leur demande）. 各々、同一の情報量を収録しているキャダストルのマイクロフィッシュと登録簿。（キャダストルの事務所においては、すべての情報がすでにマイクロフィッシュの状態で保持されている。市町村の情報はその住民への需要に応えている）。

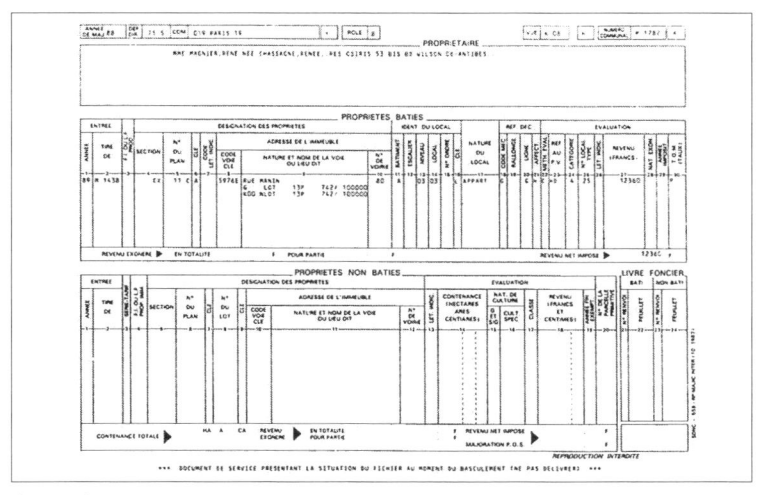

〔図 6-2〕Reproduction d'un relevé individuel de propriété à l'aide d'un lecteur-reproducteur de microfiches. マイクロフィッシュの再生読取装置による土地の名寄帳の再製。

第1章　キャダストル、その起源から今日まで（フランス共和国国税庁）　255

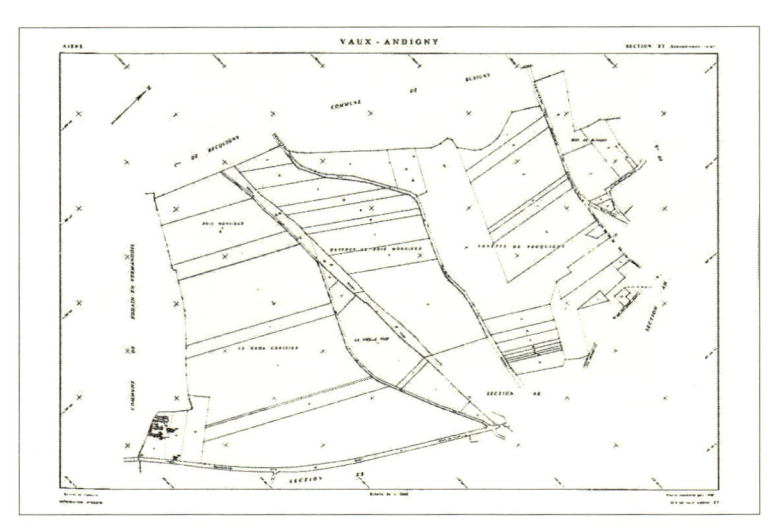

〔図6-3〕Feuille d'un plan cadastral（zone rurale）. 地籍図の紙葉（農村地区）。

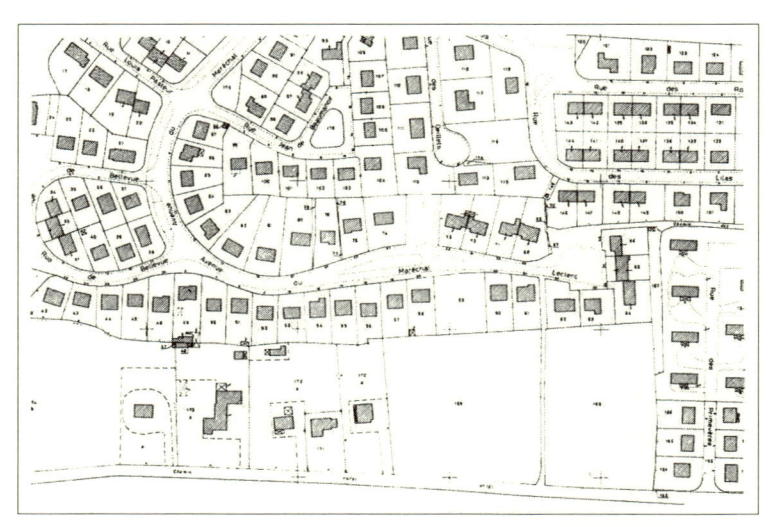

〔図6-4〕Extrait d'un plan cadastral（zone urbaine）. 地籍図の写し（都市地区）。

divers、

　—税の情報（［とりわけ］地方税の基準など）または土地の情報（［とりわけ］土地の面積と現況など）の検索 recherche d'informations fiscales (assiette des impôts locaux...) ou foncières (situation et consistance des biens...)。

　—土地の譲渡にともなうところの土地登記手続の実行 accomplissement des formalités de publicité foncière qui accompagnent les mutations de propriété。

　さらに En outre、ある種の利用者がマイクロフィッシュ上のまたは磁気媒体上の「大量の土地」情報にアクセスしている certains utilisateurs ont accès aux informations «de masse» sur microfiches et sur supports magnétiques。この作業には Cette diffusion、選ばれかつ統率された sélective et encadrée、国の監督下の行政と組織である地方自治体しか関わらない ne concerne que les collectivités territoriales, administrations et organismes sous contrôle public。

　　【私訳】
6. キャダストルの利用者への役務

　キャダストルの情報・資料への利用者のアクセスは、制度の始めから存在した。かくしてすべての人々は、キャダストル局の事務所においてその情報を調査することができ、それらの写しを入手することができる。

　キャダストルの登録簿の写しは、市町村役場においても同様に参照することができる。

　［このようにして、キャダストルの］登録簿の抄本と地籍図の写しの発行は、さまざまな方面の需要に応えている。すなわち、

　—税の情報（［とりわけ］地方税の基準など）または土地の情報（［とりわけ］土地の面積と現況など）の検索。

　—土地の譲渡にともなうところの土地登記手続の実行。

　さらに、ある種の利用者がマイクロフィッシュ上のまたは磁気媒体上の「大量の土地」情報にアクセスしている。この作業には、選ばれかつ統率

された、国の監督下の行政と組織である地方自治体しか関わらない。

〔原 文〕
7. LE CADASTRE ET LES COLLECTIVITÉS LOCALES（キャダストルと地方自治体）

　Le Cadastre est l'instrument de la fiscalité directe locale : il localise, identifie, décrit les biens et les redevables. Il détermine les évaluations servant de bases à l'impôt et à différentes taxes correspondant à des services rendus par la collectivité.

　Ces évaluations sont ajustées annuellement en fonction de certains paramètres (loyers, inflation) ; elles sont en outre périodiquement révisées pour tenir compte de l'évolution du marché locatif. Enfin, le Cadastre procède en permanence au recensement des changements qui affectent les bases d'imposition (constructions nouvelles, additions de construction, démolitions, changements de natures de culture...).

　Le plan cadastral, support essentiel pour la localisation et l'identification des immeubles (parcelles, bâtiments, voirie, etc...) est refait quand la densité et la valeur économique atteintes par le tissu foncier l'exigent.

　C'est pourquoi le Cadastre est un interlocuteur privilégié des Collectivités locales, au bénéfice desquelles il assure également d'autres prestations :

— la mise à disposition des communens d'une copie du cadastre, comportant les renseignements littéraux (la matrice cadastrale est disponible sur microfiches) et les plans. Cette documentation est actualisée tous les ans ;

— la cession des fichiers magnétiques fonciers ; exploitées par l'informatique, les données cadastrales permettent aux collectivités une meilleure approche de l'utilisation des sols, la mise au point de stratégies locales de développement, le choix des orientations en matière foncière et agricole ;

—l'établissement du plan cadastral normalisé (P.C.N.)

Par ailleurs, le Cadastre développe une politique conventionnelle avec les collectivités qui se dotent de banques de données territoriales s'appuyant sur des informations cadastrales.

〔逐語訳〕

7．キャダストルと地方自治体 LE CADASTRE ET LES COLLECTIVITÉS LOCALES

キャダストルは地方直接税の［徴収のための］用具である Le Cadastre est l'instrument de la fiscalité directe locale。すなわちキャダストルは、土地と納税義務者の所在を捕捉し、同定し、登録する：il localise, identifie, décrit les biens et les redevables。［キャダストルはまた、］地方自治体の提供にかかるサービスに対応する種々の公共料金の課金の基

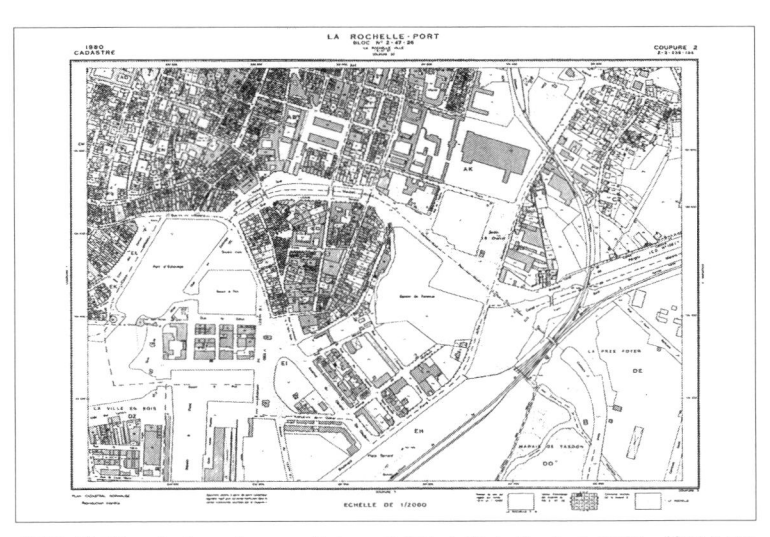

〔図7-1〕Plan Cadastral normalisé ou P.C.N. à l'échelle de 1/2000. 縮尺2,000分の1の標準地籍図すなわち P.C.N.。

〔図7-2〕Le tissu foncier (Vallée d'Aure). 土地の様相（アウル川流域）。

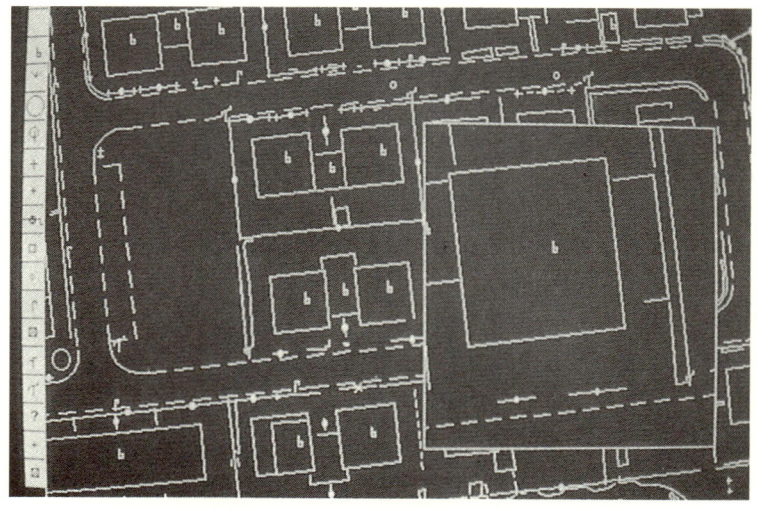

〔図7-3〕Visualisation sur écran d'un plan cadastral informatisé.
コンピュータ処理された地籍図のディスプレー上の表示画面［画面上の映像］。

をなす評価を決定する Il détermine les évaluations servant de bases à l'impôt et à différentes taxes correspondant à des services rendus par la collectivité。

　これらの評価 Ces évaluations は、いくつかの要因（地代、インフレーション）に対応して en fonction de certains paramètres (loyers, inflation) 毎年改定されている sont ajustées annuellement。また評価はさらに、賃貸借市場の動向を考慮に入れるために［も］定期的に改訂される elles sont en outre périodiquement révisées pour tenir compte de l'évolution du marché locatif。要するにキャダストル局は、課税の基準に影響を及ぼす変化（建物の新築工事 constructions nouvelles、建物の増築工事 additions de construction、解体工事 démolitions、作目の変更など changements de natures de culture...）について永続的な調査を行っている Enfin, le Cadastre procède en permanence au recensement des changements qui affectent les bases d'imposition。

　地籍図 Le plan cadastral は、不動産（一筆地、建物、道路その他など）の所在の捕捉とその同定のために極めて重要な媒体である support essentiel pour la localisation et l'identification des immeubles (parcelles, bâtiments, voirie, etc...) が、土地の様相の変化により達せられた土地の密度や経済的な価値が変化するとき quand la densité et la valeur économique atteintes par le tissu foncier l'exigent ［それは］改製される est refait。そのような訳で、キャダストルは地方自治体にとって必要不可欠な対話者である C'est pourquoi le Cadastre est un interlocuteur privilégié des Collectivités locales。キャダストルはまた、地方自治体の利益になるよう他のいくつかの任務［の遂行］も保証する au bénéfice desquelles il assure également d'autres prestations：。

―地方自治体におけるキャダストルの副本の備え置き la mise à disposition des communens d'une copie du cadastre、それは文字による情報（キャダストルの原簿はマイクロフィッシュにより入手される la matrice cadastrale est disponible sur microfiches) と地籍図をともなっ

ている comportant les renseignements littéraux et les plans。この情報の更新は毎年実行されている Cette documentation est actualisée tous les ans。
― 土地の電磁的カードボックスによる譲渡 la cession des fichiers magnétiques fonciers は、コンピュータ情報理論によって開発された exploitées par l'informatique。キャダストルの情報 les données cadastrales は、土地利用に関する最良の方策 une meilleure approche de l'utilisation des sols、地域開発方針の的確な策定 la mise au point de stratégies locales de développement、土地および農業に関する将来計画への選択 le choix des orientations en matière foncière et agricole を、地方自治体に可能ならしめる permettent aux collectivités。
― 地籍図の規格の標準化（P.C.N.）l'établissement du plan cadastral normalise（P.C.N.）。

他方では Par ailleurs、キャダストル局 le Cadastre は、その情報に依拠している行政区域のデータバンクを備える地方自治体とともに avec les collectivités qui se dotent de banques de données territoriales s'appuyant sur des informations cadastrales、あるべき地方行政を展開する développe une politique conventionnelle。

【私 訳】

7. キャダストルと地方自治体

　キャダストルは地方直接税の［徴収のための］用具である。すなわちキャダストルは、土地と納税義務者の所在を捕捉し、同定し、登録する。［キャダストルはまた、］地方自治体の提供にかかるサービスに対応する種々の公共料金の課金の基をなす評価を決定する。

　これらの評価は、いくつかの要因（地代、インフレーション）に対応して毎年改定されている。また評価はさらに、賃貸借市場の動向を考慮に入れるために［も］定期的に改訂される。要するにキャダストル局は、課税の基準に影響を及ぼす変化（建物の新築工事、建物の増築工事、解体工事、作目の変更など）について永続的な調査を行っている。

地籍図は、不動産（一筆地、建物、道路その他など）の所在の捕捉とその同定のために極めて重要な媒体であるが、土地の様相の変化により達せられた土地の密度や経済的な価値が変化するとき［それは］改製される。そのような訳で、キャダストルは地方自治体にとって必要不可欠な対話者である。キャダストルはまた、地方自治体の利益になるよう他のいくつかの任務［の遂行］も保証する。
―地方自治体におけるキャダストルの副本の備え置き、それは文字による情報（キャダストルの原簿はマイクロフィッシュにより入手される）と地籍図をともなっている。この情報の更新は毎年実行されている。
―土地の電磁的カードボックスによる譲渡は、コンピュータ情報理論によって開発された。キャダストルの情報は、土地利用に関する最良の方策、地域開発方針の的確な策定、土地および農業に関する将来計画への選択を、地方自治体に可能ならしめる。
―地籍図の規格の標準化（P.C.N.）。
　他方では、キャダストル局は、その情報に依拠している行政区域のデータバンクを備える地方自治体とともに、あるべき地方行政を展開する。

　〔原　文〕

8. LE REMANIEMENT DU CADASTRE（キャダストルの再改製）

　Le remaniement du cadastre consiste à refaire les plans cadastraux rénovés, devenus inadaptés et difficilement utilisables (échelle trop petite, manque de précision). Le cas se rencontre essentiellement dans des zones ayant subi d'importants développements urbains.

　Le nouveau plan est issu de levés terrestres ou photogrammétriques (c'est-à-dire réalisés à l'aide de photographies aériennes) avec reconnaissance des limites en présence des propriétaires.

DÉROULEMENT DES TRAVAUX
Travaux de canevas d'ensemble

Quel que soit le mode de levé, il faut connaître les coordonnées d'un certain nombre de points stables à l'intérieur d'un chantier (clochers, châteaux d'eau...) : c'est le canevas d'ensemble.

De plus, pour utiliser la photogrammétrie, il faut déterminer les coordonnées planimétriques et altimétriques de points supplémentaires du terrain repérables sur les photos.

Ces points permettent de positionner les clichés aériens deux à deux de manière à obtenir la vision stéréoscopique du terrain, c'est-à-dire à observer une zone en reconstituant artificiellement son relief.

La restitution

Les photographies aériennes sont exploitées à l'aide d'appareils de très haute précision appelés stéréorestituteurs. Ces équipements permettent de dessiner, au fur et à mesure des observations, une «stéréominute» qui est une ébauche du futur plan.

La délimitation

La position des limites de propriété est indiquée par les propriétaires au géomètre chargé des travaux de remaniement.

À cette occasion, celui-ci relève les mesures qui serviront à compléter et à mettre au point les stéréominutes issues de la restitution.

La communication des résultats du remaniement.

Les résultats du remaniement sont communiqués aux propriétaires.

Chacun peut prendre connaissance du nouveau plan qui est déposé à la mairie et faire part de ses observations éventuelles.

L'édition du nouveau plan au Service de la Documentation Nationale du Cadastre (S.D.N.C.).

Pour chaque nouvelle feuille de plan obtenue à l'issue du remaniement il est réalisé une matrice de reproduction qui servira par la suite à faire les différents exemplaires destinés aux utilisateurs, c'est-à-dire le bureau local du cadastre (qui tient à jour le plan-minute de conservation et peut en délivrer des reproductions aux usagers) et la mairie.

〔逐語訳〕

8. キャダストルの再改製 LE REMANIEMENT DU CADASTRE

キャダストルのルマニマン Le remaniement du cadastre［の目的］は、実地と適合せずかつ利用しにくい devenus inadaptés et difficilement utilisables（過小縮尺、精度不足による）（échelle trop petite, manque de précision）地籍図の再改製にある consiste à refaire les plans cadastraux rénovés。その事例 Le cas は、とりわけ都市開発が著しく進展した地域において essentiellement dans des zones ayant subi d'importants

〔図 8-1〕Appareil en station sur le haut d'un château d'eau. 給水塔上部の上に設置された観測器械。

〔図 8-2〕Opérateur travaillant sur stéréorestituteur analytique. 航測図化機による地図作製中の技術者。

〔図 8-3〕Opération de délimitation. 境界確定作業。

〔図 8-4〕Communication du remaniement. 地籍図の再改製の打合せ

〔図 8-5〕Travaux de reproduction au S.D.N.C. 国立キャダストル情報資料局による地籍図の再改製印刷作業。

第1章 キャダストル、その起源から今日まで（フランス共和国国税庁） 267

développements urbains 見受けられる se rencontre。

　新しい地籍図 Le nouveau plan は、土地所有者の立会いによる境界確定作業をともないつつ avec reconnaissance des limites en présence des propriétaires、地上測量または写真測量 de levés terrestres ou photogrammétriques（すなわち航空写真を利用して実現された）(c'est-à-dire réalisés à l'aide de photographies aériennes）により調製される est issu。

※作業の展開 DÉROULEMENT DES TRAVAUX
↓全体的な骨格測量 Travaux de canevas d'ensemble。
　どのような測量方法によろうとも Quel que soit le mode de levé、測量現場の中に à l'intérieur d'un chantier、あるいくつかの確定した基準点の座標を把握しなければならない（教会の鐘楼、給水等など）il faut connaître les coordonnées d'un certain nombre de points stables … (clochers, châteaux d'eau...)。すなわち、それが全体的な図根点である：c'est le canevas d'ensemble。

　さらに De plus、写真測量に用いるために pour utiliser la photogrammétrie、平面測量および水準測量において決定しうる地上の補充的な測点の座標 les coordonnées planimétriques et altimétriques de points supplémentaires du terrain repérables を、写真上において明確にしなければならない il faut déterminer…sur les photos。

　これらの測点 Ces points は、航空写真を2組ずつ定位置に置くことによって de positionner les clichés aériens deux à deux、土地の立体視像を得ることを可能とする permettent … de manière à obtenir la vision stéréoscopique du terrain。すなわち c'est-à-dire、その地形の起伏を人為的に復元しながら測量区域を観測するためのものである à observer une zone en reconstituant artificiellement son relief。

↓復元 La restitution。

航空写真 Les photographies aériennes は、図化機と呼ばれる極めて高精度の機械を用いて図化される sont exploitées à l'aide d'appareils de très haute précision appelés stéréorestituteurs。この装置は観測を繰り返して Ces équipements … au fur et à mesure des observations、やがて完成する地図の粗図である「立体測量原図」を調製することを可能とする permettent de dessiner…une «stéréominute» qui est une ébauche du future plan。

↓境界の確定 La délimitation。
　土地の境界の位置 La position des limites de propriété は、土地所有者により par les propriétaires、地籍図の改製作業の任務を帯びた測量技師に au géomètre chargé des travaux de remaniement 示される est indiquée。この機会に À cette occasion、測量技師は観測成果の充実・補完と復元［作業］にもとづく立体測量原図の完成を行う celui-ci relève les mesures qui serviront à compléter et à mettre au point les stéréominutes issues de la restitution。

↓改製の成果の開示 La communication des résultats du remaniement。
　改製の成果は土地所有者へ通知される Les résultats du remaniement sont communiqués aux propriétaires。各土地所有者 Chacun は、市町村役場に備置された新しい地籍図を縦覧することができ peut prendre connaissance du nouveau plan qui est déposé à la mairie、そして場合によっては改製の内容に異見を述べることができる peut prendre … et faire part de ses observations éventuelles。

↓国立キャダストル情報資料局による新しい地籍図の発行 L'édition du nouveau plan au Service de la Documentation Nationale du Cadastre (S.D.N.C.)。
　再改製によって得られた新しい地籍図の各葉については Pour chaque

nouvelle feuille de plan obtenue à l'issue du remaneiment、原図の複製（第二原図）が調製される il est réalisé une matrice de reproduction。第二原図はそののち qui（servira）par la suite、利用者へ用意される各種の写しのために有用となる servira…à faire les différents exemplaires destinés aux utilisateurs。すなわち c'est-à-dire、地方キャダストル局と市町村役場 le bureau local du cadastre…et la mairie は、保管用地籍図原本の最新の状態への更新を行い qui tient à jour le plan-minute de conservation、そして第二原図の写しを利用者へ交付することができる et peut en délivrer des reproductions aux usagers。

【私 訳】

8. キャダストルの再改製

　キャダストルのルマニマン［の目的］は、実地と適合せずかつ利用しにくい（過小縮尺、精度不足による）地籍図の再改製にある。その事例は、とりわけ都市開発が著しく進展した地域において見受けられる。

　新しい地籍図は、土地所有者の立会いによる境界確定作業をともないつつ、地上測量または写真測量（すなわち航空写真を利用して実現された）により調製される。

※作業の展開
↓全体的な骨格測量。

　どのような測量方法によろうとも、測量現場の中に、あるいくつかの確定した基準点の座標を把握しなければならない（教会の鐘楼、給水等など）。すなわち、それが全体的な図根点である。

　さらに、写真測量に用いるために、平面測量および水準測量において決定しうる地上の補充的な測点の座標を、写真上において明確にしなければならない。

　これらの測点は、航空写真を2組ずつ定位置に置くことによって、土地の立体視像を得ることを可能とする。すなわち、その地形の起伏を人為的に復元しながら測量区域を観測するためのものである。

↓復元。

　航空写真は、図化機と呼ばれる極めて高精度の機械を用いて図化される。この装置は観測を繰り返して、やがて完成する地図の粗図である「立体測量原図」を調製することを可能とする。

↓境界の確定。

　土地の境界の位置は、土地所有者により、地籍図の改製作業の任務を帯びた測量技師に示される。この機会に、測量技師は観測成果の充実・補完と復元［作業］にもとづく立体測量原図の完成を行う。

↓改製の成果の開示。

　改製の成果は土地所有者へ通知される。各土地所有者は、市町村役場に備置された新しい地籍図を縦覧することができ、そして場合によっては改製の内容に異見を述べることができる。

↓国立キャダストル情報資料局による新しい地籍図の発行。

　再改製によって得られた新しい地籍図の各葉については、原図の複製（第二原図）が調製される。第二原図はそののち、利用者へ用意される各種の写しのために有用となる。すなわち、地方キャダストル局と市町村役場は、保管用地籍図原本の最新の状態への更新を行い、そして第二原図の写しを利用者へ交付することができる。

　〔原　文〕
9．LE CADASTRE ET L'INFORMATIQUE（キャダストルと情報処理）
　Entre 1986 et 1990, la Direction générale des Impôts a implanté progressivement le nouveau système MAJIC 2（Mise À Jour des Informations Cadastrales 2e génération）dans les 313 Centres des Impôts fonciers du territoire.
　MAJIC2 c'est：

—matériellement, chaque service du Cadastre équipé en écrans-claviers et imprimantes reliés à l'ordinateur central de l'un des 4 Centres Régionaux d'Informatique foncière ;
—fonctionnellement, l'informatisation presque totale de l'ensemble des tâches de beureau avec fourniture aux usagers d'extraits toujours actualisés de la documentation littérale ;
—un mode conversationnel permettant, directement à l'écran-clavier, la consultation de la documentation magnétique, sa mise à jour et le déclenchement des éditions ; un «dialogue» s'établit entre l'agent et le système informatique selon un scénario prédéterminé ;
—une mise à jour «en temps réel» intégrant instantanément dans la base documentaire les changements constaté (mutations, modifications, créations...). Ainsi, l'interrogation de la documentation magnétique donne toujours la dernière situation connue.

Par ailleurs, les services disposent des microfiches présentant la situation au 1er janvier qui correspondent au rôle des taxes foncières de l'année considérée.

Dans un tout autre domaine, la DGI informatise ses techniques topographiques en utilisant :
—la restitution photogrammétrique assistée par ordinateur ;
—l'enregistrement magnétique et l'exploitation automatique des mesures effectuées en levé terrestre (calculs de position, report, détermination des contenances).

En matière de gestion des données du plan, le Cadastre accompagne les initiatives des collectivités locales qui se dotent de banques de données territoriales et utilisent de ce fait le plan cadastral informatisé comme support de localisation géographique. Parallèlement le cadastre développe un projet de gestion et de diffusion des données informatisées du plan à vocation uniforme sur le territoire national. Ce projet s'inscrit dans une perspective à long terme d'intégration des données topographiques au sein d'un système unique regroupant la totalité des informations afférentes aux immeubles et à leurs ayants droits.

Les satellites permettent déjà de déterminer les points de canevas. Ils ouvrent également la perspective de détecter les changements de nature de culture, les constructions nouvelles et additions de construction, de façon rapide, moderne et économique.

〔逐語訳〕
9. キャダストルと情報処理 LE CADASTRE ET L'INFORMATIQUE
　1986年から1990年にかけて Entre 1986 et 1990、国税庁 la Direction générale des Impôts は、313の地方地租センターにおいて dans les 313 Centres des Impôts fonciers du territoire、新しい方式・MAJIC2 le nouveau système MAJIC 2（第2次キャダストル情報の改訂 Mise À Jour des Informations Cadastrales 2e génération）を徐々に導入した a implanté progressivement。
　MAJIC2、それはすなわち、MAJIC2 c'est：
―設備的な面について述べると matériellement、各キャダストル局に備えられたパソコン画面、キーボードそしてプリンタ chaque service du Cadastre équipé en écrans‐claviers et imprimantes は、〔全国〕4か所の土地情報処理地域センターのうちの1つのセンターのコンピュータと結ばれている reliés à l'ordinateur central de l'un des 4 Centres Régionaux d'Informatique foncière。
―機能的な面について述べると fonctionnellement、事務所の業務全体のほぼ完全なコンピュータ化 l'informatisation presque totale de l'ensemble des tâches de beureau である。それはつねに更新された文字情報による証明書の d'extraits toujours actualisés de la

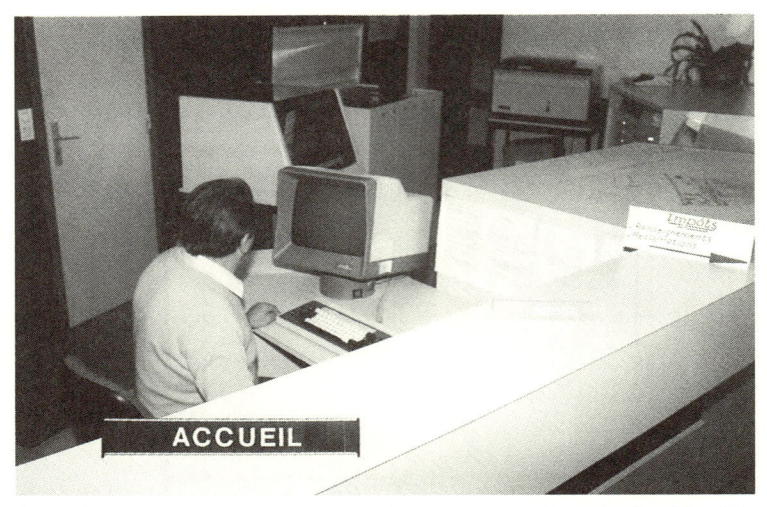

〔図9-1〕Service du Cadastre équipé d'écran-clavier. キャダストル局に備えられたパソコン画面とキーボード。

〔図9-2〕Écran-clavier. パソコン画面とキーボード。

```
00 1A RECHERCHE D"UNE PERSONNE PAR LE NOM, LA DENOMINATION OU LE NUMERO
              CARACTERISTIQUES D"UNE PERSONNE PHYSIQUE
  MR   MME X MLLE                          NO DE PERSONNE : 021805
NOM/PRENOMS : GERARD/MARYSE REGINE NOEMIE/
DATE DE NAISSANCE: 19 / 04 / 1948      SEXE: F
LIEU DE NAISSANCE: 95 SAINT LEU LA FORET,
NOM DU CONJOINT: TRANOUEZ                  PRENOM: JEAN FRANCOIS R
--------------------------- ADRESSE ---------------------
       COMPLEMENT D'ADRESSE :
           NUMERO DE VOIRIE :
           NATURE DE LA VOIE :
    VOIE ,HAMEAU ,LIEU-DIT :
 BOITE POSTALE,SERVICE X :
                  COMMUNE  :  174    CIDEVILLE
              DEPARTEMENT  :  076    SEINE-MARITIME
NUMERO DE CEDEX:
SECTEUR POSTAL :
         CODE POSTAL : 76570 BUREAU DISTRIBUTEUR : PAVILLY
                                           VALIDATION : ( )
```

〔図9-3〕Reproduction d'un descriptif de personne physique. 個人に関する情報登録簿の再製。

〔図9-4〕Extrait cadastral modèle 1 édité par le système. 型式番号1番の様式によりコンピュータシステムによって発行されたキャダストルの抄本。

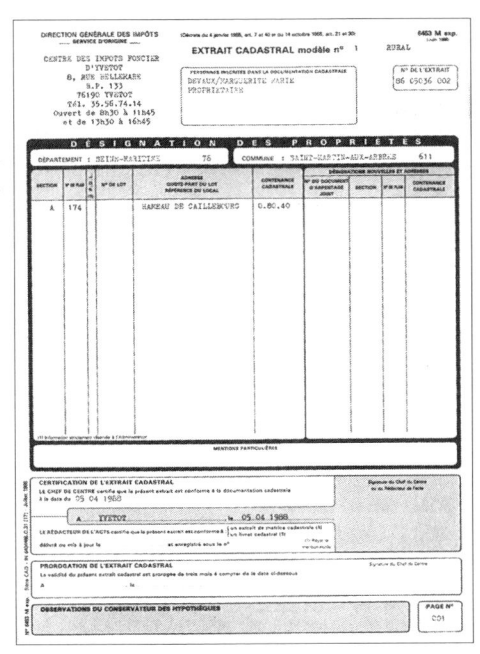

第1章 キャダストル、その起源から今日まで（フランス共和国国税庁） 275

documentation littérale、利用者への提供をともなう avec fourniture aux usagers。

—コンピュータ画面とキーボードを用いた直接の双方向対話方式により un mode conversationnel (permettant), directement à l'écran-clavier ［入力された］電子情報の調査 la consultation de la documentation magnétique、その更新および効率的な編集を可能とする permettant…sa mise à jour et le déclenchement des éditions キャダストル局の職員と［電子］情報処理システムとの間の「対話」un «dialogue» (s'établit) entre l'agent et le système informatique は、あらかじめ定められた方式にしたがい selon un scénario prédéterminé、なされる s'établit。

—確認された変更（権利の移転、利用状況の変更、建物の新築など）を情報のデータベースに瞬時に取り込むリアルタイムの改訂 une mise à jour «en temps réel» intégrant instantanément dans la base documentaire les changements constaté (mutations, modifications, créations…)。このようにして Ainsi、［入力された］電子情報の検索 l'interrogation de la documentation magnétique は、つねに把握されている最新の状況を教えてくれる donne toujours la dernière situation connue。

他方 Par ailleurs、キャダストルの各部局 les services は、［毎年］1月1日現在の状況を示すマイクロフィッシュを保有しており disposent des microfiches présentant la situation au 1er janvier、それは当該年度の地租台帳と連絡している qui correspondent au rôle des taxes foncières de l'année considérée。

他の分野においても Dans un tout autre domaine、国税庁 la DGI は、次の［2つの分野の］測量に関する技術、すなわち ses techniques topographiques en utilisant：、

—コンピュータに支援された写真測量［による成果］の図化［に関する

技術］la restitution photogrammétrique assistée par ordinateur、
―地上測量による観測成果のディスクへの保存と、その成果のコンピュータ機能による利用 l'enregistrement magnétique et l'exploitation automatique des mesures effectuées en levé terrestre（位置の計算 calculs de position、複写 report、求積 détermination des contenances）［に関する技術］、
により情報処理を行っている informatise。

　地籍図の情報の管理に関しては En matière de gestion des données du plan、キャダストル局は地方自治体のイニシアティヴをバックアップしている le Cadastre accompagne les initiatives des collectivités locales。地方自治体は自己の管轄区域に関するデータバンクを備え qui se dotent de banques de données territoriales、かつ地理的位置の決定の媒体としてコンピュータ化された地籍図を用いている et utilisent de ce fait le plan cadastral informatisé comme support de localisation géographique。

　同時にキャダストル局は Parallèlement le cadastre、国土全域に関する［地籍情報の］統一化の使命をもって à vocation uniforme sur le territoire national、コンピュータ化された地籍情報の管理とその普及の計画を進めている développe un projet de gestion et de diffusion des données informatisées du plan。この計画 Ce projet は、不動産およびそれらの権利所有者に属する情報全体 la totalité des informations afférentes aux immeubles et à leurs ayants droits を、［キャダストル局の］独自のシステムに統合させるという au sein d'un système unique regroupant、地籍情報の統一化の長期的展望と結びついている s'inscrit dans une perspective à long terme d'intégration des données topographiques。

　人工衛星 Les satellites は、すでに基準点の測定を可能ならしめている permettent déjà de déterminer les points de canevas。人工衛星はさらにまた Ils（ouvrent）également、耕作の性質の変更 les changements de nature de culture、新築工事および増築工事［など］les constructions nouvelles et additions de construction を、スピーディに、現代的にそし

て経済的に de façon rapide, moderne et économique 探知するという展望 la perspective de détecter を切り開いている ouvrent。

　　【私　訳】
9．キャダストルと情報処理

　1986年から1990年にかけて、国税庁は、313の地方地租センターにおいて、新しい方式・MAJIC2（第2次キャダストル情報の改訂）を徐々に導入した。

　MAJIC2、それはすなわち、

―設備的な面について述べると、各キャダストル局に備えられたパソコン画面、キーボードそしてプリンタは、[全国] 4か所の土地情報処理地域センターのうちの1つのセンターのコンピュータと結ばれている。

―機能的な面について述べると、事務所の業務全体のほぼ完全なコンピュータ化である。それはつねに更新された文字情報による証明書の、利用者への提供をともなう。

―コンピュータ画面とキーボードを用いた直接の双方向対話方式により [入力された] 電子情報の調査、その更新および効率的な編集を可能とするキャダストル局の職員と [電子] 情報処理システムとの間の「対話」は、あらかじめ定められた方式にしたがい、なされる。

―確認された変更（権利の移転、利用状況の変更、建物の新築など）を情報のデータベースに瞬時に取り込むリアルタイムの改訂。このようにして、[入力された] 電子情報の検索は、つねに把握されている最新の状況を教えてくれる。

　他方、キャダストルの各部局は、[毎年] 1月1日現在の状況を示すマイクロフィッシュを保有しており、それは当該年度の地租台帳と連絡している。

　他の分野においても、国税庁は、次の [2つの分野の] 測量に関する技術、すなわち、

—コンピュータに支援された写真測量［による成果］の図化［に関する技術］、
　—地上測量による観測成果のディスクへの保存と、その成果のコンピュータ機能による利用（位置の計算、複写、求積）［に関する技術］、
により情報処理を行っている。

　地籍図の情報の管理に関しては、キャダストル局は地方自治体のイニシアティヴをバックアップしている。地方自治体は自己の管轄区域に関するデータバンクを備え、かつ地理的位置の決定の媒体としてコンピュータ化された地籍図を用いている。
　同時にキャダストル局は、国土全域に関する［地籍情報の］統一化の使命をもって、コンピュータ化された地籍情報の管理とその普及の計画を進めている。この計画は、不動産およびそれらの権利所有者に属する情報全体を、［キャダストル局の］独自のシステムに統合させるという、地籍情報の統一化の長期的展望と結びついている。
　人工衛星は、すでに基準点の測定を可能ならしめている。人工衛星はさらにまた、耕作の性質の変更、新築工事および増築工事［など］を、スピーディに、現代的にそして経済的に探知するという展望を切り開いている。

第2章　キャダストルの情報 Information cadastrale

　目次　Table des matières
まえおき Avant-propos
1　キャダストルの意義 Intérêt cadastrale
2　キャダストルの組織の概要 Aperçu de l'organisation du cadastre
3　キャダストルの情報 Information cadastrale
4　コンピュータによるキャダストルの文字情報 Information littérale cadastrale par ordinateur
5　マイクロフィッシュによるキャダストルの文字情報 Information littérale cadastrale par microfiches
6　紙を素材とするキャダストルの文字情報 Information littérale cadastrale sur support papier
7　普通地籍図 Version traditionnelle du plan cadastral
8　特別地籍図 Version particulière du plan cadastral
9　地籍図の調製と修正 Confection et la révision du plan cadastral
10　市町村役場のキャダストルに関する情報 Information cadastrale des mairies
まとめに代えて Pour la conclusion

〔図-1〕パリ市風景 Chambre des Notaires de paris のパンフレットより引用

まえおき　Avant-propos

　伝統的に土地所有権の戸籍 état civil de la propriété foncière と認識されてきたフランス共和国のキャダストル cadastre de la France は、今日、コンピュータ科学の発達によって著しい進歩を遂げてきており、また他方において、今日完成しているキャダストルの改製作業 rénovation du cadastre に、半世紀以上の歳月 plus d'un demi-siècle が費やされてきた。

　常に時代に対応しながら改訂され、かつ保管されてきたキャダストル局 bureau du cadastre の資料の総体 ensemble des documents すなわちキャダストルの情報 information cadastrale は、土地所有権の証明 preuve du droit de propriété、公正な地租の賦課 répartition de l'impôt foncier そして都市計画 urbanisme などのために、フランス共和国の必要不可欠な社会基盤 infrastructure として存在している。

　また法律上、税務上そして経済上の分野において、個人あるいは団体の要望 besoins individuels ou collectifs に応え、詳細な情報 description détaillée を提供している今日のキャダストルは、いわば不動産に関する財産目録 inventaire de la propriété foncière と評価されるべきものといえよう。

　キャダストル cadastre は、極めて豊かな不動産、税および経済上の情報源 source d'informations foncières, fiscales et économiques であるがゆえに、不動産公示［制度］publicité foncière（以下、不動産登記［制度］という。）とも法的に連繋しており、その基礎をなしているのは、いずれも1955年の、次の3つのデクレ décret である。

　その1は、土地登記を改革する1955年1月4日のデクレ第55-22号 Décret n° 55-22 du 4 janvier 1955 portant réforme de la publicité foncière であり、本デクレは、その第一章第一節において、不動産登記カードボックス fichier immobilier と不動産登記カード fiche d'immeuble の制度を定めている。

　その2は、キャダストルの改革と保全に関する1955年4月30日のデク

レ第 55-471 号 Décret n° 55-471 du 30 avril 1955 relatif à la rénovation et à la conservation du cadastre であり、当該デクレの第 1 条は、「La rénovation du cadastre est faite d'office aux frais de l'État lorsqu'elle est reconnue indispensable par le ministre des finances pour l'identification et la détermination physique des immeubles.

キャダストルの改製は、不動産の特定とその物理的現況の把握のため、その必要性が財務大臣に認められたときに、国費による公共事業として行われる。」と定めている。

その 3 の、1955 年 1 月 4 日の土地登記を改革するデクレ第 55-22 号の適用のための 1955 年 10 月 14 日のデクレ第 55-1350 号 Décret n° 55-1350 du 14 octobre 1955 pour l'application du décret n° 55-22 du 4 janvier 1955 portant réforme de la publicité foncière は、その第一篇において不動産登記カードボックスとキャダストル［の情報］との一致 Concordance du fichier immobilier et du cadastre について定めている。

上記の 3 つのデクレの関係につき、ステファン・ラヴィーニュ博士 Docteur d'État en droit STÉPHANE LAVIGNE は、その著書『フランスのキャダストル』（『LE CADASTRE DE LA FRANCE』）14 頁において次のように述べている。

「dans le cadre de la réforme de la publicité foncière de 1955, le décret du 30 avril 1955 organisa la rénovation et la conservation du cadastre afin qu'il puisse assurer l'identification et la détermination physique correcte des immeubles, rôle qui lui était désormais dévolu.

1955 年 4 月 30 日のデクレは、不動産の現況の正確な確認と特定を可能とするために、同年の不動産登記制度の改革の範囲内で、キャダストルの改革とその保全について規定した。キャダストルの機能は、それ以来、不動産登記制度に法的に帰属した。」

すなわち 1956 年以降、キャダストルの制度は不動産登記制度と法的に連繋することとなったわけである。その具体的な現象の場面の一つは、キャダストルの情報と不動産登記カードとの関係においてであると思われる。

本稿は登記実務の観点から、この両者の関係に関心を有するものである。

なお講学上、例えば publicité foncière は土地公示と、fichier immobilier は不動産票函、不動産票箱あるいは不動産カードボックスと訳されているが、ここでは日本の登記実務に合わせ、不動産登記制度、不動産登記カードボックスなどと訳語を用いてみた。

本稿を起こすにあたり下記の研究に学んだこと、またとりわけ、ステファン・ラヴィーニュ博士著の『フランスのキャダストル』（『LE CADASTRE DE LA FRANCE』）に多くを学んだことを記し、ここに著者各位へ御礼申し上げたい。

記

1. ステファン・ラヴィーニュ『フランスのキャダストル』文庫クセジュ 317/1996 年（Docteur d'État en droit STÉPHANE LAVIGNE『LE CADASTRE DE LA FRANCE』que sais-je? 317/PRESSES UNIVERSITAIRES DE FRANCE/1996）
1. 『キャダストル、その起源から今日まで』フランス共和国国税庁（『LE CADASTRE de l'origine à nos jours』Direction Générale des Impôts）
1. 伊藤道保「1955 年，フランス不動産登記制度の改正について」『比較法研究』16 頁 / 有斐閣 /1958 年
1. 浦野雄幸「フランスの不動産物権公示制度における公示 «Publicité» の効力について」『判例不動産登記法ノート』第二巻 / テイハン / 平成元年
1. 鎌田薫「フランスの土地公示制度」『不動産登記の諸問題』上巻 / 香川保一編 / テイハン / 昭和 49 年
1. 鮫島信行『日本の地籍』古今書院 /2004 年
1. 中村紘一・新倉修・今関源成＝監訳『フランス法律用語辞典』三省堂 /1996 年
1. 星野英一「フランスにおける一九五五年以降の不動産物権公示制度の改正」『民法論集』第二巻 / 有斐閣 /2002 年

〔図-2〕フランスのキャダストルに関するサイト、cadastre.gouv.fr の「インターネット上の私の土地」（Ma parcelle sur internet）と題する栞。この栞には、彼の／彼女の地籍図 sa feuille de plan、よりよい調査、相談、依頼への必要のために plus besoin de se déplacer pour rechercher, consulter, commander、オンラインサービスに関する税務官庁の部局 Un service en ligne de l'administration fiscale、の文字が見られる。

1. 森田健児「ドイツ・フランスの地籍(2)」『国土調査』№115/社団法人全国国土調査協会/2003年
1. 1955年1月4日の土地公示を改革するデクレ第22号/『登記情報』第417号/社団法人民事法情報センター/1996年
1. キャダストルの改革と保存に関する1955年4月30日のデクレ第55-471号
1. 1955年10月14日の「1955年1月4日の土地公示を改革するデクレ」の適用のためのデクレ第1350号/『登記情報』第418号・第419号/社団法人民事法情報センター/1996年
1. 『新スタンダード仏和辞典』大修館書店/1987年
1. 『クラウン仏和辞典』三省堂/CD-ROM版/1993年

（人名については敬称略、五十音順）

キャダストルの意義　Intérêt cadastral

　フランスのキャダストルは、その有する情報的意義 intérêt informatique のほか、さらに次の4つの意義、すなわち、歴史的意義 intérêt historique、法律的意義 intérêt juridique、税務的意義 intérêt fiscal および技術的意義 intérêt technique についても学ばせてくれる。

　歴史的意義は、時代とその場所 époques et les lieux の要請に応じ変化を遂げてきたキャダストルが、歴史と国の慣習 histoire et les coutumes d'un pays を明らかにしてくれるというところにあり、法律的意義は、キャダストルが土地所有権の証明 preuve du droit de propriété のための重要な用具であるという点である。

　土地の所有は、必ず譲渡と分割の問題 problèmes de transmission et de partage をともなう。したがって個人別の土地所有の記述 description des possessions de chaque individu と、各土地の境界の識別 connaissance des limites は、個人にとって重要な関心事となる。

　税務的意義は、キャダストルが地方直接税 fiscalité directe locale の

公正な課税のための重要な用具であるという点である。地租の賦課 répartition des impôts fonciers のために、キャダストルでは土地の現況の記述とその評価の一覧表 état descriptif et évaluatif des sols が作製される。

技術的意義は、航空写真測量技術およびコンピュータ技術の発展と相まって、キャダストルにおける地形測量の分野 domaine de la topométrie と地籍図の調製 confection du plan cadastral の分野に大きな進歩をもたらしてきているという点である。

このような意義を有するキャダストルの制度に関し、フランス国民はどのように認識しているのだろうか。ステファン・ラヴィーニュ博士は、『LE CADASTRE DE LA FRANCE』の冒頭において、次のように述べている。

「Peu d'institutions sont à la fois aussi proches et aussi lointaines des Français que le cadastre. キャダストルほどフランス人にとって身近であると同時に遠い制度はない。」(『LE CADASTRE DE LA FRANCE』3頁)

そして、下記の4つの理由を挙げてそれを説明している。

①フランスにおける土地所有の甚だしい拡大により、不動産の取得行為 acquisition d'un bien immobilier の一環として、あるいは、土地の境界に関する隣人との紛争 conflit avec son voisin sur les limites de propriété の際において、キャダストルの情報 documentation cadastrale を参照してこざるをえなかったし、またこれからも参照してゆかざるをえないこと。

②きわめて高い価値 valeur très chère を有し、また、法律によって神聖化された sacralisée par le droit 土地の所有権 droit de propriété を、キャダストルが明らかにしてくれること。

③キャダストルが、事実上 pratiquement いかなる国どんな時代 continent et le siècle においても、常に人々の生活の一部 partie de la vie des hommes をなしてきたこと。

④キャダストルが、多くの人々 majorité de la population にとって、一定区域の土地 territoire の、高低 relief や植栽 végétation の表現なしの、

平面測量による人為的区分をなす地籍図 plan cadastral à un découpage planimétrique につきるものであること。

　すなわち博士は、キャダストルがフランス国民にとって身近な存在であることの理由として、上記①、②、③を、遠い存在の制度であることの理由として、上記④を挙げているのである。

　　キャダストルの組織の概要
　　Aperçu de l'organisation du cadastre

　キャダストルを所管しているキャダストル局は、現在のフランスの国家機構のなかにおいて、不動産登記所（抵当権保存所）Bureau de la Conservation des Hypothèques と同じく、経済財政産業省 Ministère de l'Économie, des Finances et de l'Industrie 下の国税局 Direction Générale des Impôts のもとにあり、全国に配置されたキャダストルの施設には下記のものがある。
①国内313か所に設置された地方キャダストル局 bureau local du cadastre。地方キャダストル局はまた、後述するように不動産税事務センター Centre Des Impôts Fonciere（CDIF）ともよばれている。
②土地に関する用途の把握のため、コンピュータによるキャダストル情報の改訂増補を所管する4か所の広域情報処理センター Centres Régionaux d'Informatiques（CRI）。
③航空写真測量および地上測量にもとづく地籍図の調製のため、サン－ジェルマン－アン－レイ、レンヌ、マルセイユそしてトゥールーズの4か所に置かれた測量に関する作業所4 ateliers de photogrammétrie。
④地籍図の再調製、ネガの複写・保存、キャダストルの原簿のマイクロフィッシュ編集を行うため、サン－ジェルマン－アン－レイに設置された国立キャダストル情報資料局 Service de la Documentation Nationale du Cadastre（SDNC）。なお、国立キャダストル情報資料局はフランス共和国のキャダストルにおける中核的施設と思われる。
⑤職員の基礎職業教育を行うため、トゥールーズに置かれた国立キャダス

トル学校 École Nationale du Cadastre（同校の校舎の用に供されているのは、古の執政官の居城、カルクェット城である。インターネット上でその画像を見ることができる。画像には、Château du Calquet, ancienne demeure consulaire, actuellement École Nationale du Cadastre の解説が付されている。）。

　なお下図は、国土交通省の森田健児技官の論稿における附図を参考として、キャダストル局 Service du Cadastre と土地登記所（抵当権保存所）Conservation des Hypothèques に関するフランス共和国の組織の概要について記したものである。

```
中央

経済財政産業省　Ministère de l'Économie, des Finances et de l'Industrie

国税局　Direction Générale des Impôts

不動産部　Sous-direction des affaires foncière

F1課　Bureau F1
                    地方

                    税務局　Direction des Services Fiscaux（DSF）

地方キャダストル局                        土地登記所（抵当権保存所）
Service Local du Cadastre                Conservation des Hypothèques
〔不動産税事務センター〕
〔Centre Des Impôts Foncière：(CDIF)〕
```

（森田健児「ドイツ・フランスの地籍(2)」『国土調査』№115/23頁／社団法人全国国土調査協会／2003年）

　上記の附図との関連から留意すると、『LE CADASTRE DE LA

FRANCE』43頁には、次の記述がみられる。

「Il existe deux types de documentation littérale：celle à la disposition des services du cadastre（centre des impôts fonciers）et celle qui est déposés dans les mairies.

キャダストルの文字による資料には2つのタイプが存在する。すなわちキャダストル局（不動産税事務センター）により使用される資料と、市町村役場に提出されたそれである。」（『LE CADASTRE DE LA FRANCE』43頁）

上記の記述から、キャダストル局はまた、不動産税事務センター Centre Des Impôts Fonciere（CDIF）ともいわれており、文字による情報には、キャダストル局により使用される情報と、キャダストル局から市町村役場 mairies へ提供された情報の2つのタイプ deux types が存在することが判る。

〔図-3〕国立キャダストル情報資料局（SDNC）のプレート

キャダストルの情報　Information cadastrale

　キャダストルはその特色として、次の2つの情報を有している。その1つは、登録簿、カードボックス資料などの文字による情報 documentation littérale であり、他の1つは、地籍図 plan cadastral である。地籍図は、線 trait、図形 graphique、記号 signe などによって成り立つものである。
　この2つの情報の特色は、次の3つの土地調査 dénombrement foncier の作業により、国によって作成される établi par l'État ところにあり、個人、地方公共団体あるいは行政当局 particuliers, les collectivités ou les administrations は、常に更新されているその情報を、自由に入手することができる。
① 一筆地台帳 carte parcellaire du sol を作製するための、測量作業と地籍図の調製作業 opération d'arpentage et de lever de plans。
② 税務当局 administration fiscale に通知するための地租の賦課の基礎 assiette de l'impôt foncier、すなわち課税規準 assiette fiscale の策定作業。
③ 土地の地位等級 statut des terres の明確化と、占有者および所有者 occupants et propriétaires の権利と義務の明確化 déterminer les droits et les devoirs を行い、法的意義 définition juridique を付与するための作業。
　上記のような、意義、組織そして特色を有し、量的かつ質的にきわめて重要な情報を保有しているフランスのキャダストル局 services du cadastre は、多くの問題提起を行いつつ、時代の変化に対応しながら絶えず進化を続けている。
　その活動は、現在、次のような成果をもたらしており、キャダストルの情報を求めるさまざまな利用者 différents utilisateurs の需要に応え、その情報的使命 mission informatique を果たしている。
ⓐ フランス国土の1億筆の土地を網羅する、59万葉の地籍図 590 000 feuilles de plans。
ⓑ 3,450万か所の公有地に関する［地籍情報の］管理 34,5 millions de

comptes communaux de propriétaires。
ⓒ 9,670万筆の土地 96,7 millions de parcelles に関する情報。
ⓓ 3,550万個の建物 35,5 millions de locaux に関する情報。
ⓔ 570万件のフランス全土の大字を冠する土地 5,7 millions de libellés de lieux-dits に関する情報。
ⓕ 68万件の道路 680 000 libellés de voies に関する情報。
　(『LE CADASTRE de l'origine à nos jours』Direction Générale des Impôts /11頁)
　これらのキャダストルの情報の体裁 présentation は、その制度の創設以来、次の要因 facteurs によって幾度も改訂されてきた。その要因は、キャダストルの情報の修正 mise à jour、補修 réfection、改製 rénovation あるいは再改製 renouvellement などと、キャダストル情報のコンピュータ化 informatisation de l'information の各次の発展段階 différentes étapes である。
　上記のキャダストルの情報の改訂について分類すると、原則として、次の3つの手法に分類することができる。
①ナポレオン一世時代の地籍図 plan cadastral napoléonien の更新 mise à jour の方法による改訂。
②キャダストルの改製 rénovation の方法による改訂。
③キャダストルの完全な更訂 refonte complète du cadastre を目的とする補修 réfection の手法を用いた再改製 renouvellement（この方法は原則として、市町村などの都市部 communes urbaines において予定される。)。
　また、キャダストルの発展段階について、『LE CADASTRE DE LA FRANCE』15頁は、その図式とともに次のように記している。

「On peut résumer les étapes successives de l'institution du cadastre à l'époque contemporaine par le schéma suivant：
　現代にいたるキャダストルの制度の継続的な発展段階は、次の図表によって要約することができる。」

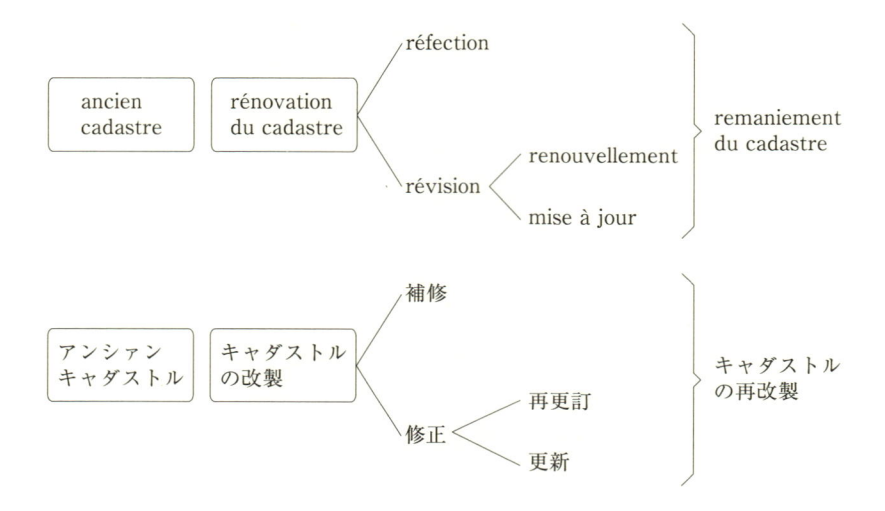

```
                                réfection
ancien      ──  rénovation   ──┤                                    ┐
cadastre        du cadastre    │                                    │  remaniement
                                        renouvellement              │  du cadastre
                                révision ──┤                        │
                                           mise à jour              ┘
```

```
                                   補修
アンシァン  ──  キャダストル  ──┤                                   ┐
キャダストル     の改製          │                                   │  キャダストル
                                        再更訂                      │  の再改製
                                   修正 ──┤                         │
                                          更新                      ┘
```

「Indépendamment du plan cadastral, la gestion des informations cadastrales a connu une évolution particulièrement importante.
　地籍図のほかにも、キャダストル情報の管理はとりわけ大きな進展をみた。」

　ここで、上記ⓑのコント comptes と、ⓔのリゥディ lieux-dits について述べておきたい。キャダストルにおいては、一部の公有地に関する地籍図は公開されない［と思われる］ため、comptes は、あるいは公有地に関する収支計算書的なものを指すのとも思われる。
　lieux-dits は『登記情報』第 417 号～第 419 号の「フランス不動産登記法」では「字」と訳されており、仏和辞典においては「通り名のある場所」（『新スタンダード仏和辞典』1033 頁／大修館書店／1987 年）とされている。
　『LE CADASTRE DE LA FRANCE』27 頁では、lieux-dits について下記のように著されており、適訳の日本語は見当たらないように思われる。

〔図-4〕パリ市南部管轄のキャダストル局所在の合同ビル

実務上の観点からは、「字」よりも「大字」とするのが原語により近いのではないだろうか。なお、星野英一教授は「地名」(「フランスにおける一九五五年以降の不動産物権公示制度の改正」『民法論集』第二巻/152頁/有斐閣/2002年）と訳されている。

「Le lieu-dit constitue un sous-ensemble de la section et représente une partie du territoire communal à laquelle, d'après un usage ancien, a été attribué un nom caractéristique. Il fait partie intégrante de la documentation cadastrale, ses limites et sa désignation étant indiquées sur les plans.

リゥディは、区の下位区分を構成し、かつ市町村の行政区の一部分を表す。そこには、昔からの使用にもとづき特有の名称が付されている。その境界と標示が、地籍図上で明示されていることから、リゥディは、キャダ

ストルの資料の必要不可欠な部分を構成している。」

　前述のようにキャダストルの情報は、①文字による情報と、②地籍図であるが、前者①を素材により分類すると、Ⓐコンピュータ化された情報 documentation informatique、Ⓑ一連のマイクロフィッシュによる情報 série de documentation par microfiches、Ⓒ紙による情報 documentation papier の三種である。以下、それぞれの素材による情報について記述する。

　　コンピュータによるキャダストルの文字情報
　　Information littérale cadastrale par ordinateur

　キャダストルの文字情報のコンピュータ化は、現在、キャダストル局に導入された、第2次キャダストル情報の改訂 Mise À Jour des Informations Cadastrales 2e génération（MAJIC2）により、フランス本国の市町村全体 ensemble des communes métropolitaines において完了しているものと思われる。

　コンピュータによるキャダストルの文字情報は、そのデータ処理を専門とする広域情報処理センター Centres Régionaux Informatiques（CRI）へ集中されており、MAJIC2 のシステムは、キャダストルのデータベース bases de données cadastrales として、組織化され再編成された諸情報 informations を取り扱っている。

　管轄区域固有のデータベース base de données propre à son ressort

〔図-5〕パリ市風景 Chambre des Notaires de Paris のパンフレットより引用

territorial を保有する各キャダストル局 chaque service du cadastre は、そのコンピュータ端末 terminal から、自己のデータベースへアクセスすることが可能である。

コンピュータによるキャダストルの文字情報は、検索的・索引的機能を有する MAJIC2 のシステムにより、一筆地 parcelle、場所 local、人 personne あるいは区画 lot などごとに再編成された情報構造の総体 ensembles structurés d'informations として再組織されている。

このシステムは、情報の性質 nature des informations に応じたアクセスモード mode d'accès によるデータの検索 consultation により、検索対象物の明細図 descriptif des entités をコンピュータの画面 écran 上において再現する visualiser ことを可能とする。

このように、リアルタイム en temps réel で、かつ対話方式 mode conversationnel により運用されているコンピュータシステムの活用 mise en oeuvre d'un systèm informatique は、管理された膨大な量の不動産情報 volume considérable des informations foncières gérées に関する、近年のキャダストルにおけるコンピュータ処理の状況 mise en oeuvre de traitements informatiques を示している。

マイクロフィッシュによるキャダストルの文字情報
Information littérale cadastrale par microfiches

マイクロフィッシュによるキャダストルの文字情報 information littérale cadastrale par microfiches は、縮小率 48 分の 1 taux de réduction à l'échell de 1/48 で、長方形 rectangulaire サイズ（105mm × 148mm）の、極めて小縮尺 très petites dimensions の図面の集合体 ensemble des vues である。

写真素材 support photographique であるマイクロフィッシュには、15 列と 18 欄 15 rangées et 18 colonnes に区分された 270 葉の図面 270 vues réparties が収められており、その見出し en-tête をマイクロフィッシュ上において肉眼 oeil nu で識別することが可能である。それぞれの列と

欄は、それぞれの位置に関連する座標のはたらき jeu de coordonnées によって決定される。

　キャダストル局には、マイクロフィッシュに縮小された情報 information miniaturisée を読み取るため、読取機 appareils de lecture simples あるいは、再製複写機 appareils de équipés d'un système de reproduction が備えられており、その情報は、マイクロフィッシュの種類により、次のように分類される。

①個人別地所記録簿マイクロフィッシュ microfiche relevé de propriété (microfiches RP)。
②一筆地一覧表マイクロフィッシュ microfiches table parcellaire (microfiches TP)。
③所有者の市町村番号一覧表マイクロフィッシュ microfiches table des numéros communaux de propriétaire (microfiches TN)。
④所有者の県別一覧表マイクロフィッシュ microfiches table départementale des propriétaires (microfiches TDP)。
⑤所有者のアルファベット順一覧表マイクロフィッシュ microfiches table alphabétique des propriétaires (microfiches TA)。
⑥道路の県別一覧表マイクロフィッシュ microfiches table départementale des voies (microfiches TDV)。
⑦土地の所在の明細マイクロフィッシュ microfiches descriptif des locaux (microfiches DL)。
⑧土地の所在の一覧マイクロフィッシュ microfiches table des locaux (microfiches TL)。

　ステファン・ラヴィーニュ博士は、上記のマイクロフィッシュを、一般的に、①の個人別地所記録簿マイクロフィッシュ microfiche relevé de propriété (microfiches RP) と、その他②〜⑧のマイクロフィッシュ autres microfiches に区別されるとしている。(『LE CADASTRE DE LA FRANCE』44頁参照)

　①の個人別地所記録簿マイクロフィッシュ (microfiches RP) は、各

土地の所有者 chaque propriétaire と、その所有者の所有に属する建付地 propriétés bâties および更地 propriétés non bâties の詳細な一覧表 relevé détaillé を復元するもので、土地所有者の完全な表示 désignation complète du propriétaire と、所有者の所在する市町村番号 numéro communal、そして建付地あるいは更地に関する諸情報 informations が表示される。

　建付地に関しては、所有者がその土地を取得した年、各土地の表示とその性質 désignation et la nature de chaque local、さらに次の事項を検索する rechercher ことを可能とする参照記号 références が示されている。
ⓐ税務に関する申告事項 déclarations。
ⓑその土地にかかわる情報 informations correspondantes aux locaux。
ⓒその土地の評価に関する情報 indications relatives à l'évaluation。
ⓓその土地に付随する家庭ゴミ収集場所 zone de ramassage des ordures ménagères。
ⓔその土地の収益力 revenus des locaux。

　更地については次のことが表示される。それは、
㋐その土地がその所有者の所有に帰した年の前年の年 précédée de l'année au titre de laquelle における明確な一筆地の表示 précisés la désignation des parcelles。
㋑不動産登記カードボックス fichier immobilier または土地登記簿 livre foncier における公示の記載事項またはその記載欠如事項 mention de la publication ou de l'absence de publication。
㋒不動産の都市的または農村的な特徴 caractère urbain ou rural de l'immeuble。
㋓更地の評価 évaluation de la propriété non bâtie とその面積 sa contenance に関する情報。

　②の一筆地一覧表マイクロフィッシュ microfiches table parcellaire（microfiches TP）の一覧表 relevé には、一筆地 unité foncière ごとにその表示がなされ、そこには、個人別地所記録簿の検索 consultation

〔図-6〕国立キャダストル情報資料局（SDNC）が所在するサン-ジェルマン-アン-レイの風景

des relevés de propriété を容易にするため、個人別地所記録簿マイクロフィッシュ番号 numéro de la microfiche RP と地図の所在 coordnnées de la vue が記載されている。

③の所有者の市町村番号一覧表マイクロフィッシュ microfiches table des numéros communaux de propriétaire（microfiches TN）は、所有者の市町村番号にもとづき、①の個人別地所記録簿マイクロフィッシュ（microfiche RP）と、⑤の所有者のアルファベット順一覧表マイクロフィッシュ（microfiches TA）に関連する情報へアクセスする accès aux informations portées sur les microfiches RP et TA ことが本質的な目的である。

それは、各所有者の略式な表示 désignation sommaire des propriétaires についての各市町村番号 chaque numéro communal をも示している。

④の所有者の県別一覧表マイクロフィッシュ microfiches table départementale des propriétaires（microfiches TDP）は、その地域所在の土地所有者の再編成 regroupant les propriétaires de locaux のため

のマイクロフィッシュであり、それは県によって作製される éditées par départment。

県内全市町村の土地所有者磁気カード fichier magnétique des propriétaires de toutes les communes 上には、域内所在の土地所有者が表されており、また所有者の県別一覧表マイクロフィッシュ（microfiches TDP）は、⑦の土地の所在の明細マイクロフィッシュ microfiches descriptives des locaux（microfiches DL）へアクセスすることを可能とする。

⑤の所有者のアルファベット順一覧表マイクロフィッシュ microfiches table alphabétique des propriétaires（microfiches TA）は、マイクロフィッシュ RP の参照記載 mention de renvoi と同様に、各所有者のアルファベット順による完全な表示を含むものである。

⑥の道路の県別一覧表マイクロフィッシュ microfiches table départementale des voies（microfiches TDV）には、道路および大字の情報処理一覧ファイル fichier répertoire informatique des voies et lieux-dits（fichier RIVOLI）に登載されたすべての道路 mentionnées toutes les voies が記載される。

さらに、同マイクロフィッシュには、市町村によって体系化された道路情報 codifiant par commune les voies と、不動産および大字の全体 ensembles immobiliers et les lieux-dits も表示されている。

対応する磁気カード fichier magnétique correspondant の作製の後、このマイクロフィッシュには、恒常的な改訂 mis à jour en permanence がなされているが、新設または修正された créées ou modifiées カードの自動再版 réédition automatique は、毎月一回 mensuellement のみ実行 actualisation される。

⑦の土地の所在の明細マイクロフィッシュ microfiches descriptives des locaux（microfiches DL）は、建付地についての磁気カード映像 image du fichier magnétique であり、①の個人別地所記録簿マイクロフィッシュ（microfiches RP）上の土地に表示された情報を、それらの土地所有

者の観点 au niveau de leurs propriétaires から修正するものである。

⑧の土地の所在の一覧マイクロフィッシュ microfiches table des locaux（microfiches TL）は、その土地に関する地形測量の成果 identifiant topographique をもとにして作製され、⑦の土地の所在の明細マイクロフィッシュ（microfiches DL）における参照記号 références を示している。

紙を素材とするキャダストルの文字情報
Information littérale cadastrale sur support papier

紙を素材とするキャダストルの文字情報 information littérale cadastrale sur support papier は、第1に不動産の評価に関係ある申告書 déclarations relatives aux évaluations foncières などの情報、第2に土地の分割状況明細書 états descriptifs de division そして第3にキャダストルの原簿 matrice cadastrale である。

先ず第1の情報、すなわち不動産の評価に関係ある情報は、
ⓐ更地に関する税務申告［情報］déclarations de propriétés non bâties、
ⓑ賃貸借契約上の土地の評価に関する計算カード fiches de calcul de la valeur locative、
ⓒホテル、映画館、いくつかの特別なある種の施設についての情報 renseignements pour certains établissements dits《spéciaux》に関する公的証明書 bulletin などを含む。

これらの各土地についての資料には、それらの所有者による署名 souscrites par les propriétaires がなされ、その中に、各土地 chaque local についての、さまざまな情報 différents documents が記載されている。

建付地に関する申告書 déclarations は、おおむね、住所 adresse あるいはキャダストルの参照記号の順番 ordre des références cadastrales によって分類され、住所は、街路のアルファベット順 ordre alphabétique des rues と道路番号の昇順 ordre croissant des numéros de voirie に整理されるものである。

さらに、上記のキャダストルの参照記号 références cadastrales は、

セクションと地図番号 section et numéro de plan よりなるものであり、また共有不動産 immeubles collectifs の場合には、場所の指示記号の順番 ordre des indicatifs des locaux、例えば、建築物 bâtiment、階段 escalier、建築物の階層 niveau、部屋 local などにより整理されている。

更地に関する土地の評価 évaluation foncière des propriétés non bâties は、その土地の面積 leur superficie に、1ヘクタールあたりの料率 tarif à l'hectare を乗じてなされる。これらの土地に関する情報 documentation relative à ces propriétés は、主として、1961年から1963年の修正時に作製された評価台帳 procès-verbal des évaluations effectuées lors de la révision des années 1961-1963 を含むものである。

それには、市町村の分類 classification communale、一筆地のタイプ表 liste des parcelles types および評価額 tarifs d'évaluation が記載され、また、多くの種類の作目 natures de culture comportant plusieurs classes について表示されている。

上記第2の、土地の分割明細状況書 états descriptifs de division には、それらの区画に付定された地番 numérotage ならびに土地の共有持分 propriété des parties communes が記載されており、この書類は、原本の写しまたは抄本 copies ou d'extraits の形式で作成される。

いくつもの一筆地に関する記述 description des divers lots がなされている土地の分割明細状況書は、不動産登記所（抵当権保存所）conservations des hypothèques での登記手続を経て、不動産登記所からキャダストル局 bureaux du cadastre へ送付され、同局において受理されることとなる。（『LE CADASTRE DE LA FRANCE』47頁、鎌田薫「フランスの土地公示制度」『不動産登記の諸問題』上巻／139頁参照）。

上記第3のキャダストルの原簿 matrice cadastrale には、不動産の納税義務者 débiteur de l'impôt foncier が、その市町村 commune において保有する建付地と更地に関する情報 renseignements relatifs aux propriétés bâties et non bâties が記載される。

それは、納税義務者ごとに要約 récapitulation されており、各納税義

務者 chaque contribuable が納めるべき不動産税の基礎 base de l'impôt foncier を確認することのできる個人的性格 caractère personnel を有するものである。

キャダストルの原簿は、国税庁によって保有された磁気カード fichiers magnétiques détenus par la Direction Générale des Impôt をもとに作製 éditée あるいは自動的に改訂 mise à jour par voie automatique され、取り外しのできる多くの葉 plusieurs feuillets amovibles からなる用紙によって調製されている。

普通地籍図　Version traditionnelle du plan cadastral

地籍図 plan cadastral には、国土全域内の各市町村 chaque commune du territoire national に関して2つの種類が存在する。その1つは、普通地籍図たる区分図 feuilles parcellaires であり、他の1つは、その集成図 tableau d'assemblage である。

また地籍図は一定の条件のもとで、いくつかの土地について、独自の版 édition de versions particulières、すなわち次節において述べる特別地籍図 versions particulières du plan cadastral の作製を可能とする。

普通地籍図 version traditionnelle du plan cadastral は、キャダストルの、情報的、法律的そして税務的使命 missions documentaires, juridiques et fiscales を遂行するための基本的な用具である。それは、すべての不動産の特定とその物理的現況 toute identification et de toute description physique de la propriété foncière を明示する役割を果たしている。

市町村の普通地籍図 plan cadastral d'une commune は、75cm × 106cm のサイズ（それは、枚用紙版 grand aigle と呼ばれる。）の区分けされた枚葉の区分図（図郭紙）から成っており、この地籍図の最も重要な機能は、各土地の面積計算を容易にするための、土地の図表による記述 description graphique des biens である。

区分図は、区域内の所有権に関する区分状況 morcellement en

propriétés の詳細のすべてを示している。さらに同一の所有権下の土地について、耕作地 terres cultivées として用いられている箇所は、その異なる作目 nature de culture différentes ごとの区分を、また、そこに建築されている建物の土地に対する収容度合 emprise au sol des bâtiments も表示している。

　普通地籍図の縮尺は、おおむね、人口稠密な都市部 parties urbaines les plus denses のための500分の1から、過疎地のための5,000分の1で作製されているが、縮尺が大きいほど、有形的な地物 éléments matériels その他の表示を、高密度で地籍図に表すことが可能であり、キャダストルの使命が達成されやすくなる。

　当該地籍図は、境界 limites、リゥディ lieu-dit の名称、名称表示付の道路 voies de communication avec leur désignation、水圏（水系） hydrographie などを示し、また一筆地分割の基準点 points de repère de quadrillage あるいは地形測量作業 opérations topométriques 上の骨格基準点 sommets de canevas のような、地形測量上の詳細をも表すものである。

　さらに、作目 nature de culture、壁 mur、囲い柵 clôture、垣根 haie、溝 fossé のような一筆地の界標 mitoyenneté des limites parcellaires を明らかにする数種の慣例記号 signes conventionnels も示している。

　地籍図の情報は、市町村を単位として、区 section、リゥディ lieu-dit、一筆地 parcelle、税務上に関する区分 subdivision fiscale、建物 bâtiment などの、より小さな種々の単位に再区分される。一定の順序をもって示されるこれらの情報は、土地の特定の基礎 base de l'identification des biens となっている。

　区の範囲は、交通路 voies de communication、河川 cours d'eau などの天然の境界 limites naturelles によって画されており、それは原則として、市町村の行政区域内 portion du territoire communal の全体をもれなく含むものである。区は地籍図上において、大文字 lettre majuscule または大文字の組合せにより識別される。

2つの文字の組合せによる［区の］識別標識 immatriculation par une double lettre は、一般に、キャダストルの更新 renouvellement、補修 réfection、改製 rénovation、再改製 remaniement 作業にともなう、新規の測量にもとづく地籍図 plans ayant donné lieu à un nouveau lever に対応するものである。
　識別標識の最初のタイプのものは、その標示が修正されなかったために、主に、アンシァンキャダストル ancien cadastre のそれを受け継いでおり、古い地籍図の簡単な改訂 simple mise à jour de l'ancien plan によって得られた修正地籍図 feuilles rénovées のものと一致する。
　土地の地番について述べると、一筆地の買収や収用 emprise d'une parcelle にともなう表示事項の修正 modification の場合には、原則として従前の一筆地の地番は廃止 suppression され、新たな地番が付定 création される。
　廃止された従前の地番 numéro ancien が再び用いられることはなく、地番区域において付定されている最後の地番の次の地番 suite du dernier numéro が、新しい地番として付定される。したがって、地籍図の利用者 utilisateurs du plan cadastral は、自らが関心を有する一筆地についての、地籍図の各葉の識別が可能となる。
　地籍図の調製 confection du plan は、その部分的な改訂とは異なり、改製手続 procédure de la rénovation もしくは再改製手続 procédure du remaniement のような、全体的作業 opérations d'ensemble による。
　それはとりわけ、大きな市街化の発展を経験した地域 zones ayant connu d'importants développements urbains において見受けられ、例えば、過少縮尺または精度不足など échelle trop petite ou d'un manque de précision par exemple の理由により、現況に不適応あるいは使用困難 difficilement utilisables となった地籍図を作製しなおすときに行われる。
　地籍図の利用者は、土地の様相の異動の識別 connaissance des changements des sols に従い、最新の状況に改訂された保存用地籍図原本（第一原図）plan minute de conservation を保有するキャダストルの事務

所 bureau du cadastre と、市町村役場 mairie の 2 か所において、それにアクセスすることが可能である。

　キャダストルの事務所は、第一原図を複写した販売用地籍図 plans de vente を市販し、また、マイクロフッシュによる地籍図の葉の縮小版 réductions des feuilles de plan や、半枚用紙サイズ demi-grand aigle と 27cm × 42cm のサイズで作製された県単位の地図 cartes départementales、さらに航空写真のネガの焼付 tirages de clichés de prises de vues aériennes などを交付している。

　75cm × 105cm サイズの地籍図葉 format des feuilles de plan は、ケースによっては、いくつかの用途に適さない場合がある。それゆえ、地籍図の葉の縮小や拡大 réductions de feuilles ou des agrandissements がなされた複製 reproductions を入手することが可能である。

　もともと不透明な素材 support opaque を用いて作製されていた地籍図

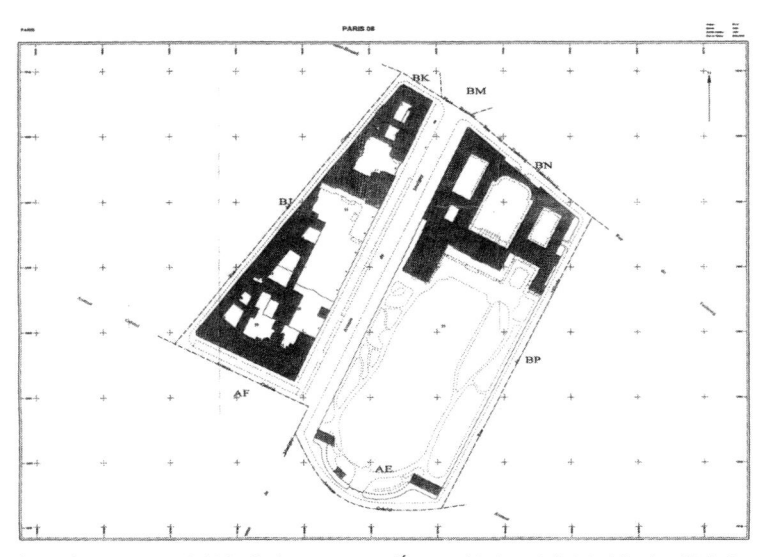

〔図 -7〕フランス大統領官邸 Palais de l'Élysée 付近の地籍図（表示の都合上、縮小している。）

は、今日では透明な素材 support transparent を用いて作製されており、その素材に関する歴史は、わが国の公図（現行不動産登記法第14条の地図に準ずる図面）に関するそれと共通するところがある。

　　特別地籍図　Version particulière du plan cadastral

　鉄道 ferroviaires、高速道路 autoroutiers、港湾 portuaires などに関する国土の整備・改修事業や新たな都市計画 urbanisme は、これらの事業に関する地籍図の表示内容 présentaion du plan cadastral の土地の現況への合致の必要性 nécessité de l'adaptation を需めることとなった。
　そのためキャダストル局は、現在、従来の普通地籍図 version traditionnelle du plan cadastral の制度に加え、特別地籍図 version particulière du plan cadastral の制度を実施している。
　特別地籍図には、①標準地籍図 plan cadastral normalisé（PCN）、②地籍地形集図 assemblage cadastral et topographique（ACT）および③特別集成地籍図 assemblages cadastraux particuliers（ACP）の三種があり、これらの地籍図には、普通地籍図において示されるべき情報のすべてがもれなく表示されている。
　標準地籍図（PCN）は、70cm×50cm のサイズで、真北 orientées plein nord かつ 2,000 分の 1 の統一縮尺 échelle uniforme で作製され、平面粗図 coupures pleines 的な外観をなしている。この地籍図の特色は、一筆地の境界 limites des parcelles のみにこだわらず、図面の各葉いっぱいに地物 dessins が描かれているところにあり、この地籍図によって覆われた面積は約140ヘクタールである。
　標準地籍図の作製は、原則として都市および都市周辺地域 zones urbaines et périurbaines または正規の地籍図を備える整備・改修地域 aménagement dotées de plans cadastraux réguliers に限られる。この地籍図によってカヴァーされる区域は、その必要性と、キャダストル局の予算額 credits および関係市町村 collectivités locales concernées の財政上の

負担 participation financière に応じて選択される。

　地籍地形集成図（ACT）は、国土の整備 équipement と都市計画の草案 avant-projets の策定に関して作製される。その専門家の要望 besoins des aménageurs により、水準測量 altimétrique と平面測量 planimétrique 上の、高精度 grande précision な総合的資料 document de synthèse としての必要性への需要に応えるものである。

　それは、枚用紙サイズ grand aigle（75cm × 105cm）または標準サイズ normalisé（59.4cm × 84.1cm）の厚紙上に、真北かつ完全な平面図状 forme de coupures pleines に作製され、その縮尺は一般に5,000分の1であるが、異なる縮尺、すなわち2,000分の1または10,000分の1の縮尺で作製されることもある。この地籍図は、利用者の要望 demande des usagers とその利用者の費用負担 frais des usagers により作製される。

　地籍地形集成図は、従来版 réguliers もしくは特別版の地籍図の集成版 assemblage de plans cadastraux を直接に写真撮影し、同一縮尺に統一して作製され、国立地理研究院 Institut Géographique National（日本の国土地理院に相当する）による水準測量の成果が付加されている。

　特別集成地籍図（ACP）は、標準地籍図（PCN）によっても地籍地形集成図（ACT）によっても満足させられない要求に応えるために作製される。これは、キャダストルの保管用地籍図原本（第一原図）plans minute de conservation の縮小または拡大 échelle ou agrandissements によって得られる、500分の1から5,000分の1の縮尺による作製地籍図全体 ensemble des productions cartographiques を包括するものである。

　特別集成地籍図（ACP）も、地籍地形集成図（ACT）と同様、利用者の要望とその費用負担により、自由に選択できるサービス services à la carte として、依頼者のさまざまな要求 différentes spécifications を考慮に入れながら作製されている。

　キャダストル局は、特別集成地籍図（ACP）の無償の監理 surveillance gratuite と保管用地籍図原本の使用 utilisation des plans minute de conservation の代償として、透明な素材 support transparent 上の、各種

の特別集成地籍図の写しを収受している。

　　地籍図の調製と修正
　　Confection et la révision du plan cadastral

　地籍図の調製と修正は、2つの類型の仕事 deux types de travaux に分類される。その1つは、現場における地形測量作業（外業）travaux d'ordre topographiques であり、他の1つは事務所内における作業（内業）travaux de bureaux である。

　調製あるいは修正された、新しい地籍図 nouveau plan は、地上測量 levés terrestres および写真測量 lever photogrammétrique から生まれるが、この両測量とも、航空写真 photographie aérienne を活用して実現される étant réalisés。

　いずれの測量方法にせよ、あらかじめ明確な、一定数の測点 certain nombre de points を設置することなしには測量を実施することは不可能である。このように本格測量 lever proprement dit に先立つのは、図根点の設置 établissement d'un canevas である。

　現場での測量作業（外業）travail de lever sur terrain や、事務所内での作業（内業）にもとづく測地成果 document d'arpentage の完成により、地籍図の調製 confection du plan cadastral やその修正 mise à jour du plan cadastral が可能となる。地籍図の調製や修正およびその検証の作業に関しては、『LE CADASTRE DE LA FRANCE』30頁に次の記述がみられる。

「Ces opérations sont, soit exécutées《en régie》par les inspecteurs et géomètres du cadastre, soit confiées à des entrepreneurs privés (géomètres-experts). Dans tous les cas, elles sont placées sous la responsabilité du service du cadastre qui en assure la vérification.

　［地籍図の改製手続や修正手続のような全体的］作業は、キャダストルの検査官と測量技師による直接の事業としてか、または民間の熟練した測量技師に委託する方法により「国営事業」として行われる。いずれの場合においても、その作業は、その検証を担当するキャダストル局の責任のも

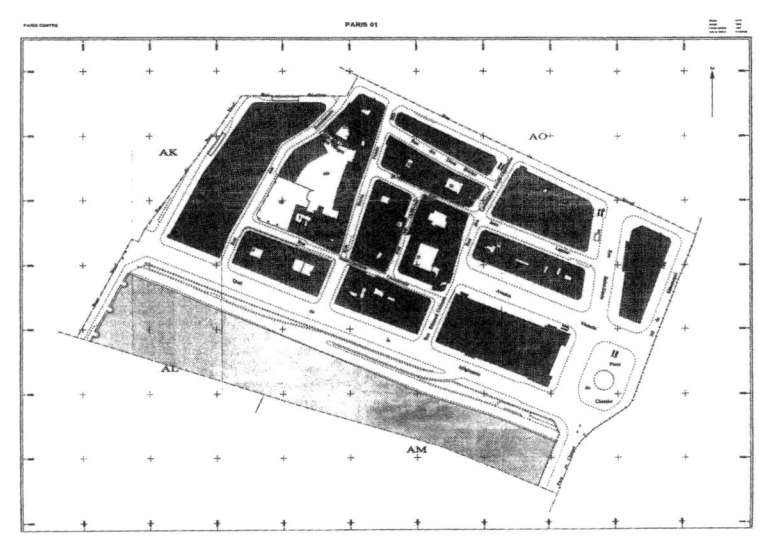

〔図-8〕パリ市地下鉄シャトレ駅広場（Place du châtelet）付近の地籍図（表示の都合上、縮小している。）

とに置かれている。」

　すなわち、地籍図の調製や修正の作業は、その全過程において、それらの検証を担当するキャダストル局の責任 responsabilité du service du cadastre のもとにあり、キャダストルの検査官と測量技師 inspecteurs et géomètres du cadastre の直接の事業としてか、または民間事業者の entrepreneurs privés 測量技師 géomètres-experts に委託する方法によって行われている。

　『LE CADASTRE DE LA FRANCE』の記述から、キャダストル局は、不動産の現況の正確な確認と特定 identification et la détermination physique correcte des immeubles をなしうるのみならず、さらにその実務は、わが国における実務に照らすと、ある土地についての所有権の証明 preuve du droit de propriété をも可能とするものと思われる。

　キャダストルの測量技師 géomètre de l'administration は、地籍図の保

全作業 opérations de conservation cadastrale のために、保全用の下図 plan croquis de conservation と呼ばれる、測量現場 chantier において用いる地籍図原本の写しを保有しており、彼らはこのように土地に関わる intervention sur le terrain ことで、測量現場での作業を行い、あるいは図面上に復元された諸地物の識別 identifier les éléments restitués を行っている。

　また例えば、小径 chemins や、森の樹々の下の地面 sous-bois のような、航空写真上からは目に見えない細部 détails non visibles sur les photographies の情報 informations を、土地所有者から収集することもその職務 fonction としている。

　7,500名のキャダストル局の職員のうち1,500名が測量技師であるが、『日本の地籍』には、1974年7月18日の法律 loi du 18 juillet 1974 による地籍図の再改製手続、すなわちルマニマンの手続き procédure du remaniement と、測量技師 géomètres-experts の配置の関係について、次の記述がみられる。

　「(ルマニマン、すなわち) 再修正のうち三〇〇ヘクタールを超えるものは国税局直轄で、それ以外のものは固定資産税事務所が実施している。国税局にはこの作業のために二五〇名の地籍測量技師が配置されている。」
(鮫島信行『日本の地籍』113頁／古今書院／2004年)

　前記の1974年7月18日の法律は、地籍図とその現況とが、土地の様相の異動により不一致をきたした場合に、地籍図の修正を認める、ルマニマン remaniement と呼ばれるキャダストルの新しい改訂を許可した。『LE CADASTRE DE LA FRANCE』15頁は、その意義と必要性に関し下記のように述べている。

　「Par ailleurs, l'évolution des besoins en matière d'urbanisme et d'aménagement du territoire nécessitait un effort d'amélioration de la qualité des plans cadastreux. Ce besoin d'une nouvelle reprise du plan cadastral s'est concrétisé par la loi du 18 juillet 1974 qui a autorisé le «remaniement» du cadastre.

Cette opération, qui s'analyse comme une nouvelle rénovation de plans cadastraux déjà rénovés, est mise en oeuvre selon les principes du décret du 30 avirl 1955 en utilisant une seule méthode : la réfection.

Le champ d'application du remaniement ne concerne pas la totalité du territoire mais seulement les zones urbaines ou en cours d'urbanisation où les insuffisances du plan cadastral sont les plus ressenties.

他方における、都市化と国土の整備にかかわる［キャダストルへの］需要の拡大は、地籍図の精度の向上への努力を必要とした。再び採り上げられた地籍図に関するこの需要［への対応］は、キャダストルの「ルマニマン」を許可した1974年7月18日の法律によって実行に移された。

すでに改製された地籍図のさらなる改製として位置づけられたこの作業は、1955年4月30日のデクレの原則にしたがい実施された。それはもっぱら「補修」の手法のみを用いて行われた。

ルマニマンの適用領域は、国土全域には亘らなかった、それは、もっぱ

〔図-9〕パリ市地下鉄シャトレ駅の最寄りに所在するパリ市公証人委員会 Chambre des Notaries de Paris の所在する建物

ら都市地域または市街化の進展する地域で適用された。そこは地籍図の不完全さが最も強く認識されていた所であった。」

　フランス共和国では前述のように、キャダストルの文字による情報のコンピュータ化は、第 2 次キャダストル情報の改訂（MAJIC2）によって一応終了し、現在、地籍図のコンピュータ化事業 plan cadastral informatisée（PCI）が進行しているものと思われる。森田健児技官の論稿から、この事業に関する記述を紹介しておこう。

　「（地籍図の）電子化については、国税局はベクトル化とラスター化の 2 つの方法をとっている。ベクトル化については、関心を持っている相手（地方自治体、フランスガス会社、フランステレコム等）と協定を結んで、財源を組み合わせて行っている。

　国の中心的な役割はその結果の確認である。現在、20% の地域（人口で言えば、40%）がベクトル化されている。ラスター化は、協定でカバーされない地図を対象に国によって行われる。2004 年にはラスター化が終了する予定であり、国土の 75% の地籍図がラスター化される予定である。

　（森田健児「ドイツ・フランスの地籍(2)」『国土調査』№ 115/25 頁／社団法人全国国土調査協会／2003 年）

　なおベクトル化とは、「座標をもった点を結合してつくるポリゴンと呼ばれる土地形に属性データを与え」（鮫島信行『日本の地籍』114 頁／古今書院／2004 年）るものであり、ラスター化とは、「コンピュータのディスプレイやプリンタにデータを出力する際、ラスタライザ（ラスター化の機能を担うハードウエアやソフトウエア）より、線や面などの図形要素で構成されるベクターグラフィックスを、ドットの集まりで表現するビットマップグラフィックスに変換すること」（デジタル大辞泉参照）をいう。

　地籍図の保全作業においては、地籍図の調製時と同じ正確さの作業が求められており、それは地籍図調製作業の延長上にある。したがって、その調製と保全 confection et la maintenance du plan cadastral は、キャダストルの重要な技術的使命 mission technique du cadastre である。キャダストルのその使命については、『LE CADASTRE DE LA FRANCE』第

〔図-10〕パリ市風景 Chambre des Notaires de Paris のパンフレットより引用

一章において詳述されている。

ところで時系は前後するが、1955年4月30日のキャダストルの改革と保全に関するデクレは、各市町村に、それぞれの区域の境界を定めることを義務づけた。この境界確定 délimitation は、関連する各市町村長またはその代理人 maires des communes intéressées ou leurs représentants と、技術上の助言者 conseiller technique としての資格で作業を担当する測量技師との立ち会い en présence du géomètre のもとに行われる。

この作業については調書 procès-verbaux が作成され、確定についての承認 approbation を求めるため、その調書は、知事 préfet へ送付されることになっている。

このように、キャダストルの測量技師は、公的な役割 mission officielle を担っているのである。

市町村役場のキャダストルに関する情報
Information cadastrale des mairies

次に、市町村役場のキャダストルに関する情報 documentation

第2章 キャダストルの情報　313

cadastrale des mairies について述べておこう。市町村役場はキャダストル局の情報の副本 extrait de la documentation cadastrale ともいうべき同一の情報、すなわち区域の現況台帳 registre des états de sections とキャダストルの原簿の写し copie de la matrice cadastrale を備えている。

さらに市町村役場には、市町村の地籍図帳 atlas communal と呼ばれる地図帳が備えられており、その装丁 reliure の頭初に集成図が編綴され、次に市町村を構成する各地籍図が区部のアルファベット順 ordre alphabétique des sections にしたがい装丁されている。市町村の地籍図帳とはその装丁全体 tout constituant をさしている。

地籍図以外 outre du plan cadastral の文字による情報 documentation littérale については、市町村役場は、小型化されたマイクロフィッシュ資料 documents sous forme miniaturisée microfiches を選ぶこともでき、あるいは、紙素材の原版 version sur support papier を保有する conserver こともできる。

キャダストル局から市町村役場に提供された、小型化マイクロフィッシュ資料 microfiches de la documentation miniaturisée の一揃い collection は、キャダストル局のそれと同一のものであり、一連のマイクロフィッシュ RP、TP、TA そして TN séries de microfiches RP, TP, TA et TN を含むものである。

市町村役場における紙による情報は、①一般的な用紙 feuillets généraux、②個人的な用紙 feuillets particuliers および③区域の現況台帳 registre des états de section の3つより成るキャダストルの原簿 matrice cadastrale により構成されてる。

①の一般的な用紙は、
ⓐ市町村固有の用紙 feuillets de tête de commune、
ⓑ利用者への通知用紙 feuillets constituant une notice à l'intention des usagers、
ⓒキャダストルの原簿において使用されているコードと略語の一覧表からなる用紙 feuillets comportant un tableau des codes et des abréviations、

ⓓキャダストル局のキャダストルの原簿の中に記載された用紙の内容と同一の要約用紙 feuillets récapitulatifs identiques から成り、

②の個人的な用紙は、

ⓐマイクロフィッシュ TN 写真と同じ情報 mêmes informations que les vues des microfiches TN、

ⓑマイクロフィッシュ RP 写真と同じ情報 mêmes informations que les vues des microfiches RP を示している土地の個人別一覧表 relevés individuels de propriété、

ⓒ上記のⓐおよびⓑを含む所有者の市町村番号一覧表 table des numéros communaux de propriétaire より成る。

これらの用紙は、一筆地の番号 numéro de la parcelle と一筆地が記載されたキャダストルの原簿の説明番号 numéro de compte à la matrice cadastrale との間に牽連性 correspondance を与える一覧表 table から構成されている。

〔図-11〕パリ市のキャダストル局と抵当権保存所（登記所）の案内プレート

市町村役場もまた、毎年度更新済の完全な一式の地籍図 collection complète du plan cadastral を保有しているが、市町村役場には、地籍図の複製または抄本 reproductions ou des extraits du plan cadastral の交付は禁止 interdit されている（『LE CADASTRE DE LA FRANCE』41 頁参照）。

　　まとめに代えて　Pour la conclusion

　キャダストルの情報と不動産登記制度との連繋　liaison entre l'information cadastrale et la publicité foncière は、登記実務を行う者にとって興味深いテーマである。すなわち、他のいくつかの制度とも緊密な関連性を有するキャダストルは、不動産登記制度との関係では、明らかにその基礎 base あるいはその一部 partie をなしているからである。

　例えば、文字によるキャダストルの情報の保全 tenue de la documentation littérale cadastrale（保全の対象となるのは、土地とその所有者の状況 situation des biens et des propriétaires に関するあらゆる修正事項 toutes les modifications constatées である。）の場面でも、キャダストルの組織 organisation cadastrale と登記所との緊密な関係がみられる。

　また、登記所に備えられた不動産登記カードボックス fichier immobilier の存在による特別な義務 sujétions particulières により、国の費用負担 frais de l'État によって実施されたキャダストルの改訂については、変更とその適用の確認 constatation des changements et leur application がキャダストル局によって行われている。

　上記に、キャダストルの情報と抵当権保存所（登記所）との連携に関しわずかな記述をなしたが、おそらく当該テーマは、1 つの研究対象となり得るほどの大きなものと思われる。

　ここでは、ステファン・ラヴィーニュ博士の著書からその連繋の概要について紹介し、本稿を終えることとしたい。

　「Le fonctionnement correct du régime de la publicité foncière imposant une concordance rigoureuse entre le cadastre et le fichier immobilier, les décrets des 4 janvier et 14 octobre 1955 ont prévu un ensemble de mesures de liaisons fondamentales.

Celles-ci sont assurées au moyen de trois types de documents : les documents d'arpentage en cas de changement de limite de propriété, mais aussi les extraits cadastraux et différents procès-verbaux.

Les extraits cadastraux. Il s'agit de documents permettant de certifier l'exactitude de la désignation cadastrale de tout immeuble à mentionner au fichier immobilier au moment de l'accomplissement de la formalité de publicité. Les conditions de production des extraits cadastraux sont précisées par le décret du 14 octobre 1955 (art. 20, 21,et 30), modifié par le décret du 22 juin 1970. En ce qui concerne le cadastre rénové il existe deux sortes d'extraits cadastraux, les extraits modèle 1 et les extraits modèle 3.

　不動産登記制度の正確な運営は、キャダストル［の情報］と不動産登記カードとの厳格な一致を要求しているので、西暦1955年1月4日と同年10月14日のデクレは、基本的な連繋方法の全体を規定した。キャダストル局と抵当権保存所（登記所）との連繋は、3つのタイプの資料によって保障されている。すなわちそれは、土地境界の変更の場合の測量成果、そしてキャダストルの抄本とさまざまな調書である。

　［前記の］キャダストルの抄本、それは、登記事項を不動産登記カードへ記載する登記手続の実行の際、すべての不動産に関して、キャダストルの表示の正確さを証明することを可能とする書類のことである。キャダストルの抄本の調製の条件（基準・方法）は、1955年10月14日のデクレ（第20条、第21条および第30条）と、それを変更した1970年6月22日のデクレ［第548号］によって明確になされている。改製されたキャダストルについては、「抄本モデル1」と「抄本モデル3」という、2つの種類のキャダストルの抄本が存在する。」（『LE CADASTRE DE LA FRANCE』51頁）

〔図-12〕パリ市の抵当権保存所 Bureau de la conservation des hypothèques
（登記所）の不動産登記カードボックスと不動産登記カード

〔図-13〕不動産登記カード

〔図-あ〕キャダストルの原簿の写しの交付申請書 DEMANDE D'EXTRAIT DE MATRICE CADASTRALE（注・枠と罫線は省略している。）

```
Cerfa                                                              6815 EM-SP
N° 11565 * 03                                                       (2004)

                        Liberté · Égalité · Fraternité
                          自由    平等    友愛

                           RÉPUBLIQUE FRANÇAISE
                               フランス共和国
La loi n° 78-17 du 6 janvier 1978 garantit un droit d'accès et de rectification des données auprès
des organismes destinataires du formulaire.
1978年1月6日の法律第78-17号は、キャダストル情報の修正を求める権利を、申請書にもとづく申請人（組
織の代表者）に対して保障しています。

                        DEMANDE D'EXTRAIT DE MATRICE CADASTRALE
                           キャダストルの原簿の写しの交付申請書

Cet extrait est un relevé des biens figurant, dans la commune considérée, au compte de la (ou des)
personne(s) indiquée(s).
この写しは、申請人の指示にもとづき、市町村において作製された不動産に関する一覧表です。

Ce relevé est établi d'après la situation au 1er janvier de l'année au titre de laquelle a été émis
le dernier rôle de taxes foncières.
この一覧表は、その年の1月1日現在の状況において公示された不動産に関する最終の課税目録にもとづき作
成されました。

Il convient d'établir une demande distincte par commune de situation des biens.
市町村の不動産の状況について、申請人により明確に作成してください。

                Date de réception :    N° de commande :    Date d'envoi :
                    受付日                  申請番号              発送日

                               DEMANDEUR
                                 申請人
pour les client habituels, indiquez seulement le nom et le numéro de client
恒常的な申請人の方は、名前と申請人番号だけをご記入ください。

Nom, prénom ou dénomination sociale :
姓名または会社名
                                 N° de client
                                   申請人番号
                                 Adresse :
                                   住所
Code postal/Commune :
郵便番号/市町村
                            SITUATION DES BIENS
                                不動産の状況
Département        Commune :
  県                  市町村

                PERSONNE(S) INSCRITE(S) DANS LA DOCUMENTATION CADASTRALE
                    キャダストル情報における人または登録者

                       pour les femmes mariées, précisez le nom de jeune fille
                         既婚女性の方は、旧姓を正確にご記入ください。
```

Nom, prénom ou dénomination sociale :
姓名または会社名
                        Adresse :
                        住所
Nom, prénom ou dénomination sociale :
姓名または会社名
                        Adresse :
                        住所

            FINALITÉ DE LA DEMANDE
            申請の目的

            RÈGLES D'UTILISATION ET DE CONFIDENTIALITÉ
            利用とその秘密保持規約

Je soussigné(e) reconnais avoir été informé(e) :
私は利用規約の通知を受け、これを承認し、下に署名しました。

- que les informations cadastrales mises à ma disposition sont soumises aux limites fixées par la loi n° 78-17 du 6 janvier 1978 relative à l'informatique, aux fichiers et aux libertés ;
  私の承認済であるキャダストルの情報は、カードボックスと自由意思の[制度]のもとにおいて、[キャダストルの] 情報に関する1978年1月6日の法律第78-17号により、法の制限下にあります。

- que les obligations de sécurité et de discrétion à l'égard des informations nominatives m'imposent notamment :
  安全[のための]保証と開示すべきでない個人情報に関しては、特にその守秘義務を守ります。

    - de ne pas enregistrer, communiquer ou céder ces informations à d'autres personnes,
      他の人たちにこの情報を見せたり、または売り渡すなどして、記録 [を残] することはしません。

    - de ne pas utiliser les données cadastrales à des fins commerciales, politiques ou électorales,
      キャダストルの情報を、商業上の、政治上の、または選挙上のために利用しません。

    - de m'abstenir de toute action de démarchage ou de publipostage à partir des informations de cette documentation,
      これらの情報にもとづく、訪問販売、またはダイレクトメールなどのすべての行為をしません。

    - de ne pas utiliser ces données pour porter atteinte à l'honneur ou à la réputation des personnes ou au respect de la vie privée ;
      これらの情報を、名誉毀損、または人々の名声あるいは私生活におけるプライバシーを傷つける目的をもって利用しません。

- que contrevenir à ces limites engage ma responsabilité personnelle et peut être passible de sanctions pénales prévues aux articles 226-21 et 226-22 du code pénal.
  これらの、法により制限された義務に違背する場合は、私個人において自己責任を負い、かつ法律第226号刑法第21条および第22条により、刑法上の処罰を受けても異議ありません

                        Le   年   月   日
                        Signature du demandeur :
                        申請人の署名

            MINISTÈRE DE L'ÉCONOMIE DES FINANCES ET DE L'INDUSTRIE
            経済財政産業省

〔図-い〕地籍図の写しの交付申請書 DEMANDE DE REPRODUCTION(S) DU PLAN CADASTRAL

第3章　キャダストルの改革と保全に関する 1955 年 4 月 30 日のデクレ第 55-471 号

〔原　文〕

Décret n° 55-471 du 30 avril 1955 relatif à la rénovation et à la conservation du cadastre.

Le président du conseil des ministres,

Sur le rapport du ministre des finances et des affaires économiques, du ministre de l'intérieur et du secrétaire d'État aux finances et aux affaires économiques,

Vu la loi n° 51-809 du 14 août 1954 autorisant le Gouvernement à mettre en oeuvre un programme d'équilibre financier, d'expansion économique et de progrès social ;

Vu la loi n° 55-349 du 2 avril 1955 accordant au Gouvernement des pouvoirs spéciaux en matière économique, sociale et fiscale ;

Vu le décret n° 55-22 du 4 janvier 1955 portant réforme de la publicité foncière ;

Le conseil d'État entendu ;

Le conseil des ministres entendu,

Décrète：

〔逐語訳〕

キャダストルの改革と保全に関する 1955 年 4 月 30 日のデクレ第 55-471 号 Décret n° 55-471 du 30 avril 1955 relatif à la rénovation et à la conservation du cadastre。

［閣議主催者］ 共和国首相 Le président du conseil des ministres は、財務経済大臣、内務大臣および財務ならびに経済に関する閣外相の報告にもとづき Sur le rapport du ministre des finances et des affaires économiques, du ministre de l'intérieur et du secrétaire d'État aux finances et aux affaires économiques、財政上の均衡、経済の発展および社会の進歩に関する計画の実施を政府に許可した 1954 年 8 月 14 日の法律第 51-809 号 Vu la loi n° 51-809 du 14 août 1954 autorisant le Gouvernement à mettre en oeuvre un programme d'équilibre financier, d'expansion économique et de progrès social、経済・社会および税制に関する特別権限を［政府に］認めた 1955 年 4 月 2 日の法律第 55-349 号 Vu la loi n° 55-349 du 2 avril, 1955 accordant au Gouvernement des pouvoirs spéciaux en matière économique, sociale et fiscale ［および］不動産登記制度の改革に関する 1955 年 1 月 4 日のデクレ第 55-22 号にかんがみ Vu le décret n° 55-22 du 4 janvier 1955 portant réforme de la publicité foncière、コンセイユ・デタ Le conseil d'État ［ならびに］閣議 Le conseil des ministres の合意を得て entendu 本デクレをここに布告する Décrète。

【私 訳】

キャダストルの改革と保全に関する 1955 年 4 月 30 日のデクレ第 55-471 号。

［閣議主催者］共和国首相は、財務経済大臣、内務大臣および財務ならびに経済に関する閣外相の報告にもとづき、財政上の均衡、経済の発展および社会の進歩に関する計画の実施を政府に許可した 1954 年 8 月 14 日の法律第 51-809 号、経済・社会および税制に関する特別権限を［政府に］認めた 1955 年 4 月 2 日の法律第 55-349 号［および］不動産登記制度の改革に関する 1955 年 1 月 4 日のデクレ第 55-22 号にかんがみ、コンセイユ・デタ［ならびに］閣議の合意を得て本デクレをここに布告する。[1][2][3][4][5]

注
(1) 当該デクレにつき、伊藤道保教授は「土地台帳の改正と保存に関する（デクレ）」と訳されている（伊藤道保「1955 年、フランス不動産登記制度の改正について」『比較法研究』1958 年 4 月号 37 頁／有斐閣）。伊藤教授に

限らず、研究者は cadastre を「土地台帳」あるいは「台帳」と訳される。しかし今日の cadastre は、「土地台帳」と訳するよりも「地籍情報」とするほうが適訳と思えるほどの、高い精度と水準を有し、かつ充実したものであるように思われる。

(2)　Le président du conseil は、フランス共和国の第三、第四共和制のもとでの首相・総理大臣を指す。現行第五共和制における Premier Ministre である。

(3)　1955年の不動産登記制度の改革と同年のキャダストルの改革、ならびに両者の連繋の必要性についての記述が、『LE CADASTRE DE LA FRANCE』(『フランスのキャダストル』)18～19頁にみられる。

「Ainsi, selon le rôle actif ou passif attribué par le législateur à la puissance publique en ce qui concerne d'une part la preuve de l'existence du droit de propriété et d'autre part celle de la consistance des biens, le cadastre aura une spécificité fiscale ou juridique.

こうして、立法者により公の権力に付与された、能動的なまたは受動的な役割によって、一方では所有権の存在の証明、そして他方では財産の根拠の証明について、キャダストルは、税務上および法律上の特徴をもつことになる。」

(4)　réforme de la publicité foncière の訳は「土地公示の改革」であるが、本稿では、わが国の登記実務に合わせて「不動産登記制度の改革」とした。

(5)　『LE CADASTRE DE LA FRANCE』の冒頭において、ステファン・ラヴィーニュ博士は「Peu d'institutions sont à la fois aussi proches et aussi lointaines des Français que le cadastre. キャダストルほどフランス人にとって身近であると同時に遠い制度はない。」と述べている。「身近であると同時に遠い制度」であるキャダストルについて理解するには、その所管事項について知るのも1つの方法であろう。『LE CADASTRE de l'origine à nos jours』(『キャダストル、その起源から今日まで』)11頁には次の記述がある。

「C'est aussi la gestion de,
　―590 000 feuilles de plans ;

—34,5 millions de comptes communaux de propriétaires ;

—96,7 millions de parcelles ;

—35,5 millions de locaux ;

—5,7 millions de libellés de lieux-dits ;

—680 000 libellés de voies.

さらにまた、キャダストル局の所管事項について述べると、

—59万葉の地籍図

—3,450万か所の公有地の収支計算書

—9,670万筆の土地

—3,550万個の建物

—570万件のフランス全土の由来ある土地（lieux-dits）に関する情報

—68万件の道路に関する情報」

　上記の記述から、キャダストル局は、フランス共和国の国土に関する地籍情報を核として、不動産に関する多くの情報を把握・管理しているものと思われる。

〔原　文〕

TITRE Ier : De la rénovation du cadastre.

　〔逐語訳〕

第1章　キャダストルの改製　TITRE Ier : De la rénovation du cadastre.

　【私　訳】

第1章　キャダストルの改製

〔原　文〕

Section I. Dispositions générales.

　〔逐語訳〕

第1節　総則　Section I. Dispositions générales.

　【私　訳】

第1節　総則

〔原文〕

Article 1

La rénovation du cadastre est faite d'office aux frais de l'État lorsqu'elle est reconnue indispensable par le ministre des finances pour l'identification et la détermination physique des immeubles.

〔逐語訳〕

第1条　Article 1

キャダストルの改製 La rénovation du cadastre は、不動産の特定とその物理的現況の把握のため pour l'identification et la détermination physique des immeubles、その必要性が財務大臣に認められたときに lorsqu'elle est reconnue indispensable par le ministre des finances、国費による公共事業として行われる est faite d'office aux frais de l'État。

【私訳】

第1条

キャダストルの改製は、不動産の特定とその物理的現況の把握のため、その必要性が財務大臣に認められたときに、国費による公共事業として行われる。(1)(2)

注

(1)　本デクレには、キャダストルの、改製 rénovation、改訂 révision、補修（修正）réfection などの用語が用いられている。

　「改製」は、最新の『広辞苑』／岩波書店／にも、『新法律学辞典』／有斐閣／にも掲載されていない法律実務用語であるが、田代有嗣監修・高妻新著『新版体系・戸籍用語事典』173頁／日本加除出版／平成4年／には、わが国の戸籍簿の改製についての定義が詳述されている。

(2)　キャダストルには、法律の規定にもとづく再改製 remaniement（ルマニマン）という制度がある。『LE CADASTRE DE LA FRANCE』15頁には再改製につき、次のように記述されている。

　「Par ailleurs, l'évolution des besoins en matière d'urbanisme et d'aménagement du territoire nécessitait un effort d'amélioration de la qualité des plans cadastraux. Ce besoin d'une nouvelle reprise du plan cadastral s'est concrétisé par la loi du 18 juillet 1974 qui a autorisé le «remaniement» du cadastre. Cette opération, qui s'analyse comme une nouvelle rénovation de plans cadastraux déjà rénovés, est mise en oeuvre selon les principes du décret du 30 avril 1955 en utilisant une seule méthode : la réfection. Le champ d'application du remaniement ne concerne pas la totalité du territoire mais seulement les zones urbaines ou en cours d'urbanisation où les insuffisances du plan cadastral sont les plus ressenties.

　他方における、都市化と国土の整備にかかわる［キャダストルへの］需要の拡大は、地籍図の精度の向上への努力を必要とした。再び採り上げられた地籍図に関するこの需要［への対応］は、キャダストルの「ルマニマン」を許可した1974年7月18日の法律によって実行に移された。

　すでに改製された地籍図のさらなる改製として位置づけられたこの事業は、1955年4月30日のデクレの原則に従い実施された。それはもっぱら「補修」の手法のみを用いて行われた。ルマニマンの適用領域は、国土全域にはわたらなかった。それは、もっぱら都市地域または市街化の進展する地域で適用された。そこは地籍図の不完全さが最も強く認識されていた所であった。」

〔原　文〕

Article 2

　Lorsqu'elle n'est pas reconnue indispensable pour l'identification et la détermination physique des immeubles, la rénovation du cadastre ne peut être entreprise qu'à la demande du conseil municipal et avec la participation financière de la commune dans les conditions fixées à l'article 20 ci-dessous.

〔逐語訳〕

第2条　Article 2

不動産の特定とその物理的現況の把握のため pour l'identification et la détermination physique des immeubles、キャダストルの改製の必要性が不可欠として認められなかったときは Lorsqu'elle n'est pas reconnue indispensable…la rénovation du cadastre、当該改製事業は市町村会の要求および第20条以下に規定された条件による当該市町村の財政上の負担がある場合のみにしか qu'à la demande du conseil municipal et avec la participation financière de la commune dans les conditions fixées à l'article 20 ci-dessous 実行されない ne peut être entreprise。

【私訳】

第2条

　不動産の特定とその物理的現況の把握のため、キャダストルの改製の必要性が不可欠として認められなかったときは、当該改製事業は市町村会の要求および第20条以下に規定された条件による当該市町村の財政上の負担がある場合のみにしか実行されない(1)(2)。

注

（1）　フランスのキャダストルに関する歴史は旧く、1789年の大革命以前からその事業への取組みが見られる。また大革命時にもキャダストルの改製の要求が行われている。『LE CADASTRE de l'origine à nos jours』3頁には次の記述がみられる。

「Dès l'ouverture des États Généraux de 1789, 73 assemblées électorales de la Noblesse et 58 du Tiers État, réclament l'exécution d'un cadastre général, seul système capable de mettre fin à l'arbitraire existant.

　1789年の三部会の開始直後から、73名の貴族による選挙人集会と58名の第三身分（ブルジョワジー）は、全国規模のキャダストルの［改製の］実施を要求した。それが、当時の自由裁量的な課税の制度に終わりをもたらすことのできる、唯一の方法であった。」

（2）　キャダストルの改製事業と市町村の財政負担の関係につき、『LE CADASTRE DE LA FRANCE』29頁には次の記述がある。

「L'établissement de cette production particulière est en principe réservée aux zones urbaines et périurbaines ou d'aménagement dotées de plans cadastraux réguliers. Les zones à couvrir en plan cadastral normalisé sont choisies par l'administration en fonction des besoins exprimés et des crédits dont dispose le cadastre. L'extension et la mise à jour du plan sont liées à une participation financière des collectivités locales concernées.

標準地籍図の作製は、原則として、都市および都市周辺地域または正規の地籍図を備える整備・改修地域に限られる。この地籍図によってカヴァーされる区域は、当局によって、その必要性とキャダストル局が持つ予算額に応じて選択されている。その区域の拡大と地籍図の改訂は、関係する地方公共団体の財政上の負担と関連している。」

〔原 文〕
Article 3
　La rénovation du cadastre est effectuée soit par voie de révision lorsqu'il peut être procédé d'une manière utile à une simple mise à jour du plan cadastral, soit par voie de réfection reposant sur un nouvel arpentage parcellaire. Ces deux modes de rénovation peuvent être appliqués concurremment dans une même commune.
〔逐語訳〕
第3条　Article 3
　キャダストルの改製 La rénovation du cadastre は、現状の地籍図が有効な方法で簡便に更新できるときは修正による方法で、あるいは新たな地籍測量にもとづく補修の方法によって soit par voie de révision lorsqu'il peut être procédé d'une manière utile à une simple mise à jour du plan cadastral, soit par voie de réfection reposant sur un nouvel arpentage parcellaire 行われる est effectuée。この2つの改製方法は Ces deux modes de rénovation、同一市町村において dans une même commune 同

時に適用することができる peuvent être appliqués concurremment。

【私訳】
第3条
　キャダストルの改製は、現状の地籍図が有効な方法で簡便に更新できるときは修正による方法で、あるいは新たな地籍測量にもとづく補修の方法によって行われる。この２つの改製方法は、同一市町村において同時に適用することができる。

〔原　文〕
Article 4
　Le plan cadastral rénové donne la représentation graphique du territoire communal dans tous les détails de son morcellement en îlots de propriété et en parcelles.
　L'îlot de propriété est constitué par l'ensemble des parcelles contiguës appartenant à un même propriétaire ou à une même indivision dans un même lieudit et formant une unité foncière indépendante selon l'agencement donné à la propriété.
　La parcelle cadastrale est constituée par toute étendue de terrain présentant une même nature de culture ou une même affectation et située dans un même îlot de propriété.

〔逐語訳〕
第4条　Article 4
　改製されたキャダストル Le plan cadastral rénové は、市町村の管轄区域の du territoire communal 一筆群ごとおよび一筆地ごとの分割の de son morcellement en îlots de propriété et en parcelles すべての細部にわたる dans tous les détails 線や図形を示す donne la représentation graphique。
②筆群 L'îlot de propriété は、同一の所有権者もしくは同一のリゥディ内の同一の共有権者に属し隣接する一筆地のすべてにつき par l'ensemble

des parcelles contiguës appartenant à un même propriétaire ou à une même indivision dans un même lieudit、土地に付与された配置に従い selon l'agencement donné à la propriété、かつ独立した土地の単位をもって et formant une unité foncière indépendante 構成される est constitué。
③キャダストルの一筆地 La parcelle cadastrale は、同一の作目を示しまたは同一の用途を示す présentant une même nature de culture ou une même affectation、すべての土地の面積により構成され est constituée par toute étendue de terrain、かつ同一の筆群内に位置する et située dans un même îlot de propriété。

　【私　訳】
第4条
　改製されたキャダストルは、市町村の管轄区域の一筆群ごとおよび一筆地ごとの分割のすべての細部にわたる線や図形を示す。
②筆群は、同一の所有権者もしくは同一のリュディ内の同一の共有権者に属し隣接する一筆地のすべてにつき、土地に付与された配置に従い、かつ独立した土地の単位をもって構成される。
③キャダストルの一筆地は、同一の作目を示しまたは同一の用途を示す、すべての土地の面積により構成され、かつ同一の筆群内に位置する。[1][2][3]

注
(1)　筆群 îlots de propriété について、鎌田薫教授は次のように述べられる。「一九五五年四月三〇日のデクレ第四七一号は、それまでの台帳改編作業の状況に応じて、全面的改編または単なる修正を命じた。その際、台帳改編にとって最大の障害となっていた莫大な数の細かな地片を整理するため、同一所有者に属し互いに隣接する筆を合して一つの筆群（îlot de propriété）とすることを認めた（四条）。
　　　台帳は地図を中心として構成されており、構成単位は筆または筆群となっている。筆または筆群は、市町村名、字、地番によって表示され、特定されている。」（鎌田薫「フランスの土地公示制度」『不動産登記の諸問

題』上巻 134 頁／香川保一編／テイハン／昭和 49 年）
(2)　lieudit（lieu-dit）リゥディについては、「通り名のある場所。au lieu-dit «Les Trois Chaumières» 通称『三軒家』という所で。」（『新スタンダード仏和辞典』1033 頁／大修館書店／1988 年）、「（田舎の）通り名のある場所（例えば les Trois Chênes『三本柏』というような地名」（クラウン仏和辞典／三省堂／電子ブック版／1993 年）とされているが、わが国の土地について当て嵌る適訳はないように思われる。なお、星野英一教授は「地名」と、鎌田薫教授は「字」と訳される。
(3)　lieudit（lieu-dit）リゥディに関し、『LE CADASTRE DE LA FRANCE』27 頁には次の記述がある。

「Le lieu-dit constitue un sous-ensemble de la section et représente une partie du territoire communal à laquelle, d'après un usage ancien, a été attribué un nom caractéristique. Il fait partie intégrante de la documentation cadastrale, ses limites et sa désignation étant indiquées sur les plans.

リゥディは、区の下位区分を構成し、かつ市町村の行政区の一部分を表す。そこには、昔からの使用にもとづき、特有の名称が付されている。その境界と標示が、地籍図上で明示されていることから、リゥディは、キャダストルの資料の必要不可欠な部分を構成している。」

〔原　文〕

Article 5

La date d'ouverture et la date d'achèvement des travaux de rénovation du cadastre sont, dans chaque commune, portées à la connaissance du public par un arrêté du préfet.

〔逐語訳〕

第 5 条　Article 5

キャダストルの改製事業の開始期日とその竣功期日 La date d'ouverture et la date d'achèvement des travaux de rénovation du cadastre は、各市町村において dans chaque commune、知事のアレテにより公示される

sont…portées à la connaissance du public par un arrêté du préfet.

【私 訳】

第5条

　キャダストルの改製事業の開始期日とその竣功期日は、各市町村において、知事のアレテにより公示される。
$^{(1)(2)(3)}$

注

(1)　下記は、ドルドーニュ県ボーピエ村のキャダストルの改製事業の再開に関するアレテ第10-2058号 Arrêté 10-2058 portant reprise des opérations de rénovation du cadastre de la commune de BEAUPOUYET である。

PREFECTURE DE LA DORDOGNE ドルドーニュ県庁
DIRECTION DES MOYENS INTERMINISTÉRIELLS 総務局
Bureau du courrier 文書課

Arrêté 10-2058 portant reprise des opérations de rénovation du cadastre de la commune de BEAUPOUYET ボーピエ村のキャダストルの改製事業の再開に関するアレテ第10-2058号

La Préfète de la Dordogne, ドルドーニュ県知事
Chevalier de la Légion d'Honneur, レジォン・ドヌール5等受勲者
Officier de l'ordre national du Mérite, 国家功労勲章受章者

Vu la loi n° 374 du 6 juillet 1943, relative à l'exécution des travaux géodésiques et cadastraux et à la conservation des signaux, bornes et repères ;
測量作業および地籍調査事業の実施ならびに標識、境界石および目印の保全に関する1943年7月6日の法律第374号

Vu la loi n° 74-645 de 18 juillet 1974 relative à la mise à jour périodique de valeurs locatives servant de base aux impositions directes locales ;
地方直接税の課税基準となる賃貸価格の定期的見直しに関する 1974 年 7 月 6 日の法律第 74-645 号

Vu le décret n° 55-471 du 30 avril 1955 relatif à la rénovation et à la conservation du cadastre ;
キャダストルの改革と保全に関する 1955 年 4 月 30 日のデクレ第 55-471 号

以上にかんがみ Vu、Sur la proposition du Directeur des Services Fiscaux,
税務局長の提案により［以下のアレテを発令する］

Arrêté アレテ
Article 1er : Les opérations de rénovation du cadastre de la commune de BEAUPOUYET seront reprises sur la parcelle numéro 56 de la section AS à partir du 22 novembre 2010. L'exécution, le contrôle et la direction de ces opérations sont assurés par la Direction des Services Fiscaux.
第 1 条　ボープィエ村のキャダストルの改製事業は、AS 区 56 番の土地について 2010 年 11 月 22 日より再開される。当該事業の執行、監理および指導は、税務局により保障される。

Article 2 : Les agents chargés des travaux, dûment accrédités, et leurs auxiliares, sont autorisés à pénétrer dans les propriétés publiques et privées situées sur le territoire de la commune ainsi que sur celui de la commune limitrophe de SAINT SAUVEUR LALANDE.
第 2 条　正式に任命された地籍に関する作業技師とその助手は、村の管轄区域および当該管轄区域に隣接するサンソゥヴァーラロンド村の管轄区域に所在する公有地ならびに私有地へ立ち入ることを許可される。

Article 3 : Les dispositions de l'article 322-2 du code pénal sont applicables dans le cas de destruction, de détérioration ou de déplacement des signaux, bornes ou repères. En outre, les contrevenants s'exposent au remboursement de la dépense consécutive à la reconstitution des éléments devenus inutilisables par leur fait.
第3条　標識、境界石または目印の移動、破壊あるいは破損の場合においては、刑法典第322-2条の規定が適用される。さらにその行為者は、それにより毀損した箇所の復元に要する費用を償還する義務を負う。

Article 4 : Le présent arrêté sera affiché à la porte de la mairie de la commune de BEAUPOUYET et publié dans la forme ordinaire. Les agents chargés des travaux devront être porteurs d'une ampliation dudit arrêté et la présenter à toute réquisition.
第4条　本アレテは、ボープィエ村の役場の入口において、そして通常の方式にて公示される。本事業の担当職員は、本アレテの謄本を所持しかついかなる要請に対してもそれを提示しなければならない。

Article 5 : Le texte du présent arrêté sera inséré au recueil des actes administratifs.
第5条　本アレテの原文は、行政行為記録輯に掲載される。

Fait à Périgueux, le 02 novembre 2010　2010年11月2日、ペリグーにおいて作成

Pour la Préfète et par délégation 知事の委任にもとづき
Le Secrétaire Général 事務局長、Signé：Benoist DELAGE 署名：ブノアドゥラージュ

(2)　下記は、ロワール・エ・シェール県 départment du Loir-et-Cher のシャイユ村 commune de CHAILLES におけるキャダストルの再改製事業の

竣功期日を布告するアレテである。

Liberté・Égalité・Fraternité 自由・平等・友愛
RÉPUBLIQUE FRANÇAISE フランス共和国

PRÉFET DE LOIR-ET-CHER
ロワール・エ・シェール県知事

DIRECTION DES SERVICES FISCAUX DE LOIR ET CHER ロワール・エ・シェール県税務局 Service des Affaires foncières 不動産業務課

ARRÊTÉ N° 2010 160 – 05 アレテ番号 2010. 160 – 05
portant clôture des travaux de remaniement du cadastre dans la commune de CHAILLES
シャイユ村におけるキャダストルの再改製事業の結了に関するアレテ

VU la loi du 29 décembre 1892 sur les dommages causés à la propriété privée par l'exécution de travaux publics ;
公共事業の実施によって私有地にもたらされた損害に関する 1892 年 12 月 29 日の法律、

VU la loi du 6 juillet 1943 relative à l'exécution des travaux géodésiques et cadastraux et à la conservation des signaux, bornes et repères ;
測量事業および地籍調査事業の実施、ならびに境界標識、境界石および目印の保全に関する 1943 年 7 月 6 日の法律、

VU la loi n° 74-645 du 18 juillet 1974 relative à la mise à jour périodique de valeurs locatives servant de base aux impositions directes locales ;
地方直接税の課税標準となる賃貸価格の定期的修正に関する 1974 年 7 月 18 日の法律第 74-645 号、

VU le décret n° 55-471 du 30 avril 1955 relatif à la rénovation et à la conservation du Cadastre, notamment l'article 5 ;
キャダストルの改革と保全に関する1955年4月30日のデクレ第55-471号、特に第5条、

VU l'arrêté préfectoral n° 2008 032-3 du 1er février 2008 portant ouverture des travaux de remaniement du cadastre ;
キャダストルの再改製事業の開始に関する2008年2月1日の県知事アレテ第2008. 032-3号、

Sur la proposition du Directeur des Services fiscaux,
[以上にかんがみ、] 税務局長の発議により、以下のアレテを発令する。

ARRÊTÉ　アレテ
Article 1er – Les travaux de remaniement du cadastre dans la commune de CHAILLES seront achevés le 1er mai 2010.
第1条　シャイユ村におけるキャダストルの再改製事業は、2010年5月1日に結了する。

Article 2 – Le présent arrêté sera affiché aux lieux habituels d'affichage par les soins du maire. Il sera publié en la forme ordinaire.
第2条　本アレテは、村長の職責により従来の公示場所に掲示され、通常の手続きで公示される。

Article 3 – Monsieur le secrétaire général de la préfecture, Monsieur le Directeur des Services fiscaux, Monsieur le Maire de la commune de CHAILLES sont chargés, chacun en ce qui le concerne, de l'exécution du présent arrêté qui sera publié au recueil des actes administratifs de la préfecture.

第3条　県庁事務局長、税務局長、シャイユ村長は、それぞれ、県行政行為記録輯に公示される本アレテの実行に関し、責任を負う。

Blois, ブロワ le（日付の記載なし）
Le Préfét, 知事 Philippe GALLI フィリップ・ガリ

(3)　アレテ arrêté は、「1 もしくは複数の大臣（大臣アレテ、共同大臣アレテ）、または他の行政庁（県知事アレテ、市町村長アレテなど）が発する一般的または個別的な効力範囲をもつ執行的決定。」（中村紘一・新倉修・今関源成＝監訳『フランス法律用語辞典』26頁／三省堂／1996年）である。

〔原　文〕
Article 6
　L'exécution des travaux de rénovation du cadastre est assurée par le service du cadastre, soit en régie, soit à l'entreprise.
　Une liste des personnes agréées pour l'exécution à l'entreprise des travaux de rénovation du cadastre est dressée par le directeur général des impôts, après avis d'une commission dont la composition est fixée par un arrêté du ministre des finances. Cette liste peut être modifiée annuellement dans la même forme.

〔逐語訳〕
第6条　Article 6
　キャダストルの改製事業 L'exécution des travaux de rénovation du cadastre は、公営事業としてか、もしくは民間への委託事業のいずれかの方法で soit en régie, soit à l'entreprise、キャダストル局により行われる est assurée par le service du cadastre。
②キャダストルの改製事業の実施のために承認された人員の名簿 Une liste des personnes agréées pour l'exécution à l'entreprise des travaux de rénovation du cadastre は、財務大臣のアレテにより par un arrêté du

ministre des finances、その組成が決定される諮問委員会による意見聴取の後 après avis d'une commission dont la composition est fixée、国税局長により作成される est dressée par le directeur général des impôts。この名簿は同様の手続きにより毎年変更することができる Cette liste peut être modifiée annuellement dans la même forme。

【私 訳】
第6条
　キャダストルの改製事業は、公営事業としてか、もしくは民間への委託事業のいずれかの方法で、キャダストル局により行われる[(1)]。
②キャダストルの改製事業の実施のために承認された人員の名簿は、財務大臣のアレテにより、その組成が決定される諮問委員会による意見聴取の後、国税局長により作成される。この名簿は同様の手続きにより毎年変更することができる[(2)]。

注
(1)　キャダストルの改製事業の、公営事業と民間への委託事業につき、『LE CADASTRE DE LA FRANCE』30頁には次の記述がある。
　「Ces opérations sont, soit exécutées «en régie» par les inspecteurs et géomètres du cadastre, soit confiées à des entrepreneurs privés (géomètres-experts). Dans tous les cas, elles sont placées sous la responsabilité du service du cadastre qui en assure la vérification.
　これらの作業は、キャダストルの検査官と測量技師による直接の事業としてか、または民間の熟練した測量技師に委託する方法により「国営事業」として行われる。いずれの場合においても、その作業は、その検証を担当するキャダストル局の責任のもとに置かれている。」
(2)　キャダストルの改製事業の民間への委託実施のため承認した者につき、『LE CADASTRE DE LA FRANCE』37頁～38頁には次の記述がある。
　「Les personnes agréées par l'administration pour l'établissement des documents d'arpentage sont tout d'abord les géomètres experts fonciers,

mais également les inspecteurs et techniciens retraités du service du cadastre.

　Dans les régions dépourvues de géomètres, certaines personnes qualifiées non inscrites à l'ordre des géomètres experts fonciers peuvent être agréées par la Direction générale des impôts pour remplir ce rôle ; bien que leur rétribution soit à la charge du propriétaire, ces personnes agissent comme des «auxiliaires» de l'administration.

　測量成果の作製のために、行政当局によって認可された人々は、まず第一に、不動産専門の測量技師である。しかし、キャダストル局を退官した検査官や技術者もまた同様に認可されている。

　測量技師が不在の地方においては、不動産専門の測量技師としては登録されていない一定の有資格者も、この役割を果たすために、国税局によって認可されることができる。彼らの報酬は、土地所有者によって負担されるものであるが、彼らは、行政当局の「臨時職員」のように活動する。」

〔原　文〕
Article 7

　Sont exonérés de tous droits d'enregistrement et de timbre les actes de bornage amiables ou judiciaires intervenus pendant la période d'exécution de la rénovation du cadastre.

　〔逐語訳〕
第7条　Article 7

　キャダストルの改製［事業］の実施期間中においてなされる intervenus pendant la période d'exécution de la rénovation du cadastre、和解的なあるいは法的な境界確定行為 les actes de bornage amiables ou judiciaires については、すべての登記税および印紙税が免除される Sont exonérés de tous droits d'enregistrement et de timbre。

　【私　訳】
第7条

キャダストルの改製［事業］の実施期間中においてなされる、和解的なあるいは法的な境界確定行為については、すべての登記税および印紙税が免除される。

〔原　文〕
Section Ⅱ. De la révision du cadastre.
　〔逐語訳〕
第2節　キャダストルの改訂 Section Ⅱ. De la révision du cadastre.
　【私　訳】
第2節　キャダストルの改訂

〔原　文〕
Article 8
　La révision du cadastre est effectuée en comparant les données de celui-ci avec l'état actuel des propriétés et en constatant les changements survenus.
　Il y est procédé, avec le concours des propriétaires, par le représentant du service du cadastre assisté de la commission communale des impôts directs prévue à l'article 1650 du code général des impôts et, s'il y a lieu, d'auxiliaires communaux désignés et rétribués dans les conditions fixées par l'article 1407 du même code.
　〔逐語訳〕
第8条　Article 8
　キャダストルの改訂 La révision du cadastre は、その情報と不動産の現況とを比較し en comparant les données de celui-ci avec l'état actuel des propriétés、そして発生した変更を確認しながら et en constatant les changements survenus 実行される est effectuée。
②それはIl、キャダストル局の代表者により par le représentant du service du cadastre、所有者の協力を得て avec le concours des

propriétaires、一般税法第1650条に規定された prévue à l'article 1650 du code général des impôts 直接税に関する市町村委員会の支援を受け assisté de la commission communale des impôts directs、そして必要な場合には et, s'il y a lieu、同法第1407条において規定される条件により任命されかつ報酬を支払われる市町村の補助者により d'auxiliaires communaux désignés et rétribués dans les conditions fixées par l'article 1407 du même code、実施される y est procédé。

【私 訳】
第8条
　キャダストルの改訂は、その情報と不動産の現況とを比較し、そして発生した変更を確認しながら実行される。
②それは、キャダストル局の代表者により、所有者の協力を得て、一般税法第1650条に規定された直接税に関する市町村委員会の支援を受け、そして必要な場合には、同法第1407条において規定される条件により任命されかつ報酬を支払われる市町村の補助者により、実施される。

〔原 文〕
Article 9
　Les résultats de la révision du cadastre sont, par notification individuelle, communiqués au propriétaire. D'autre part, le plan cadastral et les documents annexes sont déposés pendant quinze jours au moins à la mairie où les intéressés sont admis à en prendre connaissance. Les réclamations peuvent être présentées dans ledit délai soit par écrit au maire de la commune, soit verbalement à un représentant du service du cadastre qui se tient à la mairie aux jours et heures portés à la connaissance du public.

　Les propriétaires peuvent demander que soient retenues les contenances indiquées dans leurs actes lorsque celles-ci n'accusent pas, par rapport aux contenances cadastrales, d'écart supérieur à la tolérance

fixée par les règlements du service du cadastre.
〔逐語訳〕
第9条　Article 9
　キャダストルの改訂の成果は Les résultats de la révision du cadastre sont、個人あての通知により所有者へ告知される par notification individuelle, communiqués au propriétaire。さらに D'autre part、地籍図とその附属資料 le plan cadastral et les documents annexes は、利害関係人がこれらの閲覧を認められた市町村役場において à la mairie où les intéressés sont admis à en prendre connaissance、少なくとも２週間の間、縦覧に供せられる sont déposés pendant quinze jours au moins。異議の申し立ては前述の期間内において Les réclamations…dans ledit délai、市町村長への書面によるか soit par écrit au maire de la commune、あるいは公示の日時において市町村役場に駐在するキャダストル局の責任者への口頭での申し立てにより soit verbalement à un représentant du service du cadastre qui se tient à la mairie aux jours et heures portés à la connaissance du public 行うことができる peuvent être présentées。
②所有者 Les propriétaires は、その所有する証書上に表示された面積 les contenances indiquées dans leurs actes が、キャダストル上のそれと比較して par rapport aux contenances cadastrales、キャダストル局の規則に定められた許容値を超えた差を d'écart supérieur à la tolérance fixée par les règlements du service du cadastre 明示していない場合は lorsque celles-ci n'accusent pas、それを考慮すべきことを要求することができる peuvent demander que soient retenues。
【私訳】
第9条
　キャダストルの改訂の成果は、個人あての通知により所有者へ告知される。さらに、地籍図とその附属資料は、利害関係人がこれらの閲覧を認められた市町村役場において、少なくとも２週間の間、縦覧に供せられる。異議の申し立ては前述の期間内において、市町村長への書面によるか、あ

るいは公示の日時において市町村役場に駐在するキャダストル局の責任者への口頭での申し立てにより行うことができる。(1)

②所有者は、その所有する証書上に表示された面積が、キャダストル上のそれと比較して、キャダストル局の規則に定められた許容値を超えた差を明示していない場合は、それを考慮すべきことを要求することができる。

注

(1) 地籍図の縦覧に関し、『LE CADASTRE DE LA FRANCE』36頁には次の記述がみられる。

「À l'issue de l'ensemble de ces travaux, il est réalisé une matrice de reproduction de chaque nouvelle feuille de plan qui servira par la suite à confectionner les différents exemplaires destinés aux utilisateurs, c'est-à-dire au bureau local du cadastre qui tient à jour le plan minute de conservation et peut en délivrer des reproductions aux usagers et à la mairie. Chaque administré peut prendre connaissance du nouveau plan qui est déposé à la mairie et faire part de ses observations éventuelles.

これらの作業の全体のあとで、地籍図の新しい各葉の第二原図が作製される。それはのちに、利用者のために用意される各種の版の調製のために役立つ。すなわち、保管用地籍図原本を最新の状態に保ち、そして一般の利用者や市町村役場へ、その複製を交付することを可能とするのが地方キャダストル局である。新しい地籍図は各市町村役場へ提供され、各地方自治体の住民は、それを縦覧することができる。そして例えば、調査の結果に異見がある場合には、それを申述することができる。」

〔原 文〕

Section Ⅲ. De la réfection du cadastre.

〔逐語訳〕

第3節　キャダストルの補修　Section Ⅲ. De la réfection du cadastre.

【私 訳】

第3節　キャダストルの補修

〔原文〕

Article 10

La réfection du cadastre s'accompagne obligatoirement d'une délimitation des propriétés publiques et privées. Cette délimitation n'entraîne pas l'obligation du bornage.

〔逐語訳〕

第10条　Article 10

キャダストルの補修 La réfection du cadastre は、公有地と私有地の des propriétés publiques et privées 境界確定を必然的にともなう s'accompagne obligatoirement d'une delimitation。［しかし］この境界確定は義務的なものではない Cette délimitation n'entraîne pas l'obligation du bornage。

【私訳】

第10条

　キャダストルの補修は、公有地と私有地の境界確定を必然的にともなう。［しかし］この境界確定は義務的なものではない。

〔原文〕

Article 11

Les communes sont tenues de délimiter le périmètre de leurs territoires respectifs.

L'État, les départements, les communes, les établissements publics ou les entreprises publiques sont tenus de délimiter les propriétés de toute nature qui leur appartiennent.

La délimitation des autres immeubles est effectuée avec la collaboration des propriétaires.

〔逐語訳〕

第11条　Article 11

　市町村 Les communes は、それぞれの区域の周辺の境界確定を行う

義務を有する sont tenues de délimiter le périmètre de leurs territoires respectifs。
②国、県、市町村、公共機関もしくは公共企業 L'État, les départements, les communes, les établissements publics ou les entreprises publiques は、自己に帰属するあらゆる種類の土地 les propriétés de toute nature qui leur appartiennent の、境界確定を行う義務を有する sont tenus de délimiter。
③他の不動産との境界の確定 La délimitation des autres immeubles は、それらの所有者との協力により行われる sont effectuée avec la collaboration des propriétaires。

【私訳】
第11条
　市町村は、それぞれの区域の周辺の境界確定を行う義務を有する。[(1)]
②国、県、市町村、公共機関もしくは公共企業は、自己に帰属するあらゆる種類の土地の、境界確定を行う義務を有する。
③他の不動産との境界の確定は、それらの所有者との協力により行われる。

注
(1)　市町村の境界確定義務につき、『LE CADASTRE DE LA FRANCE』31頁〜32頁には次の記述がみられる。

「Les communes ont également l'obligation, comme les départements, les établissements publics et les entreprises publiques, de délimiter les propriétés de toute nature qui leur appartiennent. La délimitation de ces propriétés publiques est effectuée avec le concours de délégués qualifiés des services et des collectivités auxquels elles sont affectées ; quant à leurs propriétés privées, elles sont délimitées comme celles des particuliers.

　市町村もまた、県、公共機関そして公共企業と同様に、自らの所有に属する、全種類の土地の境界を確定する義務を負っている。これらの公有地

の境界確定は、それが属する各機関や各自治体の資格ある代表者の協力を得て行われる。すなわち、これら各公共機関の所有地に関しては、個人の所有地と同様に境界が定められる。」

〔原　文〕
Article 12

　Une commission de délimitation est instituée dans chaque commune dès l'ouverture des opérations de réfection du cadastre.

　La commission de délimitation a la même composition que la commission communale des impôts directs. Il peut y être adjoint, soit sur la demande du conseil municipal, soit d'office, des commissaires supplémentaires remplissant les conditions exigées des membres de droit et susceptibles, par leur compétence ou par leur connaissance du territoire communal, de prendre part utilement aux travaux de la commission.

　Le géomètre chargé des opérations remplit les fonctions de secrétaire avec voix consultative.

〔逐語訳〕
第12条　Article 12

　境界確定委員会 Une commission de délimitation は、各市町村におけるキャダストルの補修作業開始と同時に dans chaque commune dès l'ouverture des opérations de réfection du cadastre 設けられる est instituée。
②境界確定委員会 La commission de délimitation は、市町村の直接税委員会と同じ構成員によりなる a la même composition que la commission communale des impôts directs。市町村議会の要請あるいは職権により soit sur la demande du conseil municipal, soit d'office、公式委員に要求される条件を満たし des commissaires supplémentaires remplissant les conditions exigées des membres de droit、その能力あるいは市町村の地域に関する知識により par leur compétence ou par leur connaissance

du territoire communal、委員会の業務の有益な推進力となる可能性を有する et susceptibles…de prendre part utilement aux travaux de la commission ［補助委員としての］助役を任命することも可能である Il peut y être adjoint。
③作業を担当する測量技師 Le géomètre chargé des opérations は、委員会において決定権をともなわない発言権を有する事務局としての役割を果たす remplit les fonctions de secrétaire avec voix consultative。

【私 訳】
第12条
　境界確定委員会は、各市町村におけるキャダストルの補修作業開始と同時に設けられる。
②境界確定委員会は、市町村の直接税委員会と同じ構成員によりなる。市町村議会の要請あるいは職権により、公式委員に要求される条件を満たし、その能力あるいは市町村の地域に関する知識により、委員会の業務の有益な推進力となる可能性を有する［補助委員としての］助役を任命することも可能である。
③作業を担当する測量技師は、委員会において決定権をともなわない発言権を有する事務局としての役割を果たす。[(1)]

　注
(1)　測量技師 géomètre-expert の署名に関する義務につき、『LE CADASTRE DE LA FRANCE』38頁〜39頁には次の記述がある。
　　「Le document d'arpentage ayant essentiellement pour objet d'enregistrer l'accord des parties sur la position des limites nouvelles（en ce sens il doit être certifié par les propriétaires ou par leurs mandataires et comporter obligatoirement la signature des parties et du géomètre）et de permettre la mise à jour du plan cadastral, il peut être établi de façon différente, suivant les conditions dans lesquelles les propriétaires entendent faire cette délimitation.

測量成果は、本質的に、新しい境界の位置に関する当事者の合意の記録を目的とし（ゆえに、それは、所有者またはその代理人によって証明されなければならず、かつ当事者と測量技師の署名を義務的にともなう。）、そして地籍図の更新を可能とすることを目的としているから、それは、この境界の確定をなすことを欲する土地所有者の諸条件に従い、各種の方法で作製されている。」

〔原　文〕
Article 13

La commission de délimitation a pour mission：

De fournir au géomètre chargé des opérations tous renseignements de nature à faciliter la recherche et la reconnaissance des propriétaires apparents et des limites de propriété；

De constater, s'il y a lieu, l'accord des intéressés sur les limites de leurs immeubles et, en cas de désaccord, de les concilier si faire se peut；

De statuer, à titre provisoire, sur les contestations n'ayant pu être réglées à l'amiable.

〔逐語訳〕
第13条　Article 13

境界確定委員会は次の使命を有する。すなわち、La commission de délimitation a pour mission：

②作業の任務を負った測量技師に対し au géomètre chargé des opérations、確実な所有者と土地の境界についての調査および確認を容易にするための à faciliter la recherche et la reconnaissance des propriétaires apparents et des limites de propriété、あらゆる種類の情報 tous renseignements de nature を提供すること De fournir。

③必要な場合には s'il y a lieu、土地の境界に関して利害関係人の同意があるときは l'accord des intéressés sur les limites de leurs immeubles そ

れを確認し De constater、そして意見の対立がある場合には et, en cas de désaccord、彼らに和解を勧試すること de les concilier si faire se peut。
④和解できない係争事項について sur les contestations n'ayant pu être réglées à l'amiable、一時的に裁定を下すこと De statuer, à titre provisoire。

【私　訳】
第13条
　境界確定委員会は次の使命を有する。すなわち、
②作業の任務を負った測量技師に対し、確実な所有者と土地の境界についての調査および確認を容易にするための、あらゆる種類の情報を提供すること。
③必要な場合には、土地の境界に関して利害関係人の同意があるときはそれを確認し、そして意見の対立がある場合には、彼らに和解を勧試すること。
④和解できない係争事項について、一時的に裁定を下すこと。

〔原　文〕
Article 14
　Des auxiliaires désignés et rétribués dans les conditions fixées par l'article 1407 du code général des impôts peuvent être appelés à concourir aux travaux de reconnaissance des propriétaires et des limites de propriété.
〔逐語訳〕
第14条　Article 14
　一般税法第1407条に定められた条件にもとづき dans les conditions fixées par l'article 1407 du code général des impôts、指名されかつ報酬を付与された臨時職員は Des auxiliaires désignés et rétribués、所有者および土地の境界の確認作業に aux travaux de reconnaissance des propriétaires et des limites de propriété 協力を求められることがある

peuvent être appelés à concourir。

　【私　訳】
第 14 条
　一般税法第 1407 条に定められた条件にもとづき、指名されかつ報酬を付与された臨時職員は、所有者および土地の境界の確認作業に協力を求められることがある。

　〔原　文〕
Article 15
　La réfection du cadastre est appuyée sur une triangulation dite cadastrale, rattachée à la nouvelle triangulation de la France lorsque celle-ci est développée jusqu'au troisième ordre au moins. indépendante dans le cas contraire.
　Le levé cadastral est un levé régulier satisfaisant aux tolérances fixées par la réglementation relative à la coordination des levés à grande échelle entrepris par les services publics.

　〔逐語訳〕
第 15 条　Article 15
　キャダストルの補修 La réfection du cadastre は、関連するフランスの新三角測量測地系が少なくとも第 3 段階まで進展するまでは rattachée à la nouvelle triangulation de la France lorsque celle-ci est développée jusqu'au troisième ordre au moins、それに関連するいわゆるキャダストル上の三角測量にもとづき sur une triangulation dite cadastrale、そうでない場合は dans le cas contraire、独立して行われる est appuyée…indépendante。
②キャダストルの測量は Le levé cadastral est、大縮尺測量の調整に関する規則により par la réglementation relative à la coordination des levés à grande échelle entrepris 決定された許容誤差を満たす satisfaisant aux tolérances fixées、公共機関［の実施］による par les services publics 正

規の測量である un levé régulier。

【私 訳】

第15条

　キャダストルの補修は、関連するフランスの新三角測量測地系が少なくとも第3段階まで進展するまでは、それに関連するいわゆるキャダストル上の三角測量にもとづき、そうでない場合は、独立して行われる。

②キャダストルの測量は、大縮尺測量の調整に関する規則により決定された許容誤差を満たす、公共機関［の実施］による正規の測量である(1)。

注

(1)　『LE CADASTRE DE LA FRANCE』を訳した範囲では、「大縮尺測量の調整に関する規則 réglementation relative à la coordination des levés à grande échelle entrepris」についての記述は見当たらないが、同書41頁には大縮尺の地籍図に関し、次の記述がある。

　「Le plan cadastral, confectionné à une grande échelle, couvre la propriété foncière d'une manière exhaustive. Grâce à sa tenue à jour assurée d'une façon permanente il peut répondre à de nombreux besoins. C'est en se fondant sur cette réalité que le «Comité central des travaux géographiques», chargé d'établir la liaison entre les divers services publics réalisant ou utilisant des levers a, en 1948, constitué une sous-commission permanente dont le secrétariat a été confié au service du cadastre.

　大縮尺で調製された地籍図、それは、余すところなく土地所有権を網羅している。恒常的に行われる更新により、地籍図は多くの用途に応えることができる。この事実に即して、測量を実施し、また［その成果を］使用する各種の役所間の連絡・調整を行う『中央地理作業委員会』は、1948年に、キャダストル局の事務局に委託された常設の小委員会を組織した。」

〔原 文〕

Article 16

　Les sommets du canevas du levé cadastral sont matérialisés ou repérés en nombre suffisant pour constituer la base des levés ultérieurs entrepris par les services publics.

　〔逐語訳〕

第16条　Article 16

　キャダストルの測量の骨格基準点 Les sommets du canevas du levé cadastral は、公共機関によって par les services publics、以後に行われる基本測量の実施に十分な数をもって en nombre suffisant pour constituer la base des levés ultérieurs entrepris、具体化されあるいは標定される sont matérialisés ou repérés。

　【私　訳】

第16条

　キャダストルの測量の骨格基準点は、公共機関によって、以後に行われる基本測量の実施に十分な数をもって、具体化されあるいは標定される(1)(2)。

注

(1)　基準点に関して、『LE CADASTRE DE LA FRANCE』32頁には次の記述がみられる。

　「S'agissant d'un chantier couvrant une ou plusieurs communes, le canevas d'ensemble consiste en un ensemble de points géographiquement répartis (clochers, châteaux d'eau par exemple) et connus en coordonnées très précises dans un système de référence qui est pour la France le système Lambert qui utilise du nord au sud du territoire quatre cônes de projection.

　1つあるいはいくつかの市町村にまたがる測量現場に関しては、総括的な基準点は、地理上において限局的に分散した測点（例えば、教会の鐘楼、給水塔など）と、フランスにとって、座標系のなかにおいて極めて正確に知られた座標点として知られる点、のすべてに依拠している。それは、4つの投影点を有し、国土の北から南まで用いられているランベールのシステムである。」

(2)　第16条に関連して、『LE CADASTRE DE LA FRANCE』41頁には次の記述がある。

「D'autre part, l'arrêté interministériel du 20 mai 1948 attribua à l'Institut géographique national pour les petites échelles et au cadastre pour les grandes échelles（supérieures au 1/10000）une mission se résumant en trois points : coordonner, vérifier et centraliser tous les levers d'une certaine importance.

Le but de cette mission est, dans sa fonction coordinatrice, d'éviter les doubles emplois entraînant un gaspillage des deniers publics en unifiant les conditions d'établissement des levers entrepris par les entreprises ou les collectivités avec la participation financière de l'État, des régions, des départements et des communes ;

他方において、各省に共通の1948年5月20日のアレテは、小縮尺〔の地図〕を担当する国立地理研究院と、大縮尺（1万分の1以上）〔の地籍図〕を担当するキャダストル局へ、次の三点に要約される使命を与えた。それはすなわち、一定の重要性を有するすべての測量についての、調整、確認そして集中である。

調整・確認・集中機能におけるこの使命の目的は、国、地域圏、県、市町村の財政参加により企業あるいは自治体によってなされる測量の実施条件の統一を図ることにより、国家財政の浪費をもたらす作業の重複を避けることにある。」

〔原　文〕
Article 17

Il peut exceptionnellement être dérogé aux dispositions des articles 15 et 16 :

Dans les terrains de très faible valeur et dans les masses boisées ;

Dans les terrains de faible valeur où un canevas régulier ne peut être établi qu'au prix de grandes difficultés et ne présente pas d'intérêt pour les autres services publics.

〔逐語訳〕

第 17 条　Article 17

　［次の場合には、］例外的に第 15 条と第 16 条の規定に従わないことができる。すなわち Il peut exceptionnellement être dérogé aux dispositions des articles 15 et 16、

ⅰ 極めて価値の低い土地（について）Dans les terrains de très faible valeur と森林地帯について et dans les masses boisées。

ⅱ 価値の低い土地において Dans les terrains de faible valeur、多大な困難によりそれらの地方では通常の図根点設置が行い難く où un canevas régulier ne peut être établi qu'au prix de grandes difficultés、かつ他の公共機関にとっても有益性の存しない場合 et ne présente pas d'intérêt pour les autres services publics。

【私　訳】

第 17 条

　［次の場合には、］例外的に第 15 条と第 16 条の規定に従わないことができる。すなわち、

ⅰ 極めて価値の低い土地（について）と森林地帯について。

ⅱ 価値の低い土地において、多大な困難によりそれらの地方では通常の図根点設置が行い難く、かつ他の公共機関にとっても有益性の存しない場合。

〔原　文〕

Article 18

　Les résultats de l'arpentage sont, par notification individuelle, communiqués aux propriétaires. D'autre part, le plan cadastral et les documents annexes sont déposés pendant un mois au moins à la mairie, où les intéressés sont admis à en prendre connaissance. Les réclamations peuvent être présentées dans ledit délai soit par écrit au maire de la commune, soit verbalement à un représentant du service du cadastre, qui se tient à la mairie aux jours et heures portés à la connaissance du public.

　Les propriétaires sont fondés à réclamer la rectification du plan ou des contenances si les différences existant entre les indications du cadastre et les résultats des vérifications par eux effectuées excédent les tolérances prévues par la réglementation relative à la coordination des levés à grande échelle entrepris par les services publics.

〔逐語訳〕

第18条　Article 18

　測量成果Les résultats de l'arpentageは、個人あての通知によりpar notification individuelle所有者へ告知されるsont…communiqués aux propriétaires。さらにD'autre part、地籍図とその附属資料le plan cadastral et les documents annexesは、利害関係人がこれらを閲覧することを認められる市町村役場において少なくとも1か月の間、縦覧に供せられるsont déposés pendant un mois au moins à la mairie, où les intéressés sont admis à en prendre connaissance。　異議の申し立ては、前記の期間内において、市町村長への書面によるかLes réclamations…dans ledit délai soit par écrit au maire de la commune、あるいは公示される日時において市町村役場に駐在するqui se tient à la mairie aux jours et heures portés à la connaissance du publicキャダストル局の責任者に対する口頭での申し立てによりsoit verbalement à un représentant du service du cadastre,行うことができるpeuvent être présentées。

②所有者Les propriétairesは、キャダストル上の表示と自ら行った測量結果の差異がentre les indications du cadastre et les résultats des vérifications par eux effectuées excédent、公共機関により実施される大縮尺測量の調整に関する規則の公差les tolérances prévues par la réglementation relative à la coordination des levés à grande échelle entrepris par les services publicsを超えている場合はsi les différences existant、地籍図あるいは面積の修正を求める権利を有する sont fondés à réclamer la rectification du plan ou des contenances.

【私訳】

第18条

　測量成果は、個人あての通知により所有者へ告知される。さらに、地籍図とその附属資料は、利害関係人がこれらを閲覧することを認められる市町村役場において少なくとも1か月の間、縦覧に供せられる。異議の申し立ては、前記の期間内において、市町村長への書面によるか、あるいは公示される日時において市町村役場に駐在するキャダストル局の責任者に対する口頭での申し立てにより行うことができる。⁽¹⁾⁽²⁾⁽³⁾⁽⁴⁾

②所有者は、キャダストル上の表示と自ら行った測量結果の差異が、公共機関により実施される大縮尺測量の調整に関する規則の公差を超えている場合は、地籍図あるいは面積の修正を求める権利を有する。

注

(1) 　地上測量および航空写真測量によるキャダストル局の測量成果については、『LE CADASTRE DE LA FRANCE』「第一章キャダストルの技術的使命 Chapitre Ⅰ LA MISSION TECHNIQUE DU CADASTRE」（同書25頁以下）に詳述されている。

(2) 　地籍図 plan cadastral に関しては、『LE CADASTRE DE LA FRANCE』25頁に次の記述がある。

　「Le plan cadastral comprend généralement pour chaque commune du territoire national deux documents principaux : les feuilles parcellaires d'une part, le tableau d'assemblage d'autre part. Pour certains sites le plan peut donner lieu, sous certaines conditions, à l'édition de versions particulières.

　地籍図は、一般的に、国土全域内の各市町村についての、主要な2つの資料を含んでいる。すなわちそれは、一方では区分図であり、他方では集成図である。地籍図は、いくつかの土地については、ある一定の条件下で、

独自の版の作製を可能とする。」
(3)　地籍図の有する機能に関しては、『LE CADASTRE DE LA FRANCE』25〜26頁に次の記述がある。

「Le plan cadastral d'une commune se compose tout d'abord de feuilles parcellaires de format 75 × 105 cm（dit format «grand aigle»）dont la fonction primordiale est la description graphique des biens afin de faciliter le calcul de leur superficie.

Pour ce faire le plan cadastral représente à grande échelle le territoire dans tous les détails de son morcellement en propriétés. Il fournit aussi, pour une même propriété, sa subdivision éventuelle en zones de nature de culture différentes ainsi que la représentation de l'emprise au sol des bâtiments qui y sont édifiés.

まず第一に、市町村の地籍図は、75cm × 105cmのサイズ（それは「枚用紙」判と呼ばれている。）の区分けされた枚葉の図郭紙（区分図）からできている。この地図の最も重要な機能は、各土地の面積計算を容易にするための、土地の図表による記述である。

それゆえに、地籍図は、域内の所有権に関する区分状況のすべての詳細を、大縮尺で示している。地籍図はさらにまた、同一の所有権に［帰属する土地］ついて、耕作地として用いられている場合は、その耕作の性質ごとの下位区分を示し、同様に、そこに建てられている建物の容積率を示している。」

(4)　地籍図に表示される情報の一部について、『LE CADASTRE DE LA FRANCE』26頁には次の記述がある。

「Il comprend aussi les limites et le nom des lieux-dits, les voies de communication avec leur désignation, l'hydrographie et certains signes conventionnels définissant la nature et la mitoyenneté des limites parcellaires（mur, clôture, haie, fossé）ainsi que quelques détails d'ordre purement topographique tels que des points de repère de quadrillage ou des sommets de canevas d'opérations topométriques avec leur mode de matérialisation.

区分図たる地籍図はまた、境界、リゥディの名称、名称表示付きの交通路、水圏（水系）、そして、一筆地分割の基準点またはそれらの具体化の方法をともなう地形測量作業上の骨格基準点のような、いくつかの地形測量上の詳細と同様に、耕作の性質と一筆地の界標（壁、囲い柵、垣根、溝）を、もっぱら明らかにする数種の慣例記号を含んでいる。」

〔原　文〕
Article 19

　Les résultats de l'enquête prévue à l'article 18 sont soumis à l'examen de la commission de délimitation, qui donne son avis sur les réclamations présentées, essaie de concilier les intéressés et, à défaut de conciliation, fixe les limites provisoires des immeubles telles qu'elles doivent être figurées au plan. Les documents cadastraux sont alors, sauf pour les parties en litige, réputés conformes à la situation actuelle des propriétés et mis en service.

　En ce qui concerne les parties en litige, les rectifications du plan cadastral consécutives à des règlements amiables ou judiciaires intervenus postérieurement à la clôture des opérations sont effectuées, à l'occasion des travaux de conservation cadastrale, suivant les dispositions prévues au titre Ⅱ pour la constatation des changements de limite de propriété.

〔逐語訳〕
第19条　Article 19

　第18条に規定される調査の結果 Les résultats de l'enquête prévue à l'article 18 は、境界確定委員会による検査に従う sont soumis à l'examen de la commission de délimitation。境界確定委員会は提示された請求内容に意見を述べ qui donne son avis sur les réclamations présentées、利害関係人へ和解を勧試し essaie de concilier les intéressés、そして和解に至らない場合は et, à défaut de conciliation、地籍図に示されるべき仮

の土地の境界を決定する fixe les limites provisoires des immeubles telles qu'elles doivent être figurées au plan。その時点におけるキャダストルの資料 Les documents cadastraux sont alors は、係争中の当事者についてのものを除き sauf pour les parties en litige、不動産の現況と合致し、そして現に用いられているものとみなされる réputés conformes à la situation actuelle des propriétés et mis en service。

②係争中の当事者［の境界］については En ce qui concerne les parties en litige、土地の境界の変更確認のために第2章で定められた規定に従い suivant les dispositions prévues au titre Ⅱ pour la constatation des changements de limite de propriété、和解の法的成立あるいは司法上の決定の結果によりなされた地籍図の修正 les rectifications du plan cadastral consécutives à des règlements amiables ou judiciaires intervenus が、キャダストルの保全作業の機会において à l'occasion des travaux de conservation cadastrale、その作業の終了後に実行される postérieurement à la clôture des opérations sont effectuées。

【私 訳】
第19条

　第18条に規定される調査の結果は、境界確定委員会による検査に従う。境界確定委員会は提示された請求内容に意見を述べ、利害関係人へ和解を勧試し、そして和解に至らない場合は、地籍図に示されるべき仮の土地の境界を決定する。その時点におけるキャダストルの資料は、係争中の当事者についてのものを除き、不動産の現況と合致し、そして現に用いられているものとみなされる。

②係争中の当事者［の境界］については、土地の境界の変更確認のために第2章で定められた規定に従い、和解の法的成立あるいは司法上の決定の結果によりなされた地籍図の修正が、キャダストルの保全作業の機会において、その作業の終了後に実行される。

〔原 文〕
Section Ⅳ. Comptabilité des recettes et des dépenses.
　〔逐語訳〕
第4節　収入および支出に関する会計 Section Ⅳ. Comptabilité des recettes et des dépenses.
　【私 訳】
第4節　収入および支出に関する会計

〔原 文〕
Article 20
　Les dépenses relatives à la rénovation du cadastre sont acquittées par l'État.
　Lorsque la rénovation du cadastre est effectuée à la demande du conseil municipal, la commune est tenue de rembourser au Trésor les six dixièmes de la dépense résultant du devis prévu à l'article 21.
　La part contributive de la commune peut être réduite en raison de sa situation financière. Elle ne peut être intérieure aux trois dixièmes de la dépense visée ci-dessus.
　〔逐語訳〕
第20条　Article 20
　キャダストルの改製に要する費用 Les dépenses relatives à la rénovation du cadastre は、国費によって支払われる sont acquittées par l'État。
②キャダストルの改製が市町村会の要求に応じて実行されるときは Lorsque la rénovation du cadastre est effectuée à la demande du conseil municipal、市町村は、第21条において予定された見積額の10分の6の額の国庫への納付を求められる la commune est tenue de rembourser au Trésor les six dixièmes de la dépense résultant du devis prévu à l'article 21。

③市町村の負担金部分は La part contributive de la commune、市町村の財政状況を考慮して削減することができる peut être réduite en raison de sa situation financière。その削減額は前記における支出額の10分の3以内でなければならない Elle ne peut être intérieure aux trois dixièmes de la dépense visée ci-dessus。

【私 訳】
第20条
　キャダストルの改製に要する費用は、国費によって支払われる。
②キャダストルの改製が市町村会の要求に応じて実行されるときは、市町村は、第21条において予定された見積額の10分の6の額の国庫への納付を求められる。
③市町村の負担金部分は、市町村の財政状況を考慮して削減することができる。その削減額は前記における支出額の10分の3以内でなければならない。

〔原 文〕
Article 21
　La part contributive de la commune est forfaitairement calculée d'après un devis dressé par le service du cadastre préalablement à l'ouverture des opérations, suivant un tarif fixé par le ministre des finances. Elle ne peut être modifiée soit au cours, soit à l'achèvement des opérations que si les éléments ayant servi au calcul du devis ont subi des variations qui entraînent une modification de plus de un cinquième du montant du devis.

〔逐語訳〕
第21条　Article 21
　市町村の負担部分は La part contributive de la commune est、財務［経済］大臣によって定められた積算基準により suivant un tarif fixé par le ministre des finances、事業の開始に先立ち préalablement à l'ouverture

des opérations、キャダストル局により作成された見積りにもとづき計画的に予算化される forfaitairement calculée d'après un devis dressé par le service du cadastre。市町村の負担部分 Elle は、見積額に用いられた要素がその額の５分の１以上の修正をもたらす変更を来たした場合においてのみ que si les éléments ayant servi au calcul du devis ont subi des variations qui entraînent une modification de plus de un cinquième du montant du devis、事業の途中もしくは事業の竣功時において soit au cours, soit à l'achèvement des opérations 修正をなしうる ne peut être modifiée。

　【私　訳】
第 21 条
　市町村の負担部分は、財務［経済］大臣によって定められた積算基準により、事業の開始に先立ち、キャダストル局により作成された見積りにもとづき計画的に予算化される。市町村の負担部分は、見積額に用いられた要素がその額の５分の１以上の修正をもたらす変更を来たした場合においてのみ、事業の途中もしくは事業の竣功時において修正をなしうる。

　〔原　文〕
Article 22
　La part contributive de la commune est exigible au fur et à mesure de l'exécution des travaux. En aucun cas, il ne peut être exigé moins de trois versements ayant respectivement lieu à l'ouverture, au cours et à l'achèvement des travaux.
　〔逐語訳〕
第 22 条　Article 22
　［事業費に関する］市町村の負担金部分は La part contributive de la commune est、事業の進捗状況に応じて請求することができる exigible au fur et à mesure de l'exécution des travaux。いかなる場合においても En aucun cas、事業の開始時期において、事業の途中において、そして事業

の竣功時の3回にわたって支払われる回数以下の回数で請求してはならない il ne peut être exigé moins de trois versements ayant respectivement lieu à l'ouverture, au cours et à l'achèvement des travaux（3回以上に分けて分割請求しなければならない。）。

【私 訳】
第22条
　［事業費に関する］市町村の負担金部分は、事業の進捗状況に応じて請求することができる。いかなる場合においても、事業の開始時期において、事業の途中において、そして事業の竣功時の3回にわたって支払われる回数以下の回数で請求してはならない（3回以上に分けて分割請求しなければならない。）。

〔原 文〕
Article 23
　Le montant des versements des communes est rattaché au budget général à titre de fonds de concours et maintenu à la disposition du service du cadastre conformément aux prescriptions de l'article 52 du décret du 31 mai 1862 et de l'article 21 de la loi du 18 juillet 1892.

〔逐語訳〕
第23条　Article 23
　市町村による払込金の総額 Le montant des versements des communes は、協力基金の名目で一般会計予算に組込まれ est rattaché au budget général à titre de fonds de concours、かつ1862年5月31日のデクレ第52条および1892年7月18日の法律第21条によるキャダストル局の規定が適用される et maintenu à la disposition du service du cadastre conformément aux prescriptions de l'article 52 du décret du 31 mai 1862 et de l'article 21 de la loi du 18 juillet 1892。

【私 訳】
第23条

市町村による払込金の総額は、協力基金の名目で一般会計予算に組込まれ、かつ1862年5月31日のデクレ第52条および1892年7月18日の法律第21条によるキャダストル局の規定が適用される。

〔原　文〕
TITRE Ⅱ：De la conservation du cadastre.
　〔逐語訳〕
第2章　キャダストルの保全　TITRE：Ⅱ De la conservation du cadastre.
　【私 訳】
第2章　キャダストルの保全

〔原　文〕
Article 24
　Tous les cadastres rénovés en application du présent décret et des lois des 17 mars 1898, 16 avril 1930 et 17 décembre 1941 font l'objet annuellement d'une tenue à jour réalisée aux frais de l'État.
　〔逐語訳〕
第24条　Article 24
　本デクレ、1898年3月17日の法律、1930年4月16日の法律および1941年12月17日の法律を適用した en application du présent décret et des lois des 17 mars 1898, 16 avril 1930 et 17 décembre 1941、すべての改製されたキャダストル Tous les cadastres rénovés は、国家の費用負担による毎年の更新実施の対象となる font l'objet annuellement d'une tenue à jour réalisée aux frais de l'État.
　【私 訳】
第24条
　本デクレ、1898年3月17日の法律、1930年4月16日の法律および1941年12月17日の法律を適用した、すべての改製されたキャダストルは、国家の費用負担による毎年の更新実施の対象となる。

〔原文〕

Article 25

　Dans les communes soumises au régime de la conservation cadastrale, tout changement de limite de propriété notamment par suite de division, lotissement, partage doit être constaté par un document d'arpentage établi aux frais et à la diligence des parties et certifié par elles, qui est soumis au service du cadastre, préalablement à la rédaction de l'acte réalisant le changement de limite, pour vérification et numérotage des nouveaux îlots de propriété.

　Ce document est soit un procès-verbal de délimitation, soit une esquisse, suivant la distinction établie à l'article 28 ci après.

〔逐語訳〕

第25条　Article 25

　キャダストルの保全の制度が適用される市町村においては Dans les communes soumises au régime de la conservation cadastrale、特に土地の分割、区画割り、分譲の結果による notamment par suite de division, lotissement, partage 土地の境界のあらゆる変更 tout changement de limite de propriété は、新規の筆群の確認および地番付定のための境界の変更を示す証書の作成前にキャダストル局の下におかれ qui est soumis au service du cadastre, préalablement à la rédaction de l'acte réalisant le changement de limite pour vérification et numérotage des nouveaux îlots de propriété、当事者の費用請求および負担により作成されかつ市町村により証明された測量成果により par un document d'arpentage établi aux frais et à la diligence des parties et certifié par elles、確認されなければならない doit être constaté。

②当該成果は Ce document est、下記第28条に定める分類に従い suivant la distinction établie à l'article 28 ci après、境界確定に関する調書もしくは概要図とする soit un procès-verbal de délimitation, soit une esquisse。

【私訳】
第 25 条
　キャダストルの保全の制度が適用される市町村においては、特に土地の分割、区画割り、分譲の結果による土地の境界のあらゆる変更は、新規の筆群の確認および地番付定のための境界の変更を示す証書の作成前にキャダストル局の下におかれ、当事者の費用請求および負担により作成されかつ市町村により証明された測量成果により、確認されなければならない。
②当該成果は、下記第 28 条に定める分類に従い、境界確定に関する調書もしくは概要図とする。

〔原　文〕
Article 26
　Le procès-verbal de délimitation est un plan régulier coté des surfaces modifiées, à une échelle au moins égale à celle du plan cadastral, présentant les références essentielles à ce dernier et, autant que possible, rattaché à des éléments stables du terrain.
〔逐語訳〕
第 26 条　　Article 26
　境界確定に関する調書は Le procès-verbal de délimitation est、少なくとも地籍図と同じ縮尺で à une échelle au moins égale à celle du plan cadastral 地籍図の基本的な参照事項を示し présentant les références essentielles à ce dernier、そして可能な限り et, autant que possible 土地の不変的要素に関連し rattaché à des éléments stables du terrain、修正面積を記入した通常の図面［を含むものである］un plan régunlier coté des surfaces modifiées。
【私訳】
第 26 条
　境界確定に関する調書は、少なくとも地籍図と同じ縮尺で地籍図の基本的な参照事項を示し、そして可能な限り土地の不変的要素に関連し、修正

面積を記入した通常の図面［を含むものである］。⁽¹⁾⁽²⁾

注

(1)　境界確定調書に関し、『LE CADASTRE DE LA FRANCE』38頁には次の記述がみられる。

「Le document d'arpentage est, soit un procès verbal de délimitation, soit une esquisse. Le procès verbal de délimitation est le résultat d'un lever régulier rattaché à des éléments stables du terrain, identifiables sans ambiguïté sur le plan cadastral.

測量成果は、境界確定調書であるかもしくは概要図である。それは、地籍図上なんらの不明瞭さなしに識別することのできる、土地の安定的な地物にもとづく、通常の測量の成果である。」

(2)　境界確定調書が必要とされる場合につき、『LE CADASTRE DE LA FRANCE』38頁には次のように記されている。

「Un procès verbal de délimitation est exigé lorsque le plan cadastral est régulier et lorsque, dans le cadre d'un cadastre révisé par voie de mise à jour, la partie modifiée a fait l'objet d'un arpentage ou d'un bornage. Dans les autres cas, seule la production par les propriétaires d'une esquisse est nécessaire.

境界確定調書は、地籍図を通常に作製するときや、改訂作業によって修正された地籍図の範囲内において改訂箇所が測量あるいは境界確定の対象となったときに必要とされる。その他のケースの場合においては、［境界確定調書は不要であり］土地所有者による概要図の調製のみが必要となる。」

〔原　文〕

Article 27

L'esquisse est un croquis indiquant le mode de division de la surface cadastrale et la position des nouvelles limites d'une manière assez exacte pour permettre la mise à jour du plan cadastral.

〔逐語訳〕

第27条　Article 27

概要図は L'esquisse est、地籍図の現時点更新を可能とするに十分に正確な方法をもって d'une manière assez exacte pour permettre la mise à jour du plan cadastral、キャダストルの面積の分割の方法とそして新しい境界の位置を示す indiquant le mode de division de la surface cadastrale et la position des nouvelles limites 素描図である un croquis。

【私　訳】

第27条

　概要図は、地籍図の現時点更新を可能とするに十分に正確な方法をもって、キャダストルの面積の分割の方法とそして新しい境界の位置を示す素描図である[(1)]。

注

(1)　概要図に関し、『LE CADASTRE DE LA FRANCE』38頁には次の記述がみられる。

「L'esquisse, elle, a la valeur d'un croquis indiquant le mode de division de la surface cadastrale et la position des nouvelles limites d'une manière assez exacte pour permettre la mise à jour du plan cadastral.

概要図、それは、地籍図の改訂を可能とするための、地籍図の面積の分割の方法と、新しい境界の位置を十分な正確さでさし示す、略式図としての価値を有する。」

〔原　文〕

Article 28

Un procès-verbal de délimitation est exigé lorsque le plan cadastral a été refait et, si le cadastre a été revisé, lorsque la partie modifiée a fait l'objet d'un arpentage ou d'un bornage.

Dans les autres cas, les propriétaires peuvent ne produire qu'une

esquisse.
〔逐語訳〕
第28条　Article 28
　境界確定調書 Un procès-verbal de délimitation は、地籍図が改製された場合およびキャダストルが修正された場合に lorsque le plan cadastral a été refait et, si le cadastre a été revisé、修正部分が測量あるいは境界確定の対象となるときに lorsque la partie modifiée a fait l'objet d'un arpentage ou d'un bornage 必要とされる est exigé。
②その他の場合には Dans les autres cas、所有者は概要図のみしか作製できない les propriétaires peuvent ne produire qu'une esquisse。
【私　訳】
第28条
　境界確定調書は、地籍図が改製された場合およびキャダストルが修正された場合に、修正部分が測量あるいは境界確定の対象となるときに必要とされる。
②その他の場合には、所有者は概要図のみしか作製できない。

〔原　文〕
Article 29
　En cas d'urgence, mentionnée dans l'acte, une esquisse peut être produite à l'appui de ce dernier au lieu et place du procès-verbal de délimitation, sauf, pour les parties, à produire ce procès-verbal dans les deux mois de la passation de l'acte.
　À défaut de production par les parties du procès-verbal de délimitation, celui-ci est établi d'office par le service du cadastre et les frais en sont recouvrés comme en matière de contributions directes.
〔逐語訳〕
第29条　Article 29
　緊急の場合には En cas d'urgence 境界確定調書に代え au lieu et place

du procès-verbal de délimitation、契約証書に記載された概要図を境界確定用の証明として提示することができる mentionnée dans l'acte, une esquisse peut être produite à l'appui de ce dernier。［ただし］当該契約締結後2か月以内に境界確定調書を作成する［であろう］当事者については除く sauf, pour les parties, à produire ce procès-verbal dans les deux mois de la passation de l'acte。

②当事者により境界確定調書が作成されない場合は À défaut de production par les parties du procès-verbal de délimitation、同調書はキャダストル局の職権により作成され celui-ci est établi d'office par le service du cadastre、その費用は直接税科目として徴収される et les frais en sont recouvrés comme en matière de contributions directes。

【私 訳】
第29条
　緊急の場合には境界確定調書に代え、契約証書に記載された概要図を境界確定用の証明として提示することができる。［ただし］当該契約締結後2か月以内に境界確定調書を作成する［であろう］当事者については除く。

②当事者により境界確定調書が作成されない場合は、同調書はキャダストル局の職権により作成され、その費用は直接税科目として徴収される。

〔原　文〕
Article 30
　Les documents d'arpentage visés à l'article 25 ne peuvent être dressés que dans la forme prescrite, par des personnes agréées et selon le tarif fixé par un arrêté du ministre des finances.

　Une liste des personnes agréées pour l'établissement des documents d'arpentage est établie dans les conditions prévues à l'article 6 ci-dessus.

〔逐語訳〕
第30条　Article 30

第25条において目的とされる測量成果 Les documents d'arpentage visés à l'article 25 は、定められた形式にて公認の技術者により que dans la forme prescrite, par des personnes agréées、かつ財務［経済］大臣のアレテにより定められた積算基準に従って et selon le tarif fixé par un arrêté du ministre des finances のみ調製される ne peuvent être dressés。
②測地成果の作製のための公認の技術者の名簿 Une liste des personnes agréées pour l'établissement des documents d'arpentage は、上記第6条に規定する条件において作成される est établie dans les conditions prévues à l'article 6 ci-dessus。

　　【私 訳】
第30条
　第25条において目的とされる測量成果は、定められた形式にて公認の技術者により、かつ財務［経済］大臣のアレテにより定められた積算基準に従ってのみ調製される。
②測地成果の作製のための公認の技術者の名簿は、上記第6条に規定する条件において作成される。

　　〔原 文〕
Article 31
　Pour l'application de l'article 28, sont assimilés aux cadastres refaits les cadastres renouvelés par voie d'arpentage parcellaire sous le régime des lois des 17 mars 1898, 16 avril 1930 et 17 décembre 1941.

　　〔逐語訳〕
第31条　Article 31
　第28条の適用については Pour l'application de l'article 28、1898年3月17日の法律、1930年4月16日の法律および1941年12月17日の法律の制度を適用しての sous le régime des lois des 17 mars 1898, 16 avril 1930 et 17 décembre 1941、一筆地の測量により更新されたキャダストル les cadastres renouvelés par voie d'arpentage parcellaire は、改訂された

キャダストルとみなされる sont assimilés aux cadastres refaits。

【私 訳】

第 31 条

　第 28 条の適用については、1898 年 3 月 17 日の法律、1930 年 4 月 16 日の法律および 1941 年 12 月 17 日の法律の制度を適用しての、一筆地の測量により更新されたキャダストルは、改訂されたキャダストルとみなされる。

〔原　文〕

Article 32

　Les parties de commune à cadastre non encore rénové ayant fait l'objet d'un remembrement sont soumises au régime de la conservation cadastrale prévue à l'article 24 dès l'année qui suit celle de la publication du remembrement au fichier immobilier et les dispositions de l'article 28, premier alinéa, leur sont applicables.

〔逐語訳〕

第 32 条　Article 32

　いまだキャダストルの改製がなされていない市町村の［特定の］地域は Les parties de commune à cadastre non encore rénové、土地の交換分合の対象となり ayant fait l'objet d'un remembrement、不動産登記カードボックスに当該交換分合が公示された年の翌年から dès l'année qui suit celle de la publication du remembrement au fichier immobilier、第 24 条のキャダストルの保全の制度が適用され sont soumises au régime de la conservation cadastrale prévue à l'article 24、さらに第 1 節第 28 条の規定が適用される et les dispositions de l'article 28, premier alinéa, leur sont applicables。

【私 訳】

第 32 条

　いまだキャダストルの改製がなされていない市町村の［特定の］地域

は、土地の交換分合の対象となり、不動産登記カードボックスに当該交換分合が公示された年の翌年から、第24条のキャダストルの保全の制度が適用され、さらに第1節第28条の規定が適用される。(1)(2)

注
(1)　不動産登記カードボックスの設置については、1955年1月4日の不動産登記を改革するデクレ第55-22号 Décret n° 55-22 du 4 janvier 1955, Portant réforme de la publicité foncière の第一章に定められている。
(2)　不動産票函（不動産登記カードボックス）fichier immobilier につき、伊藤道保教授は次のように述べられる。
　「最も注目すべき今回の改正の大眼目は fichier immobilier（不動産票函）の設置による劃一的公示手段が採用されたことである。これはアルサス・ロレーヌの制度の長所をとり入れたのであるが、このことの意義は大きい。
　すなわち、それは直接的には従来のますます複雑に多様化してゆく登記制度の上に、一般的統一的な公示方法を加えることによってその欠陥を補い、劃一的公示制度の理想への第一歩を踏み出したことを意味するが、そのことは同時に、意思主義の原則を前提として展開してきた従来の諸制度に対して、異質的なものとして理論的に重要な問題を含んでいるということができる。」（伊藤道保「1955年、フランス不動産登記制度の改正について」『比較法研究』1958年4月号39頁／有斐閣）

〔原　文〕
Article 33

Le service du cadastre est habilité à constater d'office, pour la tenue des documents dont il a la charge, les changements de toute nature n'affectant pas la situation juridique des immeubles.

〔逐語訳〕
第33条　Article 33
　キャダストル局 Le service du cadastre は、資料の管理に責任を負うた

め pour la tenue des documents dont il a la charge、不動産の法的状況に影響を及ぼさないすべての不動産の性質の変更 les changements de toute nature n'affectant pas la situation juridique des immeubles について、［その］職権で確認することができる est habilité à constater d'office。

【私 訳】
第33条
　キャダストル局は、資料の管理に責任を負うため、不動産の法的状況に影響を及ぼさないすべての不動産の性質の変更について、［その］職権で確認することができる。

〔原　文〕
Article 34
　L'exécution des travaux de conservation du cadastre est assurée en régie au moyen des crédits ouverts annuellement au service du cadastre.

〔逐語訳〕
第34条　Article 34
　キャダストルの保全作業の実行　L'exécution des travaux de conservation du cadastre は、毎年、キャダストル局に計上された予算によって au moyen des crédits ouverts annuellement au service du cadastre、国営事業として執行される est assurée en régie。

【私 訳】
第34条
　キャダストルの保全作業の実行は、毎年、キャダストル局に計上された予算によって、国営事業として執行される。

〔原　文〕
Article 35
　Les dispositions du présent décret ne sont pas applicables aux départements du Bas-Rhin, du Haut-Rhin et de la Moselle ni aux

départements d'outre-mer.

〔逐語訳〕

第35条　Article 35

　本デクレの規定 Les dispositions du présent décret は、ライン川下流県、ライン川上流県およびモゼル県さらに海外県には aux départements du Bas-Rhin, du Haut-Rhin et de la Moselle ni aux départements d'outre-mer 適用されない ne sont pas applicables。

【私　訳】

第35条

　本デクレの規定は、ライン川下流県、ライン川上流県およびモゼル県さらに海外県には適用されない。(1)(2)(3)(4)

注
(1)　第35条の規定は、アルザス－ロレーヌ地方の歴史的、政治的変転を反映している。本デクレの規定が適用されないライン川下流県、ライン川上流県およびモゼル県のキャダストルの地域的特性について、『LE CADASTRE DE LA FRANCE』16頁には次の記述がある。

「Ce sont principalement le cadastre rénové d'Alsace-Moselle et accessoirement le cadastre savoyard qui sont tous les deux des produits de l'histoire. Cependant, il faut noter que seul le premier, dont les opérations de rénovation se sont déroulées à partir de 1855, exprime une singularité par rapport au cadastre du reste de la France (que l'on appelle dans le Haut-Rhin, le Bas-Rhin et la Moselle, «le cadastre de l'intérieur»).

それは主に、アルザス地方とモゼル県の改製されたキャダストル、そして付随的にはサヴォア地方のキャダストルであり、その2つとも歴史的な所産ということができる。しかしながら留意しなければならないのは、改製事業が1855年以降に展開されていたアルザス地方とモゼル県のキャダストルのみが、フランスの［他の地方の］キャダストルと比べて、［地域的］

特性を有しているということである。［その他の地方のキャダストルは、］ライン川上流県、ライン川下流県そしてモゼル県においては、「本土フランスのキャダストル」と称される。」
(2) アルザス地方とモゼル県のキャダストルと土地登記簿 livre foncier に関し、『LE CADASTRE DE LA FRANCE』17 頁には次の記述がある。

「Du point de vue juridique, le cadastre d'Alsace-Moselle se distingue par l'existence d'un livre foncier, celui-ci existant en lieu et place du fichier immobilier géré ailleurs dans les conservations des hypothèques (décrets du 18 novembre 1924 et 14 janvier 1927). Ce livre foncier est une adaptation aux règles et pratiques françaises de la documentation cadastrale établie sous le régime allemand. La valeur juridique du livre foncier est donc aujourd'hui très comparable à celle du fichier immobilier classique.

法律的な見地からいうと、アルザス地方とモゼル県のキャダストルは、土地登記簿の存在によって際立っており、この登記簿は、他の地方の抵当権保存所（登記所）において管理される不動産登記カード［と同じ機能を果たすもの］として存在している（1924 年 11 月 18 日のデクレおよび 1927 年 1 月 14 日のデクレ）。それは、ドイツの制度のもとで作製されたキャダストルの資料を、フランスの法規と慣行に適合させている。それゆえ今日、土地登記簿の法律的な価値は、本土フランスの不動産登記カードと同等の価値を有する。」

(3) アルザス地方とモゼル県のキャダストルの技術的特徴に関し、『LE CADASTRE DE LA FRANCE』17 頁には次の記述がある。

「Du point de vue technique, la particularité essentielle du cadastre d'Alsace-Moselle est l'obligation de bornage (abornement). Des différences plus minimes existent dans la présentation des documents.

D'autre part, la loi du 29 avril 1994 (n° 94-342) a prévu l'informatisation du livre foncier des départements du Bas-Rhin, du Haut-Rhin et de la Moselle ; celle-ci en est à son tout début.

技術的な見地からいうと、アルザス地方とモゼル県のキャダストルの本

質的な特徴は、土地の境界確定の義務を有するところにある。［その他にも］ごく僅かな差異が、情報の開示に関し［フランス本国のそれとの間に］存在する。

　他方、1994年4月29日の法律（1994年法律第342号）は、ライン川下流県、ライン川上流県そしてモゼル県の各県の土地登記簿のコンピュータ化を企図した。けれどもそれは、まったくの初期段階にあった。」

(4)　『LE CADASTRE DE LA FRANCE』19頁には、下記のとおり、ドイツ、オーストリア等におけるキャダストルの立法例について紹介されている。アルザス地方とモゼル県のキャダストルの制度と土地登記制度も、同様の例をとるのではないかと推測される。

「Dans les cadastres de type juridique au contraire, l'administration intervient directement dans la détermination de la preuve du droit de propriété en agençant un système de publicité foncière et un cadastre qui établissent, le premier une présomption irréfragable de l'existence du droit, et le second celle de la consistance de la propriété.

Dans ce cadre, les documents des services de la publicité foncière et du cadastre sont complémentaires et s'apparentent à un titre de propriété dont la validité juridique est assurée par l'État.

（税務目的仕様型でない）法務目的仕様型のキャダストルにおいては、国家は、不動産登記の制度とキャダストルの制度とを組織しながら、所有権の証明の決定において直接的に介入する。そしてこの2つの制度は、第一に権利の実体的存在の推定を、第二に所有権の整合性を証明する。

不動産登記制度とキャダストルの制度による諸資料は、相補的であり、この点においては、その法的有効性が国によって保障された不動産登記証書に類似している。」

〔原　文〕

Article 36

　Les dispositions du présent décret ne dérogent en rien aux droits de recours des propriétaires devant les juridictions compétentes.

〔逐語訳〕
第 36 条　Article 36
　本デクレの規定 Les dispositions du présent décret は、土地所有者の管轄裁判所に対する不服申立権 aux droits de recours des propriétaires devant les juridictions compétentes をいささかも侵害しない ne dérogent en rien.

【私　訳】
第 36 条
　本デクレの規定は、土地所有者の管轄裁判所に対する不服申立権をいささかも侵害しない。

〔原　文〕
Article 37
　Sont abrogées toutes dispositions contraires à celles du présent décret.

〔逐語訳〕
第 37 条　Article 37
　本デクレの規定に反するすべての規定は廃止される Sont abrogées toutes dispositions contraires à celles du présent décret.

【私　訳】
第 37 条
　本デクレの規定に反するすべての規定は廃止される。

〔原　文〕
Article 38
　Le ministre des finances et des affaires économiques, le ministre de l'intérieur et le secrétaire d'État aux finances et aux affaires économiques sont chargés, chacun en ce qui le concerne, de l'exécution du présent décret, qui sera publié au Journal officiel de la République française.

〔逐語訳〕

第38条　Article 38

　本デクレの執行に責任を有する sont chargés,...de l'exécution du présent décret、財務経済大臣、内務大臣、財務および経済に関する閣外相 Le ministre des finances et des affaires économiques, le ministre de l'intérieur et le secrétaire d'État aux finances et aux affaires économiques が、それぞれ所管する事項については chacun en ce qui le concerne、フランス共和国官報において公示される qui sera publié au Journal officiel de la République française。

【私訳】

第38条

　本デクレの執行に責任を有する、財務経済大臣、内務大臣、財務および経済に関する閣外相が、それぞれ所管する事項については、フランス共和国官報において公示される(1)。

注

(1)　官報 Journal Officiel（J.O.）は、「政府刊行物であり、その《法律とデクレ》版は、法律、一般的効力を有するデクレおよびアレテを掲載することによって国民にその情報を周知するものである。これらの法文は、官報の郡庁所在地到着日の翌日から効力を発する。

➡ Délai franc, Délai non franc〔満で計算される期間、満で計算されない期間〕

　また、国民議会および元老院における議事録を公刊する版がある。その他、ヨーロッパ共同体によって発行される官報もある。それはヨーロッパ共同体の法文と文書を加盟国の国内において普及させるものである。」（中村紘一・新倉修・今関源成＝監訳『フランス法律用語辞典』172頁／三省堂／1996年）

〔原 文〕
Fait à Paris, le 30 avril 1955.
EDGAR FAURE.
Par le président du conseil des ministres :
Le ministre des finances et des affaires économiques,
PIERRE PFLIMLIN.
Le ministre de l'intérieur,
MAURICE BOURGÈS-MAUNOURY.
Le secrétaire d'État aux finances et aux affaires économiques,
GILBERT-JULES.

〔逐語訳〕
閣議主催者・共和国内閣総理大臣 Par le président du conseil des ministres : エドガール・フォゥル EDGAR FAURE.
財務経済大臣 Le ministre des finances et des affaires économiques.
ピエール・フリムラン PIERRE PFLIMLIN.
内務大臣 Le ministre de l'intérieur,
モーリス・ブルジェーモヌリ MAURICE BOURGÈS-MAUNOURY.
財務ならびに経済に関する閣外相 Le secrétaire d'État aux finances et aux affaires économiques, ジルベール－ジュール GILBERT-JULES. により、1955年4月30日、パリにおいてこれを作成 Fait à Paris, le 30 avril 1955。

【私 訳】
閣議主催者・共和国内閣総理大臣　エドガール・フォゥル
財務経済大臣　ピエール・フリムラン
内務大臣　モーリス・ブルジェーモヌリ
財務ならびに経済に関する閣外相　ジルベール－ジュールにより、1955年4月30日、パリにおいてこれを作成。

あとがき

「1955年の土地登記を改革するデクレ décret は、アルザス－ロレーヌ地方の土地公示制度を模範として、フランス本国の土地公示手続の正確性を確保するため、一般的な原則を定めた。それは、①公示に従う諸書類の公署方式 forme authentique、②提出記録 document 記載の正確性の担保、③譲渡の公示 publication du transfert おける継続性の担保に関するものである。これらの原則について違背がある場合には、受理の拒否または手続の排斥となる。」

平成4年、私は、日本とフランスの司法制度・法律家制度に該博な東京都立大学江藤价泰名誉教授のご指導のもと、上記「」内の一文を含む「登記原因証書と登記代理に関する一考察」という小論を著した。

小論の目的は、共同申請の構造を採るわが国の登記制度について、登記原因証書を必要的書類とする（いわゆる「副本申請」を認めない）ことにより、また双方受託を常態とする登記代理委任契約における確認の射程の深化により、公署方式の申請構造を採るフランスの真正担保システムに劣らぬ、「知恵のある制度」（前澤六雄司法書士）にすべきとするところにあった。

小論においては、登記原因を有するすべての権利の登記について、中核的必要書類として登記原因証書が必ず存在するとの考えにもとづき立論した。

上記小論の執筆以来、フランス本国の土地登記制度とキャダストルの制度ならびにアルザス地方とモゼル県の両制度に関心を有し、これらについて学ぶべく、翻訳家の指導を得ながら少しずつ loi, décret 等の学習を進めてきたところである。

その学習のなかで特に関心を深めたテーマがある。それは、同国のキャダストルと土地登記の制度との相互補完関係、換言すれば、キャダストルの情報と不動産登記制度との連繫 liaison entre l'information cadastrale et la publicité foncière である。とりわけフランス北東部のアルザス地方とモゼル県のそれは、最も進んだ形態をとるものと思われる。

　両制度の連繋の具体相は深遠であり、これを課題として理解を深めるには、関係する loi、décret、ordonnance、arrêté、instruction 等についてさらに学び、またその登記実務についても習熟する必要があろう。

　幸い、この連繋の一部について言及した、アルザス－モゼル地方法研究所 Institut du Droit Local Alsacien-Mosellan 発行の「アルザス－モゼル地方のキャダストル」«LE CADASTRE ALSACIEN-MOSELLAN» を入手することができたので、学習のため、それを以下に掲げ、あとがきに代えることとしたい。なお原文中の整理番号等は省略した。

LE CADASTRE ALSACIEN － MOSELLAN

Le principe de la concordance absolue entre le cadastre et le Livre foncier.

Le cadastre et le Livre foncier sont complémentaires.

Les fondements du principe de la concordance absolue entre le cadastre et le Livre foncier sont posés :

Pour le cadastre, par l'article 51 de la loi sur le renouvellement du cadastre en Alsace-Lorraine du 31 mars 1884 qui fait obligation, dans tout acte authentique, d'identifier chaque immeuble par sa désignation cadastrale : commune, section du plan, numéro du plan, adresse de voirie et contenance.

L'instruction du 30 janvier 1889, dans son article 50, détaille les opérations et vérifications à entreprendre dans le cadre de la réfection par arpentage parcellaire pour assurer «une concordance absolue entre la situation de propriété à inscrire au nouveau cadastre et celle portée sur le Livre de biens-fond» ;

Pour le Livre foncier, par l'ordonnance du 29 mai 1914 et par l'article 58 du décret du 18 novembre 1924 relatif à la tenue du livre foncier dans les départements du Bas-Rhin, du Haut-Rhin et de la Moselle : «un changement dans la désignation du propriétaire ne peut être opéré au cadastre que si le nouveau propriétaire est inscrit au livre foncier».

Tout propriétaire est identifié par son nom patronymique, ses prénoms dans l'ordre de l'état civil, ses date et lieu de naissance, le nom du conjoint le cas échéant, et pour les personnes morales leurs dénomination, forme juridique et siège social.

【私訳】
アルザス－モゼル地方のキャダストル
キャダストルと土地登記簿との完全なる一致の原則。
キャダストルと土地登記簿は相補的である。
キャダストルと土地登記簿との完全一致の原則の基礎は次のように定められる。

キャダストルについて：アルザス－ロレーヌ地方のキャダストルの再改製に関する1884年3月31日の法律は、その第51条において、すべての公署証書につき、キャダストル上の表示により各不動産を特定することを義務づけている。[その表示は当該] 地方自治体、地籍図の区分、地籍図の番号、道路の所在とその面積である。

1889年1月30日の通達はその第50条において、「新規のキャダストルへの [土地所有権の] 登録と土地宝典帳簿において表示された所有権の状況との完全な一致」を確保するため、一筆地の測量による補修の範囲内で、事業を行うにあたっての検査 [方法] とその詳細を [定めた]。

土地登記簿について：1914年5月29日のオルドナンスおよびライン川下流県、ライン川上流県およびモゼル県における土地登記簿の保持に関する1924年11月18日のデクレ第58条は、「新所有者が土地登記簿へ登記されている場合にのみにしか、キャダストル上における所有者の変更の登録を行うことができない。」と定めている。

すべての所有者は、その姓、戸籍上の記載におけるその名前、生年月

日、出生地および結婚している場合は配偶者の姓、ならびに法人については その名称、法的形態および主たる事務所の所在地により特定される。

L'échange d'informations entre le cadastre et le Livre foncier.

La concordance du cadastre et du Livre foncier s'opère par l'échange de documents et d'informations.

Un échange systématique d'informations fonctionne entre les bureaux du cadastre et les greffes du Livre foncier, en particulier les documents d'arpentage et les esquisses d'étage, Cet échange d'informations est un élément fondamental du fonctionnement du cadastre d'Alsace-Moselle.

Les modalités des échanges d'information sont reprises dans les instructions du 21 décembre 1972 relatives à la tenue du Livre foncier (art.199 à 206).

Le greffier du Livre foncier transmet au cadastre «le 5 de chaque mois» pour l'incorporation dans la documentation cadastrale : les extraits d'actes (annotés par les rédacteurs des actes comportant les indications essentielles contenues dans les actes), les extraits des procès-verbaux d'arpentage après leur transcription au Livre foncier (Instr.31 mars 1990), et les copies des ordonnances d'expropriation et des réquisitions (Instr. 1er août 1979, art.14 sur la conservation cadastrrale).

Le bureau du Livre foncier reçoit des géomètres-experts les esquisses d'étage pour lui permettre d'identifier les bâtiments et la distribution des locaux en cas de modification de droits relatifs à une propriété d'étage dans un immeuble collectif (D.14 janv.1927, art.12 et 13 qui complètent le décret du 18 novembre 1924 relatif à la tenue du livre foncier dans les départements du Haut-Rhin, du Bas-Rhin et de la Moselle).

Le bureau du cadastre communique au greffe du Livre foncier les résultats intervenus à la suite d'opérations de réorganisation foncière, de remembrements ou de rénovation.

L'instruction du 29 juin 1914 sur les arpentages de conservation précise, dans son article 19 la nature des informations et les modalités de leur transmission au Livre foncier, dans le cadre des travaux de conservation du cadastre, en particulier « l'état des changements ou des rectifications qui ont trait au propriétaire ou aux immeubles ».

Les états de changement indiquent les modifications concernant la désignation, le lieu-dit, la contenance pour les parcelles et pour les immeubles bâtis, les changements concernant la rue et le numéro de voirie (Instr. 21 déc. 1972, art. 204).

【私 訳】
　キャダストルと土地登記簿間の情報の交換。
　キャダストルと土地登記簿［の内容］の一元化は、資料と情報の交換により行われる。
　特に測量成果と集合住宅の概要について、キャダストルの事務所と土地登記簿裁判所調査課との間で組織的な情報の交換が行われている。この情報の交換は、アルザス－モゼルのキャダストルの運用の基本的な要諦である。その方式は、土地登記簿の保持に関する1972年12月21日の通達において修正された（第199条ないし206条）。
　土地登記簿調査官は、「毎月5日」、キャダストルに関する資料を統合するため、すなわち証書の抄本（証書の内容をなす本質的な情報を含み、証書作成者による注釈を付したもの）、土地登記簿へ登記完了後の測量成果図書の抄本（1990年3月31日通達）および収用と徴用の命令の写し（キャダストルの保全に関する1979年8月1日の通達第14条）をキャダストル局へ送付する。
　土地登記簿裁判所は、共有不動産たる集合住宅の所有権に関する権利の変更の場合、建築物および建物の配置の特定を可能ならしめるため、集合住宅の概要図を測量技師より収受する（ライン川下流県、ライン川上流県およびモゼル県における土地登記簿の保持に関する1924年11月18日の

デクレを補完する1927年1月14日のデクレ第12条および第13条)。

キャダストルの事務所は、キャダストルの改製または土地整理統合作業によって生じた結果を、土地登記簿調査官に伝達する。

測量成果の保全に関する1914年6月29日の通達第19条は、キャダストルの保全作業の範囲内で、情報の性質、土地登記簿裁判所へのそれらの伝達方法、とりわけ「所有者または不動産に関わる変更ならびに更正の状態」について明示している。

変更の状態とは、土地の表示、リゥディ、一筆地および建付地についての面積に関する変更、道路および道路番号に関する変更を指す(1972年12月21日の通達第204条)。

La publicité des informations foncières et cadastrales.

Cadastre et Livre foncier sont complémentaires.

Le cadastre assure l'identification des immeubles. Il détient la description physique des immeubles par le plan cadastral et les informations contenues dans la documentation littérale.

Il en assure la mise à jour pour les communes et les tient à la disposition du public et des utilisateurs du cadastre pour consultation et délivrance de renseignements.

Le Livre foncier indique la situation juridique des propriétés immobilières dont les titres sont examinés par un magistrat, le juge du Livre foncier.

Il en assure la publicité à l'égard des tiers qui peuvent consulter gratuitement le contenu du Livre fencier et de ses annexes (l'ensemble des pièces et actes produits par les requérants à l'appui d'une demande de publication), demander des extraits des inscriptions au Livre foncier, copies de pièces et certificats d'inscriptions.

L'article 50 du décret du 18 novembre 1924 établit les règles concernant la publicité des Livres fonciers.

【私訳】
　土地登記簿とキャダストルの情報の公示。
　キャダストルと土地登記簿は相補的な関係にある。
　キャダストルは不動産を特定し、また地籍図と文字により表示された情報をもとに、不動産の物理的現況を確保する。
　キャダストル局は地方自治体ごとに地籍情報の常時の更新を保障し、また申請人の需めに応じ、さらにキャダストルの利用者の情報の調査とその［資料の］交付の［便益に供する］ため活動を行っている。
　土地登記簿は不動産に関する所有権の法的状態を現しており、［提出された］証書は、司法官たる土地登記簿判事によって審査される。
　土地登記簿は、第三者に対してその公示を確実に行う。第三者は土地登記簿とその附属書類の内容（登記申請人により作成された資料および証書のすべて）を無料で調査することができるとともに、土地登記簿の抄本、資料の写しおよび登記証明書の交付申請を行うことができる。
　土地登記簿の公示に関する規定は、1924年11月18日のデクレ第50条により定められている。

　最後に、本書発刊の経緯について述べておきたい。本書の内容は、もともと、ウェブページ「日本登記紀行」に掲げていたものである。同ページの制作者であり管理者でもある小林隆雄氏の「この内容を『日本登記紀行論集』として書籍化してはどうか」との熱心な慫慂、助言がその契機となった。
　本書の編集、校正等についても、10年以上にわたる『東京司法書士会史』の執筆および編纂事業の「戦友」である小林氏に、終始大きな助力をいただいた。
　さらに本書の完成は、仏文の翻訳についてご指導を賜った翻訳家各位、そして、出版を快くお引受けいただいた論創社社主森下紀夫氏のお力による。

ここに、あらためて心より感謝の意を表します。

 2013 年 11 月 18 日（月）
佐 藤 義 人

佐藤 義人（さとう・よしと）
1947年、熊本県八代市に生まれる。
1975年、土地家屋調査士の資格を取得。
1978年、司法書士の資格を取得。
1991年4〜5月、フランス共和国の土地登記制度およびNotaireの制度を視察
1986〜1998年、東京司法書士会会史編纂事業に携わる。
『熊本近研会報』（熊本近代史研究会）、『法学セミナー』（日本評論社）、『登記研究』（テイハン）、『司法書士の実務と理論』（日本評論社）などに論文等寄稿する。
ウェブサイト「日本登記紀行」（http://homepage3.nifty.com/nihon_toukikikou/）

フランスの地籍制度とアルザス－モゼル土地登記法

2014年8月25日　初版第1刷印刷
2014年8月30日　初版第1刷発行

編訳者　佐藤　義人
発行者　森下　紀夫
発行所　論　創　社
東京都千代田区神田神保町2-23　北井ビル
tel. 03（3264）5254　fax. 03（3264）5232　web. http://www.ronso.co.jp/
振替口座　00160-1-155266

装幀／宗利淳一＋田中奈緒子
印刷・製本／中央精版印刷　組版／フレックスアート
ISBN978-4-8460-1327-1　©2014 Sato Yoshito, Printed in Japan
落丁・乱丁本はお取り替えいたします。